실존주의는 휴머니즘이다

L'EXISTENTIALISME
EST
UN HUMANISME

Jean-Paul Sartre

실존주의는
휴머니즘이다

장 폴 사르트르 지음 | 방곤 옮김

문예출판사

차 례

실존주의는
휴머니즘이다

실존주의에 대한 비판

나는 여기에서 실존주의에 대한 비난 서너 가지에 대하여 해명하고
자 한다.

우선 그들은 실존주의가 인간을 절망에서 오는 정적주의(靜寂主
義)[1]에 빠지도록 만든다고 비난한다. 그 이유는 모든 해결이 꽉 막혀
있으므로 현실 세계에서의 모든 행동이 전적으로 불가능하며, 종국
에는 명상적 철학으로 되돌아올 수밖에 없기 때문이라고 한다. 더구
나 명상이란 하나의 사치에 지나지 않기 때문에 결국은 우리를 부르
주아의 철학으로 이끌어간다는 것이다. 특히 공산주의자들이 이러한
공격을 하고 있다.

한편 사람들은 우리가 인간의 수치스러운 면을 강조해서 표현하
고 이모저모로 인간의 더러운 면, 부정한 면, 파렴치한 면만을 표현
하고, 적으나마 유쾌한 미점(美點), 인간성의 밝은 면을 업신여긴다고
비난한다. 예컨대 가톨릭파 비평가 메르시에 양에 따르면 어린이의

---

1 본래 신비주의에 속하는 종교 사상으로 인간이 자신의 의지를 신(神) 속에 소멸시켜
   조용히 관상생활(觀想生活)을 하는 것을 이상(理想)으로 여긴다. 여기서는 적극적 행동
   을 체념하고 절망에 빠지는 상태를 말한다.

웃음을 모르고 있다는 것이다. 모두들 우리가 인간의 연대 의무를 저버렸다며 비난한다. 공산주의자들은 또한 우리가 무엇보다도 순수주관(純粹主觀)에서 출발하기에 인간을 고독한 것으로 생각한다고 비난한다.

다시 말해서 우리가 데카르트의 "나는 생각한다(Je pense)"[2]라는 것을 출발점으로 삼아 인간이 고독 속에서 스스로를 파악하는 순간에서 출발한다는 것인데, 그렇다면 우리가 인간과의 연대 의무를 저버릴 수밖에 없지 않느냐고 말한다. 연대 의무란 '나' 밖에 있는 것이어서 데카르트의 코기토 속에서는 그것을 이룰 수가 없다는 것이다.

기독교 신자 측에서는 우리 실존주의자는 인간 생활의 참뜻과 근엄성을 부정한다고 비난한다. 만약 우리가 신의 명령과 내세(來世)에 주어져 있는 참뜻을 없애버린다면 누구나 원하는 대로 할 수 있으며, 또한 자신의 견해로써 다른 사람의 견해나 행동을 지배할 수 없기 때문에 순전한 무가치(無價値)함밖에는 남는 것이 없지 않느냐는 것이 기독교 신자들의 비난 이유다. 나는 오늘날 바로 이러한 여러 가지 비난에 답변하고자 한다. 이것이 이 조그만 저술에 '실존주의는 휴머니즘이다'라는 제목을 붙이게 된 이유다. 여기서 휴머니즘을 이야기

---

2 프랑스 철학자 데카르트(Descartes, 1596~1650년)의 저술 《방법론(Discours de la Méthod)》에서 그가 한 "나는 생각한다. 고로 나는 존재한다(Je pense, donc je suis)라는 말." 그는 회의를 토대로 자신의 모든 경험, 또는 지식에 대한 신빙성이나 확실성을 의심하고 모든 것을 파기해버린다. 그 후 남는 것은…… "나는 생각하고 있다. 내가 생각하고 있다는 것만은 의심할 수 없는 사실이다. 따라서 생각할 때에 나는 존재한다는 것을 의심할 수 없다"는 것이다. 이 이성이야말로 우리에게 유일 확실한 진리를 계시하는 것이다. 이 이성에 의하여 우리는 과학을 확립할 수 있다.

하는 것을 보고 놀라는 사람이 많으리라. 어떤 의미에서 우리가 그렇게 말할 수 있는지 살펴보자.

비관주의와 실존주의

모든 경우 실존주의는 다음과 같은 것이라고 말할 수 있다. 즉 실존주의라는 말로써 우리는 인간 생활을 가능하게 한다. 게다가 실존주의는 모든 진리나 모든 행동이 인간적 환경과 주체성을 포함하고 있음을 밝혀낼 수 있는 이론을 의미한다. 알다시피 우리는 인간 생활의 나쁜 면만을 강조한다는 비난을 받아왔다. 최근에 들은 이야기인데 어떤 부인이 상스러운 말을 무심히 입에 담았다가 변명하기를 "아마 나는 실존주의자가 된 모양이에요"라고 말했다고 한다. 결국 사람들은 실존주의를 추악한 것으로 보고 있는데, 바로 그것이 우리를 일종의 자연주의자라고 말하는 이유다.

그렇다면 우리가 자연주의적 경향을 가졌다고 치자. 사람들은 오늘날 자연주의가 공포와 분개를 일으키는 것 이상으로 우리가 공포를 주고 분개시키고 있다는 점에 놀랄 것이다. 《토지(La Terre)》[3]와 같은 졸라(Zola)의 소설을 그대로 받아들이는 사람도 실존주의 소설은 읽자마자 욕지기를 느낀다. 국민의, 이른바 국민의 예지(叡智)라는 것

---

3 에밀 졸라(Eemile Zola, 1840~1902년)가 1887년에 쓴 소설로, 《루공 마카아르》 총서의 열 다섯 번째 권이다. 농민의 추악함과 철저한 악덕을 주제로 한 것으로, 그들의 수성(獸性)과 탐욕성을 적나라하게 그린 작품이다.

을 이용하는 그런 이들도— 그 예지란 비참하기 짝이 없는 것인데— 우리가 더 비참하다며 내려다본다. 그러나 "질서 있는 자애는 자기 자신에게서 시작한다"든가, 또는 "비천한 종에게 성유(聖油)를 뿌려주어라. 그는 너희에게 불평하리라. 비천한 종을 무찔러라. 그는 너희에게 성유를 뿌려주리라" 하고 말하는 것보다 더 큰 깨우침이 어디 있을까. 이럴 때 쓸 수 있는 상투적 표현이 있는데 그것은 같은 내용을 말해준다. 즉 기성 세력에 도전해서는 안 되고, 힘에 도전해서는 안 되고, 자신의 조건 이상으로 일을 꾀해서는 안 된다. 전통에서 벗어난 모든 행동은 낭만주의이며 실제 경험에 의존하지 않는 모든 기도는 실패로 돌아간다. 또 경험에 따르면 인간은 늘 저하하고 있으며, 그 저하를 막으려면 건강한 신체가 필요하고, 그렇지 않으면 무정부 상태라는 것이다.

처세법[4]

아까 말한 것과 같은 속담을 되풀이하는 사람들, 또한 다소 비위에 거슬리는 행동을 볼 때마다 "당연하지" 하고 말하는 사람들, 또는 사

---

4 Sagesse des nations: 대중이 쌓아 내려온 경험이나 역사에 의해서 증명된 어떤 종류의 원칙에 입각한 사상, 또는 그 사상을 나타내는 속담 비슷한 것을 말한다. 물론 그런 것들 중에는 정의롭지 못한 것도 있을 수 있다. 사르트르는 인간은 자유로운 존재이며 항상 자기 자신의 선택에 따라서 자신을 결정해야 하는 존재이므로 그러한 속담이나 비속한 상식에 입각해 산다는 것은 비겁하다고 한다. 그것은 곧 인간이 전통과 체념과 사대사상 또는 무위에 빠져들게 한다는 것이다.

실주의 타령에 만족하는 사람들, 이들이 바로 실존주의는 너무나 침울하다고 비난하는 사람들이다. 그래서 나는 그들이 실존주의를 공격하는 것은 비관적 견해 때문이라기보다 차라리 그 낙관적 견해 때문이 아닌가 하고 스스로 자문해보는 일조차 있다. 요컨대 내가 독자들에게 서술하려고 하는 이론에서 공포를 주는 점은 그 이론이 인간에게 선택 가능성을 남겨둔다는 사실 아닐까? 이를 명백하게 하려면 철학적인 면에서 문제를 재검토할 필요가 있다고 생각한다. 그렇다면 도대체 실존주의란 어떤 것인가?

이 말을 사용하는 대부분의 사람들은 이 말을 설명하기에 곤란을 느끼리라. 그 말이 하나의 유행어가 된 오늘날엔 음악가나 화가를 실존주의자라고 즐겨 부르는 사람들이 있기 때문이다. 《클라르테》지[5]의 어떤 가십난 기자는 실존주의자라고 서명했다. 즉 오늘날 그 말은 그만큼의 넓이를 가지게 되었고, 그 말이 그 이상의 아무것도 의미하지 않을 만큼 외연이 커졌다. 그런데 초현실주의에 비할 만한 전위적 이론이 없기 때문에 스캔들과 충동을 갈망하는 사람들은 이 철학으로 기울어지는 성싶다. 그러나 그러한 것을 바라는 사람들에게는 아무것도 줄 수 없는 것이 실존주의 철학이다. 사실은 가장 떠들썩하지 않고 가장 준엄한 이론이다. 말하자면 그것은 엄격히 전문가나 철학자를 위한 이론이다. 그러나 그것은 또한 쉽게 정의될 수도 있다.

---

5 *La Clarté*: 공산당 신문으로 1945년 이후 사르트르의 실존주의에 항상 반대 태도를 보였다.

두 갈래의 실존주의[6]

문제를 복잡하게 만드는 것은 두 갈래의 실존주의가 존재하기 때문이다. 전자는 기독교인인데 나는 이러한 사람들로 가톨릭 교파인 야스퍼스[7]와 가브리엘 마르셀[8]을 손꼽는다. 한편 무신론적 실존주의자

---

6 사르트르 자신은 물론, 세인은 실존주의를 두 갈래로 구별한다. 즉 유신론적 실존주의와 무신론적 실존주의로 나눈다. 그 계보를 도표로 표시하면 다음과 같다.

유신론적 실존주의

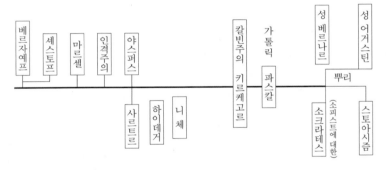

무신론적 실존주의

7 Jaspers(1883~1968년): 독일의 유신론적 실존주의 철학자. 인간의 존재는 의식에 의해서만 포착되는 것이라고 주장한다. 존재는 어떤 전체로서 실현되는 것이 아니며, 그 상태를 초월하려면 종국적인 좌절에 의하는바, 그것은 즉 신에게 도달하는 길이라고 보았다.

8 Gabriel Marcel(1889~1973년): 프랑스의 철학자. 키르케고르, 야스퍼스와 동일한 계열에 속하는 유신론적 실존철학자로 사르트르와 대치하고 있는 사람이다. 저서로는《형이상학적 일기》,《존재와 소유》등이 있다. "인간의 존재는 그 본질에 앞선다"라는 점에서 사르트르와 일치하나 사르트르가 신을 부정하는 것과는 반대로 마르셀은 전적으로 신에 귀착하는 데서 대립한다.

14

로서 하이데거,[9] 프랑스의 실존주의자[10]들과 필자 자신을 손꼽을 수 있다. 양자의 공통되는 점은 다만 양자가 모두 존재는 본질에 앞선다고, 달리 말하면 주체성에서 출발해야 한다고 생각한다는 사실뿐이다. 그건 정확히 무엇을 의미할까?

이를테면 책 한 권이라든가 쿠프 파피에(Coupe-papier: 종이칼) 한 자루처럼 만들어진 물건을 하나 생각할 때 그 물건은 머리에 떠오른 공장(工匠)에 의해서 하나의 개념이 제조된 것임을 알 수 있다. 즉 만든 사람은 쿠프 파피에의 개념에 따랐으며, 역시 그 개념의 일부분을 이루는 예비적인 생산 기술에 의거했다. 이처럼 쿠프 파피에는 동시에 일정한 방법으로 만들어진 것이며, 한편으로는 한정된 효용을 가진 물건이다. 따라서 우리는 그 물건이 무엇에 소용될 것인가를 모르고서는 쿠프 파피에를 만들 사람을 생각할 수조차 없다. 그러므로 쿠프 파피에에 대해서는 본질(本質)―즉 그것을 생산하게 하고 그것을 정의하게 하는 수단과 성질 전부―이 존재에 앞선다고 말할 수 있을 것이다. 그러니까 내 앞에서는 그러한 쿠프 파피에나 책의 현존은 한정적인 것이 되고 만다.

그러므로 이는 세계에 대한 하나의 기술적 세계관이라 할 수 있다. 이 세계관에 따르면 생산은 실존에 앞선다고 말할 수 있다. 창조자인 신(神)을 상상할 때 그 신은 대부분의 경우, 우수한 공장(工匠)

---

9 Heidegger(1889~1976년): 독일의 철학자. 사르트르 자신이 가장 많이 영향을 받고 있는 무신론적 실존주의 철학자로서 20세기 철학 사상에서 중대한 저술 《존재와 시간(Sein und Zeit)》을 발표한 것이 1927년이었다.

10 1945년경부터 유명해진 메를로 퐁티, 시몬 드 보부아르 등을 지칭한다.

에 비교된다. 그리고 어떤 이론이든 간에, 가령 데카르트[11]나 라이프니츠[12]의 이론과 같은 것이 문제가 되든 간에 우리는 늘 의지가 여하한 오성(悟性)을 따라가며 적어도 의지가 오성과 병행한다고 가정한다.

또한 신은 자신이 창조를 할 때 스스로가 창조하는 것을 정확히 알고 있다고 가정할 수 있다. 그러니까 신의 정신 속에서 사람에 대한 개념은 마치 공예가의 정신 속에서 어떤 정의와 기술에 의해 쿠프 파피에를 만들어내는 것과 똑같이 기술과 개념 작용으로 사람을 만들어낸다. 따라서 개개의 인간은 신의 오성 속에 있는 그 어떤 개념을 구현하고 있는 셈이다. 18세기 철학자들의 무신론에서 신은 부정되어 있으나 그렇다고 해서 본질이 존재를 앞선다는 생각이 부정된 건 아니다.

그런 사상은 어디서나 흔히 볼 수 있다. 디드로,[13] 볼테르,[14] 심지어는 칸트[15]에게서도 볼 수 있다. 사람은 인간성의 소유자다. 인간의

---

11 주 2 참조.
12 Leibniz(1646~1716년): 독일의 철학자. 모든 존재의 운동은 신에 의해 미리 질서가 잡혀 있으며, 인간에겐 신에 의해 보편적 진리가 부여되어 있다고 주장한다.
13 Diderot(1713~1784년): 프랑스의 철학자이며, 문학가로서 소설, 희곡도 썼다. 유물론자인 그는 인간의 정신은 육체와 마찬가지로 물질이며, 물질의 법칙에 지배되고 있다고 주장했다. 따라서 미덕이라든가 악덕은 존재할 수 없는데도, 그는 '미덕'을 동경하고, 일종의 '성선설'을 주장했다.
14 Voltaire(1694~1778년): 프랑스의 작가. 그의 인간관은 본성(자연)을 인정하고 인간의 '본성'이란 현세에서 행복을 추구하는 것이라고 주장했으며, 그 '본성'을 따라 사는 것이 '잘사는 것'이라고 생각했다.
15 Kant(1724~1804년): 도덕률을 논하고 인간은 자유로운 주체이며, 여러 가지 현상에서 독립한 존재라고 했지만, 그도 역시, 인간 속에 선험적인 인식의 테두리가 처음부터 구비되어 있다고 주장했는데, 그것은 역시 인간의 본질이 그 존재보다 앞선다는 주장이다.

개념인 이 인간성은 모든 사람에게 있다. 이런 사실은, 사람이 제각기 인간이란 보편개념(普遍槪念)의 특수한 표본이라는 것을 의미한다. 즉 칸트는 이러한 보편성으로 인해 인간이면 누구나, 즉 원시인이나 부르주아나 마찬가지 똑같은 정의에 얽매여 있으며, 똑같은 기본적 성질을 지닌다는 결론에 도달한다. 그러므로 그곳에서 역시 인간의 본질은 우리가 자연에서 조우하는 역사적 존재에 앞선다.

무신론적 실존주의

여기서 저자가 소개하는 무신론적 실존주의는 더 일관성이 있다. 무신론적 실존주의에서는 다음과 같이 단언한다. 가령 신이 없다면 적어도 본질보다도 앞선 하나의 존재, 또는 어떠한 개념으로도 정의되기 전에 존재하는 하나의 존재가 있게 된다. 그러면 그 존재는 사람이거나 혹은 하이데거가 말했듯이 인간의 실체일 것이다. 여기서 본질보다 존재가 앞선다는 것은 무엇을 의미하는 것일까? 그것은 사람이 먼저 있어서 세상에 존재하고 세상에 나타난다는 것을 의미하며, 그는 그다음에 정의된다는 것을 의미한다. 실존주의자가 상상하는 사람이란 정의될 수 없는 것이다. 그것은 처음에는 그가 아무것도 아니기 때문이다.

그는 나중에야 비로소 무엇이 되어 스스로가 만들어내는 것이 될 것이다. 이처럼 인간성이란 있을 수가 없다. 그것을 상상할 신이 없기 때문이다. 사람은 다만 그가 스스로를 생각하는 그대로일 뿐 아니라, 또한 그가 원하는 그대로다. 그리고 사람은 존재 이후에 스스로를 원하는 것이기 때문에 스스로가 만들어가는 것 외엔 아무것도 아니다. 이것이 실존주의의 제1원칙이다. 이것이 또한 사람들이 주체성이라고 부르는 것이다. 이러한데도 사람들이 우리를 비난한다면 인간이 돌이나 책상보다도 더 큰 존엄성을 가진 것임을 비난하는 것이 아니고 무엇일까? 사람이 먼저 있다는 것을 우리는 말하고 있기 때문이다. 이 말은 장래에 뛰어드는 것을 의식하는 그 어떤 존재를 말하고 있다.

지향(志向)[16]

사람은 이끼나 부패물이나 꽃양배추가 아니라 무엇보다도 주관적으로 자신의 삶을 이어 나가는 하나의 지향적 존재다. 이 지향 이전에는 아무것도 있을 수 없고 하나의 뚜렷한 그 무엇이 있을 리 없다. 그래서 사람은 먼저 되고자 지향한 그것이다. 되고자 원하는 그것은 아니다. 왜냐하면 보통 우리가 의지(意志)라고 부르는 것은 의식적 결정이어서 우리들 대다수에게 스스로가 만들어낸 것 뒤에 있는 것이기 때문이다. 나는 어떤 정당에 가입하기를 바랄 수 있고, 책을 한 권 쓰

---

16 Project: 보통 계획, 기도(企圖) 등의 뜻으로 쓰이는 말이지만 사르트르는 다분히 어원적인 의미, 즉 '앞으로 향하다'의 뜻에 가깝게 사용하고 있으며 선택으로 이루어지는 행동 이전의 마음의 움직임을 말한다. 역어로는 투기(投企), 기도(企圖), 지향(志向) 등을 생각할 수 있으나 역자는 지향을 택했다.

고 결혼하기를 바랄 수 있는데, 이 모든 것은 이른바 의지라고 불리는 것보다 더 근본적이고 더 자연적인 선택의 표시에 불과하다.

그러나 정말 존재가 본질에 앞선다면 사람은 자신이 어떤 것인가에 대해서 책임이 있다. 그래서 실존주의의 첫걸음은 모든 사람으로 하여금 그의 존재의 임자가 되게 하고, 그에게 그의 존재에 대한 전적인 책임을 돌린다. 그러므로 사람은 자기 자신에 대해서 책임이 있다고 말할 때 그것은 사람이 자신의 엄격한 개성에 대해 책임이 있다는 말이 아니라, 모든 타인에 대해 책임이 있다는 것을 말한다.

주체론(主體論)에는 두 가지 의미가 있는데 우리를 공격하는 사람들은 이 두 가지 의미를 가리지 않고 농간을 부린다. 주체론은 한편으론 자기 자신에 의한 개개 주체의 선택을 의미한다. 또 한편으론 사람이 인간적 주체성을 초월하는 데 대한 불가능성을 의미한다. 실존주의의 깊은 뜻은 위에서 말한 제2의 의미를 갖는다.

선택[17]

사람이 스스로를 위해서 선택한다고 말할 때 각자가 스스로를 선택한다는 것을 의미한다. 그러나 또한 각자가 스스로를 선택함으로써 모든 사람을 선택하는 것을 의미하기도 한다. 사실 우리의 행위 중에

17　Je choisis: 사르트르에 따르면 인간은 행동으로써 자신의 존재에 본질을 부여한다고 하는데 결국 행동이란 일관된 선택 이외의 아무것도 아니다. 다만 선택은 시튜아시옹 안에서의 선택이기도 하며, 인간 내면에 있어서의 선택이라는 것에 주의할 필요가 있다.

우리가 '이고자' 하는 사람을 창조함과 동시에 '있어야' 한다고 생각하는 것과 같은 인간의 개념을 창조하지 않는 행위는 하나도 없다. 이것이 될까 저것이 될까를 선택하는 것, 그것은 동시에 우리가 선택하는 것의 가치를 강조하는 것이다. 우리는 결코 악을 선택할 수 없기 때문이다. 우리가 선택하는 것은 항상 선한 것이며, 어떠한 것은 전체에 대해서 선하지 않고서 우리에 대해 선할 수는 없다. 한편 존재가 본질에 앞선다면, 또 우리가 우리의 개념을 만드는 동시에 존재하기를 원한다면 그 개념이란 모든 사람과 우리의 시대에 받아들여질 수 있는 개념일 것이다.

이처럼 우리의 책임은 어떤 사람이 상상할지도 모르는 그런 것보다는 훨씬 중대하다. 왜냐하면 그것은 전 인류를 앙가제[18]하기 때문이다. 가령 내가 노동자여서 공산주의자가 되느니보다는 차라리 어떤 기독교적 산업조합에 가입하기를 선택한다면, 또 이러한 가맹에 의하여 일어난 나의 이런 체념이 결국 인간에 적합한 해결이며, 인간의 왕국은 지상에 있지 않다고 지적하고 싶다면 나는 단지, 나 자신의 경우만을 문제로 하지 않고 모든 사람을 위해서 체념하기를 원한다.

그러므로 나의 행위는 전 인류를 앙가제한 것이 된다. 조금 개인적인 사실을 들어보자. 내가 결혼을 하려 하고 자식을 가지기를 원한다면, 설사 그 결혼이 다만 나의 형편이나 나의 정열이나 나의 욕망에 달려 있다 할지라도 그것으로 나는 나 자신이 아니고 전 인류의

---

18 engager: 사르트르가 즐겨 쓰는 용어. 명사로는 앙가주망(engagement)이 된다. 여기서는 자신 속에 파묻히지 않고, 사회에 참가하거나 참가시킴을 말한다. 우리말로 적절하게 옮길 수 없어서 원어대로 두었다.

일부일처제의 길로 앙가제하는 것이다. 이처럼 나는 나 자신과 모든 사람에 대해 책임이 있으며, 내가 선택하는 어떤 인간의 개념을 창조한다. 즉 스스로를 선택함으로써 나는 '인간'을 선택한다. 이것은 우리에게 불안이라든가 고독이라든가 절망이라든가 이런 조금은 과장된 용어들이 지닌 뜻을 이해시켜준다. 독자들이 보게 될 것처럼 그것은 극히 단순하다. 먼저 불안이란 무엇을 의미하는가? 실존주의자는 사람은 불안한 것이라고 즐겨 단언한다.

그것은 다음과 같은 것을 의미한다. 즉 스스로를 결정하는 자기일 뿐만 아니라 자아(自我)와 동시에 전 인류를 선택하는 입법자라는 것을 이해하는 인간은 자신의 전적인, 그리고 심각한 책임 의식에서 벗어날 수 없을 것이다. 물론 많은 사람들은 불안해하지 않는다. 그러나 우리는 그들이 불안을 감추고 그것을 피하고 있다고 주장한다. 확실히 많은 사람들이 행동하면서 그들 자신밖에는 앙가제하지 않는다고 믿고 있다. 그리고 우리가 그들에게, 그렇지만 모든 사람들이 그렇게 한다면?, 하고 물을 때 그들은 어깨를 으쓱거리며 모든 사람이 그렇게 하지는 않지, 하고 대답한다. 그러나 사실인즉 우리는 항상, 만약 모든 사람이 그렇게 한다면 어떻게 될 것인가?, 이렇게 자문해봐야 할 것이다. 그래서 우리는 일종의 자기기만이 아니고서는 이 불안한 생각에서 벗어나지 못한다.

불안과 자기기만[19]

거짓말을 하고, 모든 사람이 그렇지는 않다고, 단언함으로써 변명을 일삼는 이들은 자신의 양심에 거북스러운 느낌을 가지고 있는 것이다. 거짓말을 한다는 사실은 거짓에 부여된 일반적인 가치를 포함하고 있기 때문이다. 비록 은폐되어 있을지라도 불안은 나타난다. 그것이 바로 키르케고르[20]가 아브라함의 불안이라고 부른 그 불안이다. 독자 여러분은 이런 이야기를 들은 적이 있을 것이다. 천사가 아브라함에게 그 자식을 희생시키도록 명령했다. 그런데 이때 정말 천사가 와서 "너는 아브라함이니 너의 자식을 희생시킬지어다"라고 말했다면 문제가 되지 않는다. 그러나 각자는 이렇게 자문해볼 수 있다. 먼저 그것이 확실히 천사일까? 내가 확실히 아브라함일까? 무엇으로 그것을 증명할 수 있을까?

환각에 사로잡힌 미친 여인이 있었다. 누군가 그녀에게 전화를 걸고 명령을 한다고 했다. 의사가 그녀에게 "그런데 누가 당신에게 말을 겁디까?" 하고 물었더니 그 여자는 "하느님이에요" 하고 대답했다. 그런데 그것이 하느님임을 무엇으로 증명할 수 있을까? 어떤 천사가 나에게 오더라도 무엇으로 그것이 천사임을 증명할 것인가? 또 내가 어떤 음성을 듣더라도 그것이 천국에서 오는 소리이며 지옥에

---

19 la mauvaise foi: 본래 bonne foi란 말은 자기 충실을 뜻하는 것으로 결국 양심(conscience)과 비슷한 말인데, 양심이라는 말이 다분히 종교적이고 도학적 냄새가 풍겨서 그랬던지 bonne(형용사 bon의 여성형)의 반대 뜻으로 mauvaise foi라는 말을 즐겨 쓰고 있다.

20 Kierkegaard(1813~1855년): 덴마크의 철학자로, 실존철학의 선구자 중 한 사람이다. 〈아브라함의 불안〉이란 그의 저서 《공포와 전율》에 나오는 이야기다.

서 오는 소리가 아님을 누가 증명할 수 있으며, 잠재의식이나 병리적 상태에서 오는 것이 아니라고 누가 증명할 수 있을까? 그 소리가 나에게 부르짖는 소리라고 누가 증명할 수 있을까? 인간에 대한 나의 선택을 인류에게 강요해야 할 사람이 나라는 것을 누가 증명할 수 있을까? 나는 내가 납득할 만한 어떠한 증거나 표적을 찾아낼 수 없을 것이다.

만약 어떤 소리가 내게 들린다 해도 그것이 천사의 소리임을 결정하는 사람은 나 자신일 것이다. 어떤 행위가 선하다고 내가 생각한다면 그 행위가 악하기보다는 차라리 선하다고 가려서 말할 수 있는 것도 나 자신일 것이다. 내가 아브라함이 되도록 지시하는 그 어떤 것도 있을 수 없다. 그럼에도 매 순간 나는 모범적인 행위를 할 수밖에 없다. 마치 전 인류가 내가 하는 일에 주목하고 있으며, 내가 하는 일을 본떠 하고 있는 것과 같이 모든 사람에게 모든 일이 이렇게 이루어진다. 그리하여 각 개인은 "과연 나는 인류가 나의 행위를 본받도록 행동할 수 있는 권리를 가진 그 사람인가?"라고 자문해보아야 할 것이다. 그러니까 그것을 자문하지 않는 이가 있다면 이는 그가 불안을 감추고 있기 때문이다.

그것은 정적주의(靜寂主義)나 '무위'로 이끌어가는 불안이 아니다. 그것은 책임을 느껴본 모든 사람이 잘 아는 단순한 불안이다. 예컨대 어떤 부대장이 공격 책임을 지고 병사들 몇몇을 죽음의 땅에 보낼 때, 그는 그렇게 하기를 선택하나 결국 그가 단독으로 선택하는 것이다. 그것이 상부의 명령일지도 모른다. 그러나 그러한 명령은 너무나 광범한 것이어서 자신에 의한 어떤 판단을 피할 수 없게 된다. 그리고 그 판단이 열 명, 열네 명, 혹은 스무 명의 인명을 좌우한다. 그는 결정을 하면서 어떤 불안을 갖지 않을 수 없다. 모든 지도자는 이런 불안을 갖지 않을 수 없다. 그것은 그들의 행동을 방해하기는커녕 차라리 바로 그들의 행동의 조건이 된다. 왜냐하면 그것은 그들 지도자가 여러 가지 가능한 경우를 고려한다는 것을 전제로 하며, 그중 하나를 선택할 적에 그것은 선택되었다는 이유만으로 가치 있는 것임을 그들은 알고 있기 때문이다.

그리고 우리는 실존주의가 그려내는 그와 같은 불안은 또한 그것이 이끌어들이는 다른 인간들에 대한 책임으로서도 설명된다는 것을 곧 보게 될 것이다. 그 불안은 우리를 행동과 분리하는 커튼이 아니다. 그것은 행동과 밀접히 결합되어 있다. 하이데거가 즐겨 쓰는 표현인 고독 운운할 때 우리는 다만 신이 존재하지 않는다는 것을 말하고자 할 따름이고, 거기에서 끝까지 모든 결론을 끌어내야 함을 말하고자 하는 것이다. 실존주의자는 될 수 있는 대로 값싸게 신을 부정하려고 하는 비종교적 윤리관과는 반대되는 견해를 갖고 있다.

비종교적 윤리관

1880년경에 프랑스의 학자들이 어떤 비종교적 윤리관의 체계[21]를 세

---

21 프랑스의 정치사상인 급진주의는 민주주의에 의한 국가의 발본적 개혁을 노린 것으로, 1875년에 정당으로 발족하고 1903년에는 분열되어 급진당과 급진사회당으로 나뉘는데, 그 중요 정책 가운데 하나는 국가와 종교의 분리였다. 이것이 교육적인 면에서

우려고 했을 때 그들은 대략 다음과 같은 말을 했다. 즉 신(神)은 무익하고도 값비싼 가설이기 때문에 우리는 그것을 부정한다. 그러나 윤리, 사회 그리고 문명 세계를 유지하려면 존중될 가치가 있어야 하고, 그것이 선험적으로 존재하는 것이라고 고려될 필요가 있다. 선험적으로 정직해야 한다. 속이지 말 것이며, 아내를 때리지 말 것이며, 자식을 만들어야 할 것이며 등등. 그러니 신이 비록 존재하지 않더라도 그러한 가치들이 명백히 하늘에 새겨져 뚜렷이 존재하고 있음을 증명할 수 있게 일을 꾸며보려고 했다.

다시 말하면 그것이 이른바 프랑스의 급진주의란 것인데, 신이 존재하지 않는다손 치더라도 아무런 변화도 생기지 않을 것이다. 우리는 정직, 진보, 인도주의 등의 규범을 거기서도 볼 수 있을 것이며, 신을 하나의 효력 없는 가설로 만들어버리면 그 가설은 자연스레 없어지고 말 것이다. 실존주의자는 그와는 반대로 신이 존재하지 않으므로 오히려 몹시 거북함을 느낀다. 하늘에서 어떤 뚜렷한 가치를 찾아낼 수 있는 모든 가능성이 신과 더불어 소멸해버리기 때문이다. 거기서는 선(善)을 생각하여 주는 무한하고도 완전한 의식이 없는 까닭에 실존주의에서는 선험적(先驗的)인 선이라는 것이 있을 수 없다. 우리는 인간만이 존재하는 영역에 존재한다거나 정직해야 한다거나 거짓말을 해서는 안 된다거나 하는 것을 아무 곳에서도 찾을 수 없다.

는 종래의 종교 교육을 대신하여, 비종교적 윤리관이 체계화되었다.

도스토옙스키와 실존주의

도스토옙스키는 다음과 같이 썼다. 즉 신이 없다면 무엇이고 허용될 것이다. 그것이 바로 실존주의의 출발이다. 실상 신이 없다면 모든 것이 허용되고 그 결과 사람은 자신의 내부나 외부에 의지할 곳이 없어 고독하게 되어버린다. 아무런 핑계도 찾을 수 없다. 만약에 실제로 존재가 본질에 앞선다면 사람은 절대로 일정하고 응고된 인간성을 미루어 설명할 수가 없을 것이다. 다시 말해 결론이 있을 수 없다. 사람은 자유로우며 사람은 자유 그것이다.

한편, 만약에 신이 없다면 우리는 우리의 행동을 정당하게 해주는 가치라든가 질서를 우리 앞에 보지 못할 것이다. 우리는 앞에서나 뒤에서나 확연한 가치의 영역 속에서 어떤 정당성이나 변명도 설명해낼 수가 없다. 우리는 자유로우며 고독하기 때문이다. 인간은 자유 선고를 받은 셈이라는 말로써 표현은 끝난다. 사람은 스스로를 창조한 것은 아닌 까닭에 선고(宣告)를 받는 것이요, 세상에 한번 내던져지자 그가 행동하는 모든 것에 책임이 있는 까닭에 자유로울 수밖에 없다. 그는 감정의 맹위(猛威)를 믿지 않는다. 그는 하나의 열정이 숙명적으로 인간을 어떤 행동으로 이끌어가는 도도한 격류이기 때문에 후에 그것이 하나의 구실이 될 수 있다고는 결코 생각하지 않는다. 그는 사람이 자신의 감정에 책임이 있다고 생각한다. 실존주의는 또한 이 땅 위에 볼 수 있는 어떤 표적 속에서 도움을 받을 수 있을 것이라고는 생각지 않을 것이다. 사람이란 자신이 원하는 대로 표적을 판독하는 것이라고 실존주의자는 생각하기 때문이다. 그러고는 사람이란 아무런 의지(依支)도 도움도 없이 매 순간 인간을 창조하도록 선고를 받고 있는 것이라고 생각한다. 퐁주[22]는 자신의 훌륭한 글에서 "사람은 사람의 미래다"라고 말했다. 확실히 옳은 말이다. 다만 거기서 미래라는 것이 하늘에 쓰여 있고 신이 그것을 안다고 생각한다면 잘못이다. 왜냐하면 그것은 이미 미래가 아닐 것이기 때문이다.

태어나는 인간이 어떠한 인간이든 간에 만들어야 할 미래, 그를 기다리는 무구(無垢)한 미래가 있다는 것을 의미한다면 이 말이 옳다고 할 수 있을 것이다. 그러나 그렇다면 사람은 고독하다. 고독이라는 것을 더 잘 이해할 수 있는 예를 들기 위해서 다음과 같은 환경에서 나를 만나 보려고 찾아온 내 제자의 경우를 인용하고자 한다. 그의 아버지는 어머니와 사이가 틀어지고 또 친독적(親獨的) 경향으로 기울어지고 있었다. 그의 형은 1940년 독일군 침공시 살해된 터라 이 청년은 조금은 원초적인, 하지만 갸륵한 생각으로 형의 원수를 갚고 싶어 했다. 그의 어머니는 그와 함께 살고 있었는데 아버지의 변심과 형의 죽음으로 슬픔에 잠겨 있었다. 어머니는 그에게서밖에는 위안을 얻지 못하고 있었다.

그 당시 청년은 영국으로 출발해 자유 프랑스군에 가담하든가, 즉 어머니를 포기하든가 혹은 어머니 곁에 머물러 생활을 돕든가 둘 중 하나를 선택해야 했다. 그는 어머니가 자기 하나만을 의지해서 살고 있으며, 그의 실종(失踪), 아마도 그의 죽음이 어머니를 절망에 빠지게 하리라는 것을 잘 알고 있었다. 그는 또한 결국 구체적인 의미

---

22 Francis Ponge(1899~1988년): 프랑스의 중요한 실존주의 문학가. 산문 시집 《물(物)의 편》(1942년)을 남겼다.

에서 그가 출발하고 투쟁하기 위해 취할 모든 행동이 모래에 물을 붓는 격일지도 모르며, 아무 소용 없는 결과를 불러올지도 모르는 애매한 행동인 반면에 그가 어머니를 위해서 하는 행동은 모두 뚜렷한 반응이 있는 행동이라는 것도 잘 알고 있었다. 예컨대 영국으로 떠난다면 스페인을 통과하다가 스페인 당국의 난민수용소에 무기한 체류하게 될지도 모르고, 또 무사히 영국이나 알제리에 도착해서도 사무실에 처박혀 펜이나 놀리게 될지도 모르는 일이었다. 그러므로 그는 완전히 다른 두 가지 행동과 맞닥뜨리게 되었다. 하나는 구체적이고 직접적이지만 개인만을 위한 행동이요, 또 하나는 무한정적으로 광범한 전체, 즉 국가 전체를 위한 행동이지만 바로 그러한 이유로 인해 애매함을 면할 수 없고, 도중에 중단되어버릴 수도 있는 행동이었다.

동시에 그는 두 가지 종류의 모럴 사이에서 주저하고 있었다. 한편으로는 공감에서 오는 모럴, 즉 개인에 대한 헌신이며, 또 한편으로는 더 광대하나 효과가 의심스러운 모럴이었다. 양자택일을 할 필요가 있었다. 그러나 누가 선택하는 데 도움을 줄 수 있을까? 기독교의 교리였던가? 아니다, 기독교 교리는 남을 불쌍히 여기라, 이웃을 사랑하라, 남을 위해서 그대를 희생하라, 가장 어려운 길을 택하라 등등의 것을 가르친다. 그러나 어떤 것이 가장 거친 길인가? 전사(戰士)나 어머니 가운데서 누구를 형제처럼 사랑해야 하는가? 막연하지만 전체 속에서 투쟁하는 것과 명백하게 하나의 확실한 존재의 생활을 돕는 것, 그 어느 것에 더 큰 효용성이 있을까? 누가 그것을 선험적으로 측정할 수 있을까? 아무도 하지 못한다. 규정되어 있는 어떤 모럴도 그것을 말할 수는 없다. 철학의 모럴은 결코 타인을 방법으로 여기지 말고 목적으로 취급하라고 말한다. 좋은 말이다. 만일 내가 어머니 곁에 있다면 나는 어머니를 방법이 아닌 목적으로 취급할 것이다. 그러나 그러한 사실로 인해 나는 내 주위에서 투쟁하는 이들을 방법으로 취급할 위험성이 있다. 또 거꾸로 내가 투쟁하고 있는 동지들에게 합세한다면 나는 그들을 목적으로 취급하게 되어 그 사실로 인해 나는 어머니를 방법으로 취급할 위험을 무릅쓰게 된다.

가치와 감성

가치라는 것이 막연한 한, 또 그것들이 명확하고 구체적인 경우에 비해서 너무나 광범한 것인 한, 우리는 우리의 본능에 의존할 수밖에 없다. 그것이 바로 그 청년이 시도하려고 한 것이다. 내가 그를 만났을 때 그는 그렇게 말했다. 결국 중요한 것은 감정입니다. 어느 것 하나를 나는 택하고 싶습니다. 만약 모든 것, 즉 복수와 행동과 모험의 욕망을 희생할 만큼 어머니를 사랑한다고 느낀다면 나는 어머니 곁에 머무를 것입니다. 반대로 만약 어머니에 대한 사랑이 부족하다고 느끼면 나는 출발하겠습니다. 그러나 어떤 감정의 가치를 어떻게 한정할 수 있을까? 어머니에 대한 그의 감정의 가치는 무엇이 만들어내고 있었던가? 그것은 그가 어머니를 위해서 머물러 있었다는 바로 그 사실이었다. 나는 이렇게 말할 수 있었다. 즉 나는 얼마만큼의 돈을 그에게 바칠 수 있을 만큼 어떤 친구를 사랑한다고. 그러나 그런 말은 그런 일을 해야만 할 수 있는 말이다. 또 내가 어머니 곁에 머물렀다면 어머니를 위해서 더 머물러 있는 만큼 나는 어머니를 사랑한다고 말할 수 있다. 내가 그 애정을 인정하고 정의할 만한 바로 그러한 행동을 해야만 나는 그 애정의 가치를 결정할 수는 있다. 그런데 이 애정이 나의 행동의 정당성을 이 애정에서 요구하고 있으니 나는 해결할 수 없는 쳇바퀴 속에 끌려들어가고 만다. 한편 지드는 이를 위선적인 감정과 거의 구별할 수 없다고 단언했다. 어머니 곁에 머물러 내가 어머니를 사랑한다고 결정하는 것과 연기를 해서 어머니를 위해 머무르는 건 거의 같다.

다시 말하면 감정은 우리가 행동을 함으로써 형성된다. 그러므로 감정에 따라 행동을 이끌어갈 수는 없다. 그것은 바로 행동을 허용하는 개념의 설명을 어떤 모럴에 요구할 수도 없는 것을 의미한다. 물론 적어도 그는 충고를 받으려고 어떤 선생을 찾아간 것이 아니냐고 말하는 독자도 있을 것이다. 그러나 예를 들어 어떤 사람이 목사의 충고를 바란다면 독자는 그 목사를 선택할 것이며, 결국 어느 정도 그 목사가 충고하려던 것을 알고 있었다고 말할 수 있다. 다시 말해 충고자를 택하는 것, 그것은 또한 자기 자신을 앙가제하는 것이다.

그 증거로 독자가 기독교 신자라면 "목사님께 의논하시오"라고 독자는 말하리라. 그러나 목사 중에는 부역 목사도 있고, 기회주의 목사도 있고, 애국적 항쟁 목사도 있다. 어느 목사를 택할까? 그런데 그 청년이 항쟁 목사를 택하거나 부역 목사를 택한다면 벌써 그는 그가 받게 될 충고의 종류를 결정한 것이다. 이처럼 나를 보러 오면서 내가 하려던 충고를 그는 알고 있었던 것이다. 또 나는 충고할 단 하나의 대답밖에는 없었다. 즉 당신은 자유요, 선택하시오, 다시 말하면 창조하시오……라고. 할 바를 지시하는 어떠한 보편적인 모럴도 존재할 수 없소. 세상에는 아무런 표적도 없습니다.

보편적인 모럴은 있을 수 없다

가톨릭 신자들은 표적이 왜 없단 말인가 하고 말할지도 모른다. 그렇다고 하자. 그러나 그 표적들이 가지고 있는 뜻을 선택하는 것은 항상 나 자신이다. 내가 포로로 잡혀 있을 적에 예수회 수도사였던 어엿한 사람 하나를 알게 되었다. 그는 다음과 같은 경로로 예수회 교단에 들어가게 되었다. 그는 여러 가지 쓰라린 실패를 했다. 아버지가 돈 한 푼 안 남기고 죽어 고아가 된 그는 어떤 종교학교 장학생으로 있었는데, 그곳에서 그는 자선에 의해서 받아들여졌다는 기분을 끊임없이 느꼈다. 그 뒤 그는 아이들 마음에 드는 대접을 받지 못했다. 열여덟 살 때 연애에 실패하고 마침내 스물두 살 때 병사 지원에도 실패했다.

유치한 일이었으나 그것이 그만 물동이를 넘치게 한 물방울이 된 셈이었다. 그 청년은 모든 것에 실패했다고 생각할 수 있다. 그것은 하나의 표적이라고 할 수 있다. 그렇다면 어떤 표적일까? 그는 비관이나 절망 속으로 피신해 들어갈 수도 있었다. 그러나 아주 교묘하게도 그는 그것이 그가 세속적인 성공을 할 수 있게 태어나지 않았으며, 다만 종교와 성직과 신앙의 성공만이 그에게는 용인될 수 있는 징조라고 판단했다. 그래서 그는 하나님의 말을 들은 것이라고 생각하고 교단(敎團)에 들어가게 되었다. 그 징조의 의미가 그 자신에 의해 결정되었다는 것은 명백하다. 이 실패의 연속에서 다른 결론을 이끌어낼 수도 있으리라. 예컨대 그가 목수나 혁명가가 되는 것이 나았을 거라고 결론지을 수도 있었을 것이다. 그는 전적인 판독 책임을 지고 있다. 고독은 우리의 존재를, 우리 자신이 선택한다는 것을 포함하고 있다. 고독은 불안과 병행한다.

절망으로 말하자면 절망이라는 표현의 뜻은 극히 단순하다. 그 표현은 우리가 우리의 의지에 좌우되는 것에만 기대를 할 수 있다는 것, 우리의 행동을 가능하게 하는 가능성 전부에 기대를 할 수 있다는 것을 의미한다. 사람이 무언가를 원할 때 거기에는 늘 개연적인 요소가 존재한다.

나는 어떤 친구가 오는 것을 기대할 수 있다. 그는 기차나 전차를 타고 온다. 그것은 열차가 정각에 도착할 것이며, 전차가 탈선하지 않는다는 가정 하에서의 이야기다. 이처럼 나는 가능성의 영역에 살고 있다. 그러나 우리의 행동이 가능성의 전부를 포함하는 확실한 한도 내에서만 그러한 가능성에 기대할 수 있는 일이다. 내가 생각하는 가능성이 나의 행동에 정확히 얽매여 있지 않은 순간부터 어떠한 신이나 어떠한 섭리도 세계와 그 가능성을 나의 욕망에 부합시켜줄 수는 없으므로 나는 그 가능성에 관심을 갖지 말아야 할 것이다. 결국 데카르트가 "세계를 제압하느니 차라리 자기 자신을 극복해야 한다"고 말했을 때, 그는 같은 뜻을 말하려 했던 것이다. 즉 희망 없이 행동하는 것을 말이다.

절망과 행동

마르크스주의자들은 이 말을 듣고 내게 "당신의 죽음으로 당신의 행동은 분명히 제한받을 것이다. 당신은 타인의 도움을 기대할 수 있을 것이다. 그것은 타인들이 다른 곳, 즉 중국이나 소련에서 당신을 돕기 위하여 행할 일에 기대를 갖는 것을 의미하는 동시에 훗날 당신이 죽은 뒤에 당신의 행동을 계속하여 혁명으로 이끌어가기 위해 타인들이 행할 바에 기대를 갖는 것을 의미합니다. 그러한 것에 마땅히 기대를 가져야 합니다. 그렇지 않으면 당신은 비도의적(非道義的)입니다"라고 말했다. 나는 먼저 구체적인 공동 투쟁 속에 내가 어느 정도 제어할 수 있는 당이나 단체, 즉 그 속에서 내가 투사로서 일하고 그 움직임을 내가 알고 있는 일개 당이나 단체에서 나와 더불어 나의 동지들이 투신하고 있는 한도 내에서 나도 항상 그 투쟁 동지들에게 기대할 것이라고 답변한다. 그때 그 당의 통일체와 그 의지에 기대를 갖는다는 것은 기차가 정각에 도착하리라는 사실 또는 전차가 탈선하지 않으리라는 사실에 기대하는 일과 똑같다.

그러나 선량한 인간성이라든가, 사회의 이익을 위한 인간의 관심을 기반으로 알지도 못하는 사람들에게 기대할 수는 없는 노릇이다. 왜냐하면 인간은 자유스러운 것이요, 기반으로 삼을 만한 하등의 인간성이라는 것이 없기 때문이다. 소련의 혁명이 어떻게 뻗어나갈지는 나도 모르지만 오늘날 소련에서 무산계급이 하나의 역할을 하고 있고 다른 나라에서는 그런 일을 볼 수 없다는 것이 내게 증명되어 있는 한 그것을 찬양할 수 있고 본보기로 삼을 수 있다. 그러나 소련

혁명이 사람들을 반드시 무산계급의 승리로 이끌어갈지 단언할 수는 없다. 나는 내가 볼 수 있는 것에 만족할 수밖에 없다. 내가 죽은 후에 나의 일을 최대한 완성에 이르기까지 진전시키기 위해서 나의 투쟁 동지들이 나의 일을 계속하리라는 것을 확신할 수는 없다.

앙가주망

그 사람들은 자유로우며 인간이 어떠한 것이 될 것인가는 앞으로 그들이 자유로이 결정할 것이기 때문이다. 장차 내가 죽은 후에 사람들은 파쇼주의를 수립하기로 결정할 수도 있을 것이며, 다른 이들은 그것을 강 건너 불 구경하듯 여길 만큼 비겁하고 어쩔 수 없게 될지도 모른다.

그때는 파쇼주의가 인간의 진리가 되겠지만 할 수 없는 노릇이다. 사실 사람이 결정하기에 달렸기 때문이다.

그것은 내가 정적주의로 피신해 들어갈 수밖에 없다는 것을 의미할까? 아니다. 먼저 나는 방향을 정해야 하고 다음에 "무슨 일을 꾀하기 위해서 반드시 희망을 가질 필요는 없다"는 오래된 경구에 따라서 행동해야 할 것이다. 그것은 내가 어떤 당에 가입해서는 안 된다는 것을 의미하는 것이 아니고 환각을 갖지 않고 내가 할 수 있는 바를 할 것이라는 것을 의미한다. 예컨대 순수한 의미로서, 공유집산화(共有集散化)란 과연 이루어질 것인가? 이렇게 자문해볼 때 나는 그것을 전혀 알 수 없고, 알 수 있는 것은 다만 그것이 이루어지도록 하기 위해서 가능한 한 모든 것을 할 것이라는 점뿐이다. 그 밖에는 어떤 것에 대해서도 기대할 수가 없다.

정적주의, 그것은 내가 할 수 없는 일을 다른 사람들이 할 수 있으리라 하고 말하는 사람들의 태도다. 내가 소개하는 이론은 정적주의와 정반대다. 왜냐하면 그 이론은, 현실은 행동 속에 있을 뿐이라고 말하며 한 걸음 나아가 덧붙여 말하기를 사람은 자신의 창안 이외의 아무것도 아니고, 자신을 실현하는 한도 내에서만 존재하며, 따라서 인간은 그의 행위 전체와 그의 삶 외에 아무것도 아니라고 주장하기 때문이다. 이것으로 미루어보아 우리의 이론이 왜 일부 사람들에게 공포를 주는지 이해할 수 있다. 흔히 그들에겐 자신의 비참한 상태를 참는 방법이 단 하나밖에 없는데 그것은 다음과 같이 생각하는 일이다. 즉 환경이 내게 불리했다. 나의 처지보다는 나는 훨씬 나았었다. 확실히 나는 위대한 사람이나 위대한 감정을 갖지 못했지만, 그것은 그럴 만한 여자를 만나지 못했기 때문이다.

나는 훌륭한 책을 쓰지 못했는데 그것은 내게 책을 쓸 만한 여가가 없었기 때문이다. 또 나는 정성을 다해서 기를 수 있는 자식을 갖지 못했는데 그것은 함께 고락을 할 수 있는 남자를 만나지 못했기 때문이다. 나에게는 여러 가지 소질과 경향과 가능성이 이용되지 않은 채 그대로 남아 있어 그것이 나에게 가치를 부여하는 것이지, 단순한 나의 행동의 집합이 나의 가치를 빚어내는 것은 아니다. 그런데 사실인즉 실존주의자에게는 이루어지는 사랑 말고 다른 사랑이란 있을 수 없으며 사랑 속에 나타나는 것 외에는 다른 사랑의 가능성이란 있을 수 없다.

또 예술 작품 속에 자신을 표현하는 천재 말고는 천재가 있을 수 없다. 즉 프루스트[23]의 천재는 프루스트 작품의 총화(總和)며, 라신[24]의 천재는 그의 비극(悲劇)의 종합이지, 그 밖에는 결코 아무것도 있을 수 없다. 라신이 그의 작품 외에 다른 비극을 쓰지 않았음에도 라신에게 하나의 새로운 비극을 쓸 가능성을 부여한단 말인가? 사람은 자신의 삶에 뛰어들어 자신의 모습을 그려내며, 자기가 그려내는 모습 외에는 아무것도 아니다. 확실히 이러한 생각은 인생에 성공하지 못한 이에게는 가혹한 것으로 보일 수 있다. 그러나 한편 그 생각은 현실만이 중요한 것이고, 꿈이나 기대나 희망은 단지 어긋난 꿈이나 사라진 희망이나 실없는 기대로 인간을 정의하게 할 뿐이라는 것을 사람들이 이해하도록 해준다. 그런 것은 사람들을 긍정적이 아니라 부정적으로 정의한다는 것을 이해시켜주는 것이다.

그렇지만 "너는 너의 삶 이외의 아무것도 아니다"라고 말할 적에 그 말은 예술가가 예술 작품에 의해서만 평가되리라는 것과는 다르다. 사람은 자신의 삶 이외의 아무것도 아니다.

허다한 일들이 그를 정의하는 데 기여할 것이다. 우리가 말하고자 하는 것은 사람이란 자신이 영위하는 것의 종합 이외의 아무것도 아니라는 것이다. 사람은 그가 영위하는 것을 이루고 있는 모든 관계의 총화이고, 조직이며, 그 전부다. 이러한 조건에서 볼 때 사람들이 우

---

23 Proust(1871~1922년): 프랑스의 문호. 장편 《잃어버린 시간을 찾아서》로 현대문학의 새 방향을 제시했다.
24 Racine(1639~1699년): 프랑스 고전 시대의 대표적 비극 작가로, 《페드르》, 《아탈리》 등의 작품이 유명하며, 코르네유, 몰리에르 등과 고전문학에서 매우 중요한 자리를 차지한다.

리들을 비난하는 것은 결국 우리의 비관론이 아니고 낙관적인 준엄함이다.

비관론이냐, 낙관적인 준엄함이냐

그리고 약한 사람과 줏대 없는 사람, 비겁한 사람, 간혹 정말로 마음씨 나쁜 사람들까지도 그려내는 우리의 작품들에 대해서 우리를 비난하는 것은 단지 묘사된 그 인간들이 줏대가 없고 약하고 비겁하고 악하다는 사실 때문만이 아니다. 졸라가 말했듯이 그들이 그러한 것은 유전 때문이요, 환경과 사회의 영향 때문이요, 체질적 또는 심리적 결정론 때문이라고 우리가 말한다면 사람들은 안심하고 이렇게 말한다. "거봐. 그럴 수밖에 없는 거야. 아무도 별도리가 없어." 그러나 실존주의자는 비겁한 인간은 자신의 비겁함에 책임이 있다고 말한다. 그는 생리적 조건이 그러해서가 아니라 자신의 행동으로 자신을 비겁한 인간으로 만들었기 때문에 그러한 것이다. 비겁한 체질이라는 것이다.

신경질적인 체질은 있을 수 있다. 흔히 떠도는 말을 빌리면 빈혈질이나 다혈질 체질도 있다. 그러나 빈혈질의 사람이라고 해서 반드시 비겁하지는 않다. 비겁하게 만드는 것은 단념한다든가 혹은 양보하는 행동이기 때문이다. 체질은 행동이 아니다. 비겁한 인간은 그가 행한 행동에서 정의된다. 사람들이 막연히 느끼고 두려워하는 것은 우리가 보여주는 비겁한 인간이 그의 비겁함에 대해 죄가 있다는 바로 그 사실이다. 사람들이 원하는 것은 우리가 비겁한 인간 혹은 영웅으로 태어나는 것이다.

《자유의 길》[25]에 대한 가장 빈번한 비난 가운데 하나는 이처럼 요약할 수 있다. "그러면 그렇게도 줏대가 없는 인간들을 어떻게 영웅으로 만들 작정이오?" 이런 반박은 차라리 우습다. 왜냐하면 그러한 반박은, 영웅은 영웅으로 태어나는 것이라고 전제하고 있기 때문이다. 결국 사람들은 그렇게 생각하고 싶어 한다. 누구든지 그가 비겁한 사람으로 태어난다면 마음은 아주 평온할 것이다. 그는 어떻게 할 도리가 없을 것이요, 어떤 짓을 해도 그는 평생 비겁할 것이다. 영웅으로 태어난다고 해도 마음은 역시 매우 평온하고 한평생 영웅일 것이고 영웅처럼 마시고 영웅처럼 먹을 수 있을 것이다. 그러나 실존주의자가 말하는 것은 비겁한 인간은 스스로 비겁하게 되는 것이고 영웅은 스스로 영웅이 된다는 것이다. 비겁한 자에게는 비겁하지 않게 될 가능성이 있고, 영웅에게는 영웅이기를 중지할 가능성이 있다. 중요한 것은 전적인 앙가주망이고, 그리고 우리를 전적으로 앙가제하는 것은 어떤 특수한 경우나 특수한 행동이 아니다. 이처럼 우리는 실존주의에 관한 여러 가지 비난에 답변을 했다고 나는 생각한다. 독자들이 보는 바와 같이 실존주의는 인간을 행동으로 정의하는 것이므로 그것을 정적주의 철학이라고는 할 수 없고 또 그것은 인간에 대

---

25 *Les chemins de la liberté*: 1949년까지 발간된 사르트르의 3부작 장편소설로 지식인의 방향을 제시한다. 주인공이 아닌 기타 모든 인물 등도 자유롭게 외적 조건(결혼이나 전쟁 같은 것)을 고르는 것이 아니라 외적 조건이 그들의 방향, 그들의 선택을 좌우하며, 그런 것에 의해서 그들의 '기유'가 결정된다는 이야기다.

한 비관적 묘사도 아니다. 인간의 운명이란 인간 자신 속에 있다는 것이므로 그보다 더 낙관적인 이론은 없다.

실존주의는 낙관론이다

또한 실존주의는 사람에게 자기 자신의 행동밖에는 희망이 없다는 것, 사람으로 하여금 살 수 있도록 하는 유일한 것은 행동이라는 것을 말하고 있으므로 사람이 행동하려는 것을 낙심시키기 위한 시도도 아니다. 그러므로 그러한 점에서 그것은 행동과 앙가주망의 모럴이다. 그러나 사람들은 또 이러한 논거에서 우리가 개체적인 주체성 속에 사람을 가두어버린다고 비난한다. 이 점에 있어서는 사람들은 우리를 심히 곡해하고 있다. 우리의 출발점은 과연 개인의 주체성이지만, 그것은 엄격한 철학적 이유에 의한 것이다.

그것은 우리가 부르주아이기 때문이 아니다. 우리는 진리에 입각한 이론을 원한다. 희망에 가득한, 그러나 확고한 근거 없는 그럴듯한 학설 체계를 바라는 것이 아니기 때문이다. 출발점에 있어서 "나는 생각한다. 고로 나는 존재한다(Je pense donc je suis)"는 것 이외의 진리가 있을 수는 없다. 이것은 스스로를 파악하는 의식이 보여주는 절대 진리다. 스스로를 파악하는 이 순간 밖에서 사람을 다루는 모든 학설은 먼저 진리를 말살하는 학설이다.

왜냐하면 이 데카르트 철학의 코기토[26] 밖에서는 모든 대상은 다만

---

26 Cogito: 라틴어로 "Cogito ergo sum"이며 프랑스어로 "Je pense, donc je suis", 즉 "나는

있음 직한 일에 지나지 않기 때문이다. 진리에 뿌리박지 않은 개연성의 철학은 허무 속으로 와해해버리기 때문이다. 개연을 정의하려면 진(眞)을 파악해야 한다. 그러므로 어떤 진리가 존재하기 위해서는 절대 진리가 필요하다. 절대 진리란 단순하고 도달하기 쉽고 모든 사람이 이해할 수 있는 것이어서 중개자 없이 파악되는 것이라야 한다. 둘째로 이 학설은 인간에게 존엄성을 부여하는 유일한 학설이며 인간을 물질로 만들지 않는 유일한 학설이다.

실존주의와 유물론

모든 유물론은 자기 자신까지 포함해 모든 인간을 물질처럼 취급한다. 탁자나 의자나 돌을 형성하는 성질, 현상의 전체와 전혀 구별할 수 없는 한정된 반응의 전체처럼 인간을 취급하는 것을 목적으로 하는 것이다. 우리는 물질계와는 구별되는 명확한 가치의 전체로서의 인간계를 형성하고자 한다. 진리라는 이름 아래 우리가 파악하는 주체성은 엄밀히 개체적인 주체성은 아니다. 우리는 코기토 속에서 사람은 다만 자기 스스로만을 발견하는 것이 아니고 타인 역시 거기서 발견한다는 것을 증명했다. "나는 생각한다(Je pense)"라는 말을 가지고, 우리는 데카르트 철학과는 반대로, 또 칸트 철학과도 반대로 타인과 마주 선 우리를 파악하는 것이며 우리에게는 타인도 우리와 마

생각한다. 고로 나는 존재한다"라는 데카르트의 명제다. 흔히 첫 단어만 따서 "코기토"라고 일컫는다.

찬가지로 확실한 존재다.

이처럼 코기토로써 직접 자신을 파악하는 사람은 또한 모든 타인을 발견하고 그는 그들을 자기 존재의 조건으로 보게 된다. 그는 타인이 그렇게 그를 인정하지 않으면 기지(奇智)가 있는 사람이라거나 나쁜 사람이라거나 질투심이 강한 사람이라거나 하는 그런 의미에서 아무것도 될 수 없다는 것을 잘 알고 있다. 나에 관한 어떤 종류의 진리라도 그것을 파악하려면 나는 타인을 거쳐야만 한다.

타인은 나에게 불가결한 것이며 내가 나 자신을 아는 데 불가결한 것이기도 하다. 이러한 조건에서 나의 내면의 발견은 나를 드러내 주는 동시에 또한 타인을, 그 생각하는 바와 바라는 것이 나의 편이거나 그렇지 않으면 나의 반대편인 한낱 자유로서의 타인을 드러내 준다. 이렇게 해서 우리는 우리가 상호 주체성이라고 부르고자 하는 하나의 세계를 곧 발견하게 된다. 인간이 자신은 어떠한 것이며 타인은 어떠한 것인가를 결정하는 것은 바로 이 세계 속이다. 그 밖에 각 개인 속에서 인간성이라는 보편적 본질을 찾는 것은 불가능하다 할지라도 인간 조건의 보편성은 존재한다.

인간 조건[27]

오늘날 사상가들이 인간의 본질보다는 인간의 조건을 즐겨 논하는

---

27 la condition humaine : 인간으로서 벗어날 수 없는 모든 상태를 말하는 것으로 죽음이라든지 이성(理性)의 소유라든지 하는, 우주에서의 인간의 위치를 말한다. 특히 무신론적 관점에서 신과 절연된 인간의 한계를 말하는 것이라고 볼 수 있다.

것도 우연한 일은 아니다. 표현의 명확성에 차이는 있을지라도 그들은 조건이라는 말로 우주에 있어서의 인간의 기본적 시튜아시옹[28]을 드러내는 선험적 한계를 표현한다.

역사적 시튜아시옹은 변화한다. 인간은 고대 다신교 사회의 노예로 태어날 수도 있고, 봉건사회의 영주로 태어날 수도 있으며, 현대의 프롤레타리아로 태어날 수도 있다. 변화하지 않는 것은 인간이란, 세상에 있고 세상에서 노력하고 타인과의 사이에 존재하고 거기서 죽는다는 필연성이다. 그 한계는 주체적인 것도 아니고 객체적인 것도 아니다. 차라리 그것은 일면 객체적인 동시에 일면 주체적인 것이다. 그 한계들을 도처에서 만나고 인식할 수 있기에 객체적이라 할 수 있다. 또 인간이 그 한계들을 살고 있고 그렇지 않으면, 즉 사람이 그 한계와 관련하여 존재해가며 스스로를 자유로이 결정하지 않는다면 한계들은 아무것도 아닌 것이 되기 때문에 주체적이라고 할 수 있다. 그리고 비록 지향(志向)은 다양할 수 있다 해도 그것들은 모두 이 한계를 돌파하든가 혹은 거기에 순응(順應)하기 위한 시도로 나타나는 것이므로 어떤 지향일지라도 그것은 적어도 나와 아무 관계가 없는 것은 아니다. 따라서 모든 지향은 그것이 어떠한 개인의 것일지언정 하나의 보편적 가치를 지닌다.

모든 지향은 그것이 중국인의 것이건, 인도인의 것이건, 흑인의

---

28 la situation : 주관세계와 객관세계를 나누어볼 수 있다면 객관세계에서의 '나의 처지'를 말하는 것인데, 주관에서 출발하는 사르트르가 시튜아시옹을 강조하고 있음은 주목할 만하다. 그의 평론집이 '시튜아시옹'이라는 제목으로 이미 세 권이나 출간된 것은 주지의 사실이다.

것이건 간에 모두가 유럽 사람에게 이해될 수 있다. 그것은 1945년의 유럽 사람이 그가 이해할 수 있는 어떤 시튜아시옹에서 출발해 그의 한계를 향해 돌진할 수 있다는 것을 의미한다. 그가 마음속에서 중국인이나 인도인이나 흑인의 지향을 자신도 가져볼 수 있다는 것을 의미한다. 모든 지향이 모든 사람에게 이해될 수 있다는 의미에서 모든 지향의 보편성이 있다고 할 수 있다. 그것은 그 지향이 영원히 인간을 정의한다는 것이 결코 아니고 남도 그러한 지향을 가질 수 있다는 말이다. 사람이 충분한 정보를 갖고 있기만 하다면 백치나 유아나 원시인 혹은 이방인을 이해할 수 있는 방법이 항상 있는 것이다.

인간의 보편성

이런 의미에서 우리는 인간의 어떤 보편성이 있다고 말할 수 있다. 그러나 그 보편성은 일정한 것은 아니고 계속해서 형성되어가는 것이다. 나는 스스로를 선택함으로써 보편적 인간을 형성한다. 또한 나는 어떤 시대의 사람이든 간에 타인의 지향을 이해함으로써 보편적 인간을 형성한다. 이 선택의 절대성은 각 시대의 상대성을 제거하지는 않는다.

　　각 개인은 앙가주망을 통해 어떤 인간형을 선택함으로써 자기 스스로를 실현한다. 그러한 앙가주망은 어떤 시대에나, 어느 누구에게나 항상 이해될 수 있는 것이다. 자유로운 앙가주망은 이처럼 절대적 성질을 갖는다. 실존주의자가 보여주고 싶어 하는 것은 그러한 앙가주망의 절대성과 그러한 선택의 결과로 이루어지는 문화 집단의 상대성과의 연결이다. 이처럼 우리는 데카르트 철학의 상대성과 데카르트 철학의 앙가주망의 절대적 성격을 동시에 주목해야 한다. 이런 의미에서 우리 인간은 각자가 호흡하고 먹고 잠자고 또 어떤 방법으로 행동함으로써 절대적인 행위를 한다고 말할 수 있다. 자유스럽다는 것, 지향으로 존재한다는 것, 자신의 본질을 선택한 존재라는 것과 절대라는 것 사이에는 하등의 차이도 없다. 또 시간적으로 국한된 절대적 존재, 즉 역사 속에 국한되어 있는 절대적 존재라는 것과 보편적으로 이해될 수 있다는 것 사이에는 하등의 차이도 없다.

이것이 주체주의에 대한 이의를 완전히 해명하지는 못한다. 사실 이러한 이의는 또 여러 가지 형태를 갖는다. 첫째는 아래와 같은 것이다. 즉 사람들이 우리에게 말하기를 당신들은 무엇이고 할 수 있을 것이라고 한다. 첫째, 사람들은 우리가 무정부주의적이라고 비난한다. 둘째, 당신들은 타인을 평가할 수 없다고 한다. 왜냐하면 어떤 지향을 어느 또 다른 지향보다 선호할 근거가 없기 때문이라는 것이다.

끝으로 이렇게 말할 수도 있다. 당신들이 선택하는 것에 있어서는 모든 것이 무상(無償)하다. 한쪽 손으로 타인에게 받는 시늉을 하고는 다른 손으로 슬쩍 넘겨주는 격이다. 이 세 가지 이의는 근거 있는 것이 못 된다.

우선 첫 번째 이의인 당신들은 무엇이고 선택할 수 있다는 것은 옳지 않다. 선택은 한 가지 방향으로만 가능하다. 불가능한 것, 그것은 선택하지 않는다는 것이다. 나는 항상 선택할 수 있다. 그러나 내가 알아야 할 것은 선택을 하지 않더라도 나는 역시 선택하고 있다는 사실이다. 이것이 비록 순전히 형식논리적인 것같이 보일지라도 제멋대로의 생각이나 변덕스러운 생각을 제한하기 위해서는 대단히 중요하다.

시튜아시옹

어떤 시튜아시옹과 마주하는 모습을 예상해보자. 내가 이성과 관계를 가질 수 있고 자식을 낳을 수 있는 하나의 유성(有性)의 존재라는 시튜아시옹과 마주한 나는 어떤 태도를 선택하지 않을 수 없으며, 어떠한 선험적 가치가 나의 선택을 결정할 수 없다 할지라도 나는 나를 앙가제함으로써 전 인류를 앙가제하는 선택에 대한 책임을 지게 되는데 그 선택은 변덕스러운 생각과는 아무런 관계도 없다.

그리고 만약 사람들이 여기서 지드의 학설인 무상(無償)의 행위[29]를 볼 수 있다고 생각한다면, 그것은 이 이론과 지드의 이론 사이의 방대한 차이를 보지 못하고 있는 까닭이다. 지드는 시튜아시옹이 무엇인지 알지 못하며 단순히 변덕스러운 생각으로 행동하고 있다. 반

---

29 Acte gratuit: 앙드레 지드(André Gide)의 소설 《교황청의 지하실(Les Caves du Vatican)》(1914년)에 표현된 사상으로, 개인의 내적 의식 문제에 관한 것이다. 아무 쓸모 없는 행위란 다시 말하면 행위의 방기와도 같다. 주인공 라프카치오는 기차에서 아무런 이해관계가 없는 노인을 아무런 이유도 없이 창밖에 떠다밀어 죽여버린다. 인간이 인습적인 행위에 구속되어 자유를 완전히 상실하고 있는 데 대해, 전혀 자유로운 동기에 대해서까지도 구속되는 일 없는 행위를 지드가 라프카치오라는 청년을 통해서 실험적으로 표현해본 것이었으나 물론 지드 자신도 무상의 행위를 확신하는 것은 아니었다. 이런 테마는 당연히 세인의 비난과 분노를 샀다.

대로 우리의 생각으로는 인간이란 어떤 유기적 시튜아시옹 속에 얽매어 있는 것이어서 그 속에 앙가제되어 있으며, 자신의 선택으로 전 인류를 어떤 방향으로 앙가제한다. 그는 선택을 피할 수가 없다. 그는 동정(童貞)인 채로 있거나, 결혼은 해도 자식은 갖지 않거나, 그렇지 않으면 결혼을 해서 자식을 낳을 수밖에 없다. 그가 어떻게 하건 도저히 이 문제에 대해서 전적인 책임을 면할 수가 없다. 그는 미리 설명된 가치에 의거하지 않고 선택하는 것이지만 그가 변덕스러운 생각으로 선택하는 것이라고 비난하는 것은 부당하다. 차라리 도의적인 선택은 예술 작품의 제작과 비교해야 한다고 말하고 싶다.

모럴과 미학

여기서 일단 우리는 하던 이야기를 중단하고 그것이 미학적 모럴과는 아무런 관계도 없다는 것을 말하지 않을 수 없다. 왜냐하면 우리를 공격하는 사람들은 하도 비양심적이어서 우리에게 그러한 점까지도 비난하고 있기 때문이다. 내가 택한 예는 단순한 비교에 불과한 것인데도. 그런데 도대체 그림 한 폭을 그린 화가에게 선험적으로 설정된 규칙을 따르지 않았다고 비난한 적이 있는가? 그가 그려야 할 그림이 어떤 것이어야 한다고 그에게 말한 적이 있는가? 꼭 그렇게 그려야 하도록 정의(定義)된 그림은 있을 수 없으며, 예술가는 자신의 그림에 투신하는 것, 그가 그려야 할 그림이란 그가 그리게 될 그림임은 두말할 것도 없다. 선험적인 미학적 가치라는 것은 없지만 그림의 일관성 속에, 또 창조의 의미와 그 결과와 관계 속에 사후에 볼 수 있는 가치가 있을 수 있음은 물론이다. 아무도 내일의 그림이 어떤 것이 될지 말할 수 없다. 그림은 그려진 다음에야 비로소 평가될 수 있다. 그것이 모럴과 무슨 관계가 있는가? 우리는 그와 마찬가지로 창조적 시튜아시옹 속에 있다. 우리는 결코 예술 작품의 무상성을 말하는 것이 아니다. 우리가 피카소의 그림 한 폭을 말할 때 우리는 그것이 무상이라고 말하는 것이 결코 아니다. 우리는 그가 그리는 동시에 자신을 형성했고 그의 작품 전체가 그의 생활과 하나가 된다는 것을 잘 알고 있다.

모럴 분야에서도 역시 마찬가지다. 예술과 모럴 사이에 공통된 점이 있는데, 그것은 그 두 가지 경우 우리에게는 창조와 창안이 있을 따름이라는 것이다. 우리가 해야 할 바를 선험적으로 결정할 수는 없다. 나는 나를 찾아온 학생이 모든 모럴, 즉 칸트 철학이나 혹은 다른 철학의 모럴에 비추어보아도 아무런 지시도 얻을 수 없었던 경우를 말함으로써 내가 그것을 독자에게 충분히 제시했다고 생각한다. 그는 스스로 자신의 율법(律法)을 만들어내지 않으면 안 되었다. 감정과 개체적 행동과 구체적 자비심을 모럴의 기본으로 삼아 어머니와 남아 있을 것을 선택했거나, 차라리 희생을 선호하여 영국으로 가기를 선택했거나, 우리는 결코 그 사람이 무상의 선택을 했다고 말할 수는 없을 것이다. 인간은 스스로 만들어가는 것이다. 인간은 이미 만들어져 있는 것이 아니고 그의 모럴을 선택함으로써 스스로를 만들어가는 것이며, 환경의 압력으로 말미암아 하나의 모럴을 선택하지 않을 수 없다.

우리는 인간을 앙가주망에 비추어서만 정의하려고 한다. 그러므로 선택의 무상함을 이유로 우리를 비난하는 것은 얼토당토않은 노릇이다.

둘째로 사람들은 우리에게 "당신들은 타인을 평가할 수 없다"고 말한다.

어떤 의미에서 그것은 사실이라고 할 수 있으나 또 다른 의미에서는 맞지 않는 말이다. 사람이 참으로 진실하게, 정말 참으로 명철하게 자신의 앙가주망과 지향(志向)을 선택할 때마다, 그 지향이 어떤 것임을 막론하고 그 지향보다 다른 지향을 선호할 수는 없다는 의미에서 그것은 사실이다. 진보란 개선에 지나지 않기에 우리가 진보라는 것을 믿지 않는다는 의미에서 그것은 사실이다.

실존주의와 진보의 개념

사람은 변화하는 시튜아시옹 앞에서 항상 동일한 것이며 선택은 항상 어떤 시튜아시옹 속에서의 선택이다. 모럴 문제는 노예제 주장자와 노예제 반대자 중 어느 하나를 선택할 수 있었던 시대부터 지금까지 달라진 바 없다. 예를 들면 아메리카 남북전쟁 때에도, M. R. P.[30] 혹은 공산주의자를 선택할 수 있는 현재에 이르러서도 달라진 것은 조금도 없다.

---

30 Mouvement Républic Populaire: 인민공화파(人民共和派)의 약자. 1943년 비도를 중심으로 한 기독교 민주주의를 신봉하는 사람들이 만든 단체.

그러나 내가 이미 말한 바와 같이 사람은 타인과 마주 대하여 선택하며, 타인과 마주 대하여 스스로를 선택하는 까닭에 남을 평가할 수 있다. 우선 사람은 어떤 선택들은 오류에 입각하고 있고 어떤 선택들은 진리에 입각해 있다고 판단할 수 있다. (이것이 아마 가치에 대한 판단은 아닐지 모르나 윤리적인 판단이다.) 어떤 사람을 평해서 그는 자기기만적이라고 판정할 수 있다. 우리가 인간의 시튜아시옹을 변명이나 도움이 있을 수 없는 자유선택으로 정의한 이상 자기 감정의 변명이나 구실 뒤로 도피하는 사람이나 결정론을 생각해내는 사람은 누구나 자기기만적인 사람이다.

그러나 "자기기만적으로 스스로를 선택해선 안 될 이유가 어디 있는가?"라고 반문할지도 모른다. 여기에 대해서 나는 그런 사람을 도덕적으로 평가할 필요는 없으나 그들의 자기기만을 오류로 규정한다고 답변한다. 이 점에 있어서 진리에 대한 평가를 모면할 수는 없다. 자기기만은 앙가주망이라는 전적인 자유를 은폐하기 때문에 허위적인 것이 분명하다.

그와 같은 관점에서 어떤 가치들이 나 이전에 존재한다고 말하는 것을 내가 선택한다면 그 역시 자기를 기만하는 일이라 하겠다. 내가 그러한 가치들을 바라면서 그러한 가치들을 불가피한 것이라 말한다면 나는 자기모순에 빠지고 만다. 만약 "자기기만을 원한다면?" 하고 말하는 사람이 있다면, 나는 "당신이 그래선 안 된다는 어떤 이유도 없지만, 당신은 자기를 기만한다. 그리고 정확히 말해 일관된 태도는 자기를 기만하지 않는 태도라고 단언한다"라고 답변할 것이다.

이에 더해 나는 도덕적 평가를 내릴 수도 있다. 구체적인 경우에 있어서의 자유는 그 자유 자체를 요구하는 목적 외에는 어떠한 목적도 가질 수 없다고 나는 말한다. 인간은 고독 속에서 그가 가치를 설정한다는 것을 일단 인정했으면 바랄 수 있는 것이 오직 하나밖에 없게 된다.

모든 가치의 근거로서의 자유가 곧 그것이라는 말이다.

이것은 사람이 추상적 관념 속에서 자유를 요구한다는 뜻은 아니다. 이것은 단순히 자유를 기만하지 않는 인간의 행위는 그 자체로서의 자유의 모색을 그 궁극적인 의의로 삼는다는 것을 의미한다.

공산주의에, 혹은 혁명적인 어떤 조합 조직에 동의하는 사람은 구체적 목표를 요구하는데, 그 목표는 자유의 추상적인 의지를 포함하고 있다. 그러나 그 자유도 구체성 속에 자유 스스로를 요구한다.

타인의 자유

우리는 자유를 위한 자유를 원하는 동시에 하나하나 특수한 경우를 거치며 자유를 원한다. 그리고 자유를 원하면서 그것이 타인의 자유에 완전히 의존한다는 사실과 타인의 자유는 우리의 자유에 의존한다는 사실을 알게 된다. 물론 인간에 대한 정의(定義)로서의 자유는 타인에 의존하지 않는다. 그러나 앙가주망이 발생하자마자 나는 나의 자유와 동시에 타인의 자유를 원하지 않을 수 없으며, 또한 타인의 자유를 목적으로 삼을 때만 나의 자유를 목적으로 삼을 수 있다.

그러므로 엄밀한 정당성의 견지에서 사람이란 그 존재가 본질을 앞서는 존재이며, 그는 다양한 경우 자신의 자유밖에는 원할 수 없는 자유로운 존재라는 것을 인식함과 동시에 나는 타인의 자유 말고 다른 것을 원할 수 없다는 것을 인식한 것이다. 이처럼 자유 자체에 포함되어 있는 의지의 이름으로 나는 그들 존재의 완전한 무상함과 완전한 자유를 스스로 은폐하려고 꾀하는 이들에 대한 평가를 내릴 수 있다. 경건한 심정으로 혹은 결정론적 구실로 그들의 완전한 자유를 스스로 은폐하려는 사람들을 나는 비겁한 자들이라고 부른다. 또 그들의 존재라는 것이 땅 위에서의 인간 출현이라는 우연에 지나지 않는데, 그것을 필연적인 것이었다고 주장하려 하는 이들을 나는 떳떳하지 못한 자들이라고 말한다. 그러나 비겁한 자나 떳떳하지 못한 자나 엄밀한 정당성의 견지에서만 평가될 수 있다. 이처럼 비록 모럴의 내용은 변할 수 있지만 그 모럴의 일정한 형태는 보편적이다. 칸트는, 자유는 그 자체와 타인의 자유를 요구한다고 말하고 있다. 찬성이다.

그러나 그는 형식과 보편성은 어떤 모럴을 구성하는 데 충분하다고 생각한다. 그와 반대로 우리는 너무나 추상적인 원리는 행동을 정의하는 데 실패한다고 생각한다. 다시 한번 그 학생의 경우를 생각해보자. 무엇의 이름으로, 어떠한 뚜렷한 도덕적 격언에 따라 그가 안심하고 그의 어머니를 버리든가 어머니와 더불어 머무르기를 결정할 수 있었을 것이라고 독자들은 생각하는가? 평가할 아무런 방법도 없다. 내용은 항상 구체적이어서 예견할 수 있는 것이니 항상 창조가 있을 뿐이다. 중요한 것은 다만 이루어지는 창조가 자유의 이름으로 이루어지는가 아닌가를 알아내는 것이다. 예를 들어 아래와 같은 두 가지 경우를 검토해보자.

《플로스 강변의 물방앗간》[31]의 예

독자는 이 두 경우가 어떤 면에서는 일치하면서도 어떤 면에서는 서로 다르다는 것을 알게 될 것이다. 《플로스 강변의 물방앗간》을 예로 들어보자. 거기에서 우리는 정열이라는 가치의 화신이며, 그 점을 의식하고 있는 매기 튈베르라는 한 처녀를 보게 된다. 그녀는 보잘것없는 어떤 처녀의 약혼자인 스테판이라는 청년을 사랑한다. 그 매기 튈베르는 끝끝내 자신의 행복을 귀중히 여기지 않고 인간의 연대책임이라는 이름으로 스스로를 희생하고 사랑하는 남자를 단념한다.

《파르므의 수도원》[32]의 예

반대로 《파르므의 수도원》 속의 상스베리나는 정열은 사람의 진실한

---

31 *Le Moulin sur la Floss*: 영국의 여성 작가인 조지 엘리엇(Gorge Eliot, 1819~1880년)의 소설로 1860년 출간되었다. 여주인공이 애인을 위하여 그 사랑을 포기해버린다는 순애보적 소설이다.

32 *La Chartreuse de Parme*: Stendhal(1783~1842년)의 소설로 1842년에 발표되었다. 여주인공 상스베리나 공작부인의, 정열을 위해서는 어떤 것도 희생하기를 서슴지 않는 성정은 조카 파브리스 델 동고를 열애하게 하고, 그의 출세를 위해 전력을 다하게 한다. 그러나 파브리스는 승적에 몸을 두고서도 클레리아라는 순진한 아가씨를 사랑한다. 정열과 사랑의 갈등을 그린 명작이다.

가치를 이루는 것이라고 생각한다. 위대한 사랑은 희생을 요구할 가치가 있으니 스테판과 그의 결혼 상대자인 못생긴 여자를 결합시킬 부부의 사랑보다 그 위대한 사랑이 더 낮게 생각된다고 단언할 것이다. 그리고 스탕달이 보여주는 것처럼 그 여자는 만약 그러한 생활이 요구한다면 정열을 위해 자기 자신을 희생할 것이다. 우리는 여기서 두 가지 정반대 모럴을 볼 수 있는데 나는 그 두 가지가 대등하다고 주장한다. 그 두 가지 경우에 있어서 초점이 되는 것은 자유라는 문제다. 그런데 독자는 그 결심에 있어서 대단히 유사한 두 가지 태도를 볼 수 있는데, 하나는 체념으로 인해 애인을 단념하려는 여자의 태도와 또 하나는 성적 욕구로 인해 사랑하는 남자가 가진 이전 관계를 무시하려는 여자의 태도다. 이 두 가지 행동은 외면적으로는 우리가 묘사한 행동과 비슷하다. 그러나 내면적으로는 상이하다. 상스베리나의 태도는 안이한 탐욕이기는커녕 차라리 매기 튈베르의 태도에 훨씬 더 가깝다. 이처럼 두 번째 비난은 진(眞)인 동시에 위(僞)라는 것을 알 수 있다.

사람은 자유로운 앙가주망의 바탕 위에서라면 무엇이고 선택할 수 있다. 세 번째 이의(異議)는 다음과 같다. 당신들은 한 손으로 받아서 슬쩍 다른 손으로 주어버린다는 것이다. 즉 요컨대 그 가치들은 당신들이 선택하는 것이니 믿음직하지 못하다는 것이다. 이에 대해 나는 이를 유감으로 생각한다고 대답하겠다. 그러나 하나님 아버지를 내가 부정해버렸으니 가치를 창조할 그 누군가 필요하다. 사실대로 생각할 수 없는 것이다. 그리고 또 우리가 가치를 창조한다고 말하는 것은 생(生)에는 아무런 선험적인 뜻도 없다는 것 외엔 아무것도 의미하지 않는다. 우리들이 살기 전까지는 인생 그것은 아무것도 아니다. 그러나 그 인생에 의의(意義)를 부여하는 것은 우리들이 할 일이고 가치란 우리들이 선택하는 그 뜻 이외의 아무것도 아니다. 이로써 독자는 인간의 공동체를 창조할 가능성이 있음을 알게 된다. 사람들은 나에게 실존주의의 휴머니즘 여부를 운운한다고 비난했다. 그들이 내게 말하길 "그러나 당신은 《구토(La Nausée)》[33] 속에서 휴머니스트들이 옳지 못하다고 보고, 어떤 형태의 휴머니스트들을 조소했소. 그런데 지금 와서 새삼스럽게 휴머니즘 운운할 게 뭡니까?"

휴머니즘

사실 휴머니즘이란 말은 서로 매우 다른 두 가지 의미를 갖는다. 휴머니즘이란 말은 인간을 목적으로 삼고 최고의 가치로 삼는 학설을 의미할 수 있다. 이런 의미에서 예를 들면 장 콕토[34]의 소설 《80시간의 세계일주》 속에서 한 인물은 비행기로 산악 상공을 비행하며 "사람들은 훌륭하다"고 말하고 있는데 그때 콕토에게는 휴머니즘이 있

---

33 사르트르의 소설. 2차 대전 이전인 1938년에 발표됐다. 지방 고등학교 교수로 역사 자료를 수집하고 있는 로캉탱이라는 주인공은 우연한 일로 물질에 대한 구토를 느끼고 그지없는 고민에 사로잡힌다. 여기서 시작되는 주인공의 철학적 사색의 전개를 취급한 소설이다.

34 Jean Cocteau(1889~1963년): 프랑스의 시인·소설가·희곡 작가, 평론가로 스스로 시나리오를 쓰고, 영화에도 출연한 20세기의 천재. 《80시간의 세계일주》는 여행기로서 1936년 작품이다.

다. 그것은 비행기를 내가 제작하지 않았으나 나는 인간으로서 이 특수한 발명의 혜택을 입을 것이고, 나도 책임이 있고, 어떠한 인간의 특수한 행위를 통해서 명예를 누릴 수 있다고 생각할 수 있다는 것을 의미한다.

그것은 우리가 어떤 사람들의 가장 고귀한 행동을 통해서 사람의 가치를 인간에게 부여할 수 있으리라는 것을 전제로 한다. 이러한 휴머니즘은 조리가 맞지 않는다. 왜냐하면 개나 말만이 인간에 대한 전반적인 평가를 내려 인간은 훌륭한 것이라고 말할 수 있을 것이기 때문이다. 하지만 적어도 내가 알기로는 개나 말이 그럴 것 같지는 않다. 그러나 우리는 어떤 사람이 인간에 대한 평가를 내릴 수 있다고 생각할 수 없다. 실존주의는 이런 종류의 모든 평가를 사람이 하지 않아도 좋다고 생각한다. 인간이란 항상 만들어져야 하는 것이므로 실존주의는 인간을 목적으로 삼지 않는다. 그리고 오귀스트 콩트[35] 식으로 우리가 숭앙할 수 있는 일정한 인간성이 있다고 믿어서는 안 된다. 인간의 숭앙은 콩트의 유아독존적(唯我獨尊的) 휴머니즘에 귀착하며, 또 필경 파시즘에 귀착한다고 말하지 않을 수 없다. 그것은 우리가 원치 않는 휴머니즘이다.

그런데 다른 의미의 휴머니즘이 있다. 그것은 결국 아래와 같은 것을 의미한다. 인간은 부단히 자기 밖에 있는 것이며 자기 밖으로 스스로를 투사(投射)하고 스스로를 잃어버림으로써 인간을 존재하게 한다. 한편 인간이 존재할 수 있는 것은 더 높은 목적을 추구함으로

---

35 Auguste Comte(1798~1857년): 프랑스 실증철학자로서 사회나 역사의 본질을 숫자와 물리학 같은 자연과학에 의거해서 설명했으며 종래에는 사회학의 시조가 되었다.

써다. 그처럼 사람은 자기 이상의 것을 행하는 것이며 그러한 초월에 비추어서만 인간은 사물을 파악할 수 있기 때문에 그러한 초월의 한 복판, 즉 중심에 있다. 인간의 우주, 즉 인간의 주체성의 우주 이상의 다른 우주가 있을 수 없다.

신은 초월적 존재화라는 의미에서가 아니라 자기 이상의 것으로 향하는 것이라는 의미에서 인간의 성분으로서의 그러한 초월성이 휴머니즘인 이유는 우리가 사람에게 그들 자신 외엔 입법자가 있을 수 없고, 또 자기 자신을 결정하는 것은 고독 속에서라는 것을 상기시키기 때문이다. 인간이 참으로 인간답게 될 수 있는 것은 자기 자신이 함으로써가 아니라 어떤 해방이라든가 어떤 일정한 일의 실현이라든가 그러한 목적을 자기 자신 밖에서 찾음으로써라는 것을 우리가 보여주려는 것이기 때문이다. 또 초월성과 인간이 자신 속에 얽매어 있는 것이 아니라 항상 인간의 우주 속에 처해 있다는 의미로서 주체성과의 관계, 그것을 우리는 실존주의적 휴머니즘이라고 부른다.

실존주의와 무신론

이러한 몇몇 고찰을 통해 독자 여러분은 우리에 대한 사람들의 이의(異義)보다 더 당치 않은 것은 없다는 사실을 알게 되었을 것이다. 실존주의는 일관성 있는 무신론적 주장을 끝까지 견지하여 거기서 결과를 이끌어내려는 노력 이외의 아무것도 아니다. 우리의 주장은 인간을 절망에 떨어뜨리려는 것이 결코 아니다. 그러나 기독교 신자들처럼 무신론적 태도를 모두 절망이라고 한다면 우리의 주장은 본원적인 절망에서 출발하는 것이라고 할 수 있다. 실존주의는 차라리 신이 존재한다손 치더라도 아무런 변화가 없을 것이라고 말한다. 그것이 바로 우리의 견해다.

신이 존재한다고 우리가 믿는 것이 아니라 문제는 신의 존재에 관한 문제가 아니라고 우리는 생각한다. 사람은 자신을 재발견해야 하며, 비록 신의 존재에 대한 유력한 증명자일지라도 사람 자신 말고는 사람을 구원하지 못하리라는 것을 명심해야 할 것이다. 이런 의미에서 실존주의는 하나의 낙관론이고 행동의 이론이다. 기독교 신자들이 그들 자신의 절망을 우리의 절망과 혼동하여 우리를 절망에 빠진 사람들이라고 부를 수 있다면 그것은 단지 그들의 그릇된 고의(故意)에 불과하다.

토론

사르트르와 피에르 나빌

실존주의의 통속화에 대한 반대

질문   당신을 이해시키려는 생각이 과연 당신을 더 잘 이해하게 할는지 혹은 오히려 이해 곤란하게 만들게 될지 모르겠으나《악시옹》[1]에서의 요론(要論)은 당신을 한층 이해 곤란하게 하는 것이라고 나는 생각한다. 절망이라든가 고독이라는 말들은 실존주의자의 텍스트 속에서는 더욱 강한 음향(音響)을 갖는다. 그리고 당신에게 절망이나 불안은 단지 고독한 자신을 느끼며 결정을 내려야만 하는 인간의 결단 때문이라기보다 더 근본적인 그 무엇인 양 생각된다. 그것은 인간 조건의 의식에서 오는 것이라고 할 텐데 그러한 의식이란 언제나 생겨나는 것은 아니다. 사람이 항시 스스로를 선택하는 것은 사실이지만 불안과 절망이 늘 생겨나진 않는다.

사르트르 물론 내가 밀푀유 과자나 초콜릿이 든 에클레르 과자 중 어떤 것을 선택할 때 불안 속에서 선택한다는 것을 의미하지는 않는다. 불안이 항구적이라는 것은 나의 근원적인 선택이 항구적이라는 의미다. 결국 불안이란 내 생각에는 정당화의 근거가 전혀 없으면서 동시

---

1   *Action*: 마르크스파의 잡지.

에 모든 사람들에 대한 책임을 져야 한다는 것을 말한다.

질문   나는 《악시옹》에 나타난 요론이란 관점에 대해서 말하고 있었고, 거기서는 당신의 견해가 약간 약화되어 있었던 것 같다.

사르트르 정직하게 말해서 《악시옹》 속에서 나의 주장이 좀 취약했던 것은 있을 수 있는 일이다. 그런 것을 논할 자격이 없는 사람들이 나에게 질문을 하게 되는 일이 종종 있다. 그럴 때 나는 두 가지 해결 방법과 마주친다. 즉 답변을 거부하든가, 통속화라는 관점에서 토론을 수락하든가 하는 두 가지다.

나는 후자를 택했다. 결국 철학 강의 시간에 어떤 이론을 사람이 진술할 때 그것을 이해시키기 위해서는 하나의 사상을 취약하게 만들 것을 감수해야 하며 그것은 그리 나쁜 일이 아니다. 우리가 '앙가주망' 이론을 갖고 있다면 끝까지 스스로 앙가제해야 한다. 만약 진실로 실존주의 철학이 무엇보다도 존재는 본질보다 앞선다고 주장하는 하나의 철학이라면 그것이 정말로 성실하기 위해서는 생활 속에 그것이 나타나야 한다. 실존주의적으로 산다는 것, 그것은 그 이론을 위해서 희생을 감수하는 것이며, 책자들 속에서만 주의를 강요하는 것은 아니다. 만약 그 철학이 정말로 하나의 앙가주망이기를 원한다면 정치나 도덕 면에서 왈가왈부하는 사람들에게도 그것을 알려주지 않으면 안 된다.

당신은 내가 휴머니즘이란 말을 사용한다고 비난한다. 그것은 이렇게 문제가 되는 까닭이다. 그 이론을 엄격히 철학적인 면에만 국한하고, 그 이론의 실천적인 영향력을 요행에 기대하는 관점이다. 그렇지 않으면 사람들이 그 이론에서 다른 것을 요구하는 까닭에, 그리고 그 이론 자체가 하나의 앙가주망이 되기를 원하는 까닭에 통속화하는 일이 그 이론 자체를 변형시키지 않는다는 조건 하에 그것을 통속화하는 일을 수락할 수밖에 없다는 관점이다.

철학과 정치

질문　당신을 이해하고자 하는 사람들은 당신을 이해할 것이고 당신을 이해하고자 하지 않는 사람들은 당신을 이해하지 않을 것이다.

사르트르　당신은 아마도 현 사태에 뒤떨어져 있는 방법으로 인간 사회에서의 역할을 상상하는 것 같다. 예전에는 철학자들이 다른 철학자들한테만 공격을 받았다. 속인은 아무것도 이해를 못했고 따라서 그런 것에 아랑곳하지도 않았다. 오늘날 사람은 철학을 공중(公衆)의 광장으로 끌어내렸다. 마르크스 자신도 자신의 사상을 통속화하는 데 부단히 노력했다. 《공산당 선언》은 한 사상의 통속화에 불과하다.

질문　마르크스의 독창적 선택은 혁명적인 선택이다.

사르트르　그가 처음에는 혁명가이기를 택했고 다음에는 철학자이기를 택했다고 말할 수 있는 사람 또는 처음에는 철학자이기를 택했고 다음에는 혁명가이기를 택했다고 말할 수 있는 사람은 그야말로 엉뚱한 사람이다. 그는 철학자이며 혁명가다. 그 둘은 일체다. 그가 먼저 혁명가이기를 스스로 택했다는 것은 무슨 말일까?

질문　나에게는 《공산당 선언》이 하나의 통속화로 보이지 않으며 차라리 투쟁 무기로 보인다. 나는 그것이 앙가주망 행위가 아니라고 믿을 수가 없다.

철학자 마르크스가 혁명이 필요하다고 결론을 내렸을 때 그가 한 최초의 행위는 정치적 행동인 그의《공산당 선언》이었다.《공산당 선언》은 마르크스 철학과 공산주의의 유대다. 당신이 어떠한 모럴을 갖든지 간에 우리는《공산당 선언》과 마르크스의 철학 사이에서 보았던 것과 같은 긴밀한 논리적 유대를 그 모럴과 당신의 철학 사이에서 감지할 수 없다.

사르트르 자유라는 모럴이 문제다. 그 모럴과 우리의 철학 사이에 아무런 모순이 없다면 더는 요구할 게 아무것도 없을 것이다. 앙가주망의 여러 가지 형태는 시대에 따라서 다르다. 스스로 앙가제하는 것이 곧 혁명을 하는 것이었던 시대에는《공산당 선언》을 써야만 했다.

우리 시대처럼 서로 다른 정당들이 제각기 혁명을 부르짖는 시대에 '앙가주망'이란 그 정당들 가운데 어떤 한 정당에 가입하는 일이 아니다. 우리 시대의 앙가주망은 각 정당의 위치를 명시하고 각기 다른 혁명 정당에 영향을 미치도록 그 개념을 천명케 하려는 노력이다.

실존주의적 앙가주망의 의미

나빌 당신이 설명한 견해를 토대로 하여 논의할 수 있는 문제, 그것은 앞으로 닥쳐올 시기에 당신의 이론이 급진사회주의의 부활로 나타날 것인가 여부를 알아보는 일이다. 이상야릇하게 보이지만 지금은 그렇게 문제를 제시할 필요가 있다.

그런데 당신은 여러 가지 견해를 다 가지고 있다. 그러나 만약 이 견해들, 즉 실존주의 사상들이 지니는 양상의 현재 집중점을 찾아본 다면 내 생각으로는 자유주의의 일종의 부활 속에서 그것을 발견할 수 있을 것 같다. 그런데 당신의 철학은 현재의 역사적 조건들인 아주 특수한 조건들 속에서 급진사회주의와 휴머니즘적 자유주의의 본질을 이룬 것을 부활시키려 하고 있다. 그것에 그 독자적 성격을 부여하는 것, 그것은 전 세계에 걸친 사회적 위기가 더는 옛날의 자유주의를 허용하지 않고 괴롭고 불안을 면치 못하는 자유주의를 요구하고 있다는 사실이다. 내 생각으로는 사람들이 비록 당신 고유의 용어만을 두고 생각하더라도 그러한 평가에 대해 충분히 깊이 있는 몇몇 이유를 발견할 수 있을 것이다.

현재의 설명으로 보아 실존주의는 일종의 휴머니즘으로 나타나며, 결국은 앙가주망 이전의 것이요, 정의될 수 없는 기도(企圖)에 지나지 않는 자유에 관한 철학의 형태로 나타나고 있다고 보아야 할 것이다. 당신은 여러 사람들이 하듯이 인간의 존엄성, 인간의 드높은 존엄성을 주장하고 있는데, 그러한 것들은 따지고 보면 예전의 모든 자유주의의 테마에서 그리 멀지 않은 테마들이다.

그것들을 정당화하기 위해서 당신은 휴머니즘의 두 가지 의미, 인간 조건의 두 가지 의미를 구별한다. 그리고 적지 않게 진부하면서도 의미심장한 역사를 갖고 있는, 그리고 그 애매한 성격이 결코 우연의 결과가 아닌 몇몇 용어들의 두 가지 의미를 구별한다. 그것들을 살려내기 위해서 당신은 그 말들의 새로운 뜻을 고안해놓고 있다. 철학적 전문 분야에 관계되는 모든 특수 문제들, 비록 그것들이 흥미롭고 중요하기는 하지만, 나는 그 특수 문제들을 문제시하지 않고자 한다. 내가 들은 용어들에만 국한하여 나는 당신이 두 가지 의미의 휴머니즘을 구별했음에도, 결국에는 당신이 옛날의 것에 머무르고 있다는 사실을 보여주는 하나의 근본적인 점을 지적하고자 한다. 인간은 하나의 선택하는 존재다. 과연 그러하다.

인간은 무엇보다도 먼저 현재라는 순간에 처해 있는 자신의 존재이며, 자연법칙적 결정론 바깥에 있다. 그는 자기 자신에 앞서 정의되는 것이 아니라 자신의 개체적인 현재의 기능 속에서 정의되기 때문이다. 개인 위에 있는 어떤 인간성이라는 것이 있는 게 아니라 특수한 어떤 존재가 일정한 시기에 인간에게 주어진 것이다. 그런데 나는 그런 의미에서 파악된 존재가 역사적인 이유로 해서 하나의 새로운 표현을 뒤집어쓴 인간성에 대한 개념의 다른 형태가 아닌지 의심하는 바이다. 즉 그 존재라는 것이 처음에 보았을 때보다 훨씬 더, 18세기에 규정되어 있었던 것과 같은 인간성, 다시 말해 당신이 그 개념(槪念)을 배격한다고 말하는 그러한 인간성과 흡사하지나 않은지 의심해보는 것이다. 왜냐하면 실존주의가 사용하고 있는 인간 조건의 표현 뒤에 그러한 인간성이 다분히 엿보이기 때문이다. 당신의 인간 조건에 대한 관념, 그것은 인간성에 대한 대용물이다. 실생활의 체험이라는 것을 당신이 통속적 경험이나 과학적 경험에 대치하는 것이나 마찬가지다.

만약 우리가 인간 조건이라는 것을 그 자연적 조직, 즉 그 실증적인 결점에 의해서가 아니고, X, 즉 주체의 X에 의해서 정의되는 조건으로 간주한다면, 인간성에 또 하나의 다른 형태가 나타난다. 그것은 말하자면 조건 본성이다. 즉 그것은 단순히 추상적 자연형으로서 정의되는 것이 아니고, 내 생각에는 역사적인 이유로 인해 형성하기가 훨씬 더 곤란한 그 무엇에 의해서 표현되는 것이다.

오늘날 인간성은 사회적 테두리 안에서 정의되는바, 그 사회적 테두리란 사회제도, 계급의 붕괴 등 그것들을 통해서 생기는 여러 공동체가 뒤섞이는 테두리다. 그것 때문에 균등하고 도식적인 인간성의 관념 자체가 부단한 진보를 토대로 인간성이 표현되던 18세기와 같이 일반적 성격을 갖고 나타날 수 없으며, 동일한 보편성을 뒤집어쓸 수도 없다. 오늘날 그 문제에 대하여 천진하게 심사숙고하거나 논의하는 사람들이 인간 조건이라 표현하는 인간성의 표현을 우리는 보게 된다. 그들은 그것을 무질서하고 애매한 방법으로 표현하고 있으며, 대개는 형편상 부득이하게 드라마틱한 양상으로 표현하고 있다. 그리고 그러한 조건의 일반적인 표현을 버리고 이러한 조건이 실제로 어떠한 것으로서 존재하는가 하는 결정론적인 검토를 하려고 들지 않음으로써 그들은 인간성의 표현과 유사한 추상적인 표현의 형(型)과 도식을 그대로 보존하고 있다.

이처럼 실존주의는 인간성의 관념에 매달려 있으나 이번에는 자부심을 가질 수 있는 그러한 인간성이 아니라 하나의 소심하고 불확실하고 의지할 곳 없는 조건이다. 그리고 사실상 실존주의가 인간 조건에 관해서 언급할 때 실존주의는 실존주의 자신이 기도(企圖)라고 부르는 것 속에 아직 앙가제되어 있지 않은 조건, 그래서 결과적으로 조건 이전(Pré-condition)의 조건에 관해 언급하고 있다.

그것은 앙가주망 이전의 일이다. 앙가주망 자체도 못 되고 진실한 조건도 못 된다. 그래서 그러한 조건이 무엇보다도 먼저 보편적인 휴머니즘의 성격에 의해 정의된다는 사실 또한 우연이 아니다. 게다가 과거에 사람들이 인간성에 관해서 이야기할 때는 보편적으로 말하는 조건을 이야기할 때보다 그 이상의 한정된 그 무엇을 노렸었다. 왜냐하면 인간성은 이미 다른 것이며, 어떤 의미에서 그것은 조건 이상의 것이기 때문이다. 인간성이란 인간 조건이 하나의 양태(樣態)인 것처럼 하나의 양태가 아닌 것이다. 때문에 내 생각에는 휴머니즘을 운운하기보다는 자연주의를 운운하는 것이 지당하다고 본다.

자연주의에는 휴머니즘에, 적어도 휴머니즘이란 말이 당신의 논술(論述)에서 갖고 있는 의미에 포함된 것보다 더 보편적인 현실이 포함되어 있다. 왜냐하면 사실 문제는 현실에 있기 때문이다. 그 밖에도 인간성에 관한 이 토론은 더 범위를 넓혀서 해야 할 것으로 생각된다. 왜냐하면 역사적인 관점을 첨가할 필요도 있기 때문이다. 일차적 현실, 그것은 자연적 현실이고 인간적 현실은 그것의 하나의 기능에 불과하다. 그러나 그러기 위해서는 역사의 진리를 용인해야 하는데 실존주의는 일반적으로 역사의 진리를 용인치 않는다. 개체를 만들어내는 역사인데도 실존주의는 인간의 역사를 용인하지도 않으며 일반적인 자연의 역사도 인정하지 않는다.

개체들이 잉태된 순간부터, 그 개체들이 추상적인 조건을 이루는 세계에 태어나거나 나타나도록 그들 자신이 관여하는 세계에 나타나게 하는 것은 바로 그들 자신의 역사다. 그러한 세계에 의해 그들의 조건이 결정되고 그들 자신이 그러한 세계를 결정짓는 데 참여한다. 마치 어머니가 자기 자식을 조건짓고 그 자식 역시 잉태되자마자 그 어머니를 조건짓는 것과 같다. 이러한 관점에서만 우리는 인간 조건을 일차적 현실로서 논의할 수 있다. 차라리 일차적 현실이란 자연적인 조건이요 인간 조건이 아니라고 말해야 할 것이다. 나는 흔히 사람들 입에 오르내리는 평범한 의견을 되풀이하는 것에 불과하지만 그 의견들은 실존주의의 설명에 의해 조금도 반박된 적이 없는 것으로 안다.

결국 어떤 추상적인 인간성, 유리(遊離)된 또는 자신의 존재에 앞서는 인간의 본질이 없다는 것이 진실이지만 보편적인 인간 조건이라는 것도 있을 수 없다. 비록 당신이 조건이라는 말을 얼마만큼의 구체적인 경우나 상황을 의미하는 말로 사용한다 할지라도 그러한 경우나 상황들의 형태가 당신 눈에는 명확하게 나타나지 않기 때문이다. 여하튼 마르크스주의는 이 문제에 관해서 다른 생각을 갖는다. 즉 개체라는 관점에서 정의되지 않는 인간 속에 있는 천성, 자연 속의 인간에 관한 다른 생각을 가지고 있다.

그것은 과학 분야의 모든 대상에 기능의 법칙이 있는 것과 마찬가지로 사람에 대해서도 기능의 법칙이 있다는 것을 의미한다. 그 기능의 법칙들은 엄격한 어의(語意)에서 인간의 다양한 본성을 이룩한다. 그 본성은 현상학(現象學)²과는 흡사한 점이 거의 없다. 즉 철학자들, 상식철학자들의 이른바 상식이 제시하는 것 같은 체험된, 경험된, 실천된 지각과는 거의 흡사하지 않다는 말이다. 그런 의미에서 18세

---

2 Phänomenologie : 독일 철학자 후설이 제창한 철학으로 실증주의나 신(新)칸트파에 반대해서 관념 자체를 탐구하는데, 이때 관념의 존재에 관한 모든 가설을 부정하고 직접 부여된 한에 있어서의 본질을 주장한다.

기 인간들이 생각하던 인간성에 대한 개념이, 실존주의의 대치물인 상황의 순수한 현상학의 산물인 인간 조건보다는 훨씬 마르크스의 개념에 가깝다고 생각된다.

휴머니즘이란 오늘날 철학적인 조류를 지칭하는 데 사용되는 용어로 두 가지 뜻이 모두 있을 뿐 아니라 셋, 넷, 다섯, 여섯 가지 뜻이 있다. 오늘날엔 모두가 휴머니스트다. 고전적 합리주의가 엿보이는 어떤 마르크스주의자들까지도 무미(無味)한 19세기 자유사상에서 파생한 의미와 현재의 모든 위기를 통해서 왜곡된 자유주의의 의미에서 휴머니스트다. 마르크스주의자들이 휴머니스트라 자임할 수도 있지만, 여러 종교, 기독교 신자들, 힌두교도들, 그리고 많은 교도들은 무엇보다도 먼저 휴머니스트라고 자임한다. 실존주의자는 실존주의자대로, 그리고 일반적으로 모든 철학이 다 휴머니스트라 자임한다. 현재 수많은 정치 사조에서 한결같이 휴머니즘을 내세운다. 이 모든 것은 결국은 어떤 철학을 복원하려는 시도에 귀착된다. 그런데 그 철학은 자신이 앙가주망을 주장하는데도 정치적·사회적 관점에서뿐만 아니라 심원한 철학적 의미에서도 앙가주망을 거부하고 있다.

기독교가 무엇보다도 먼저 스스로 휴머니스트임을 자임할 때, 그것은 앙가제[3]하기를 거부하는 까닭이고 또 자신에게 앙가제할 수 없기 때문이다. 즉 진보 세력의 투쟁에 참여할 수 없기 때문이다. 왜냐하면 기독교는 그 진보 세력과 대립되는 반동적 위치에 서 있기 때문

---

3 s'engager: 어떤 일에 참가하는 것이 동사 's'engager'의 뜻이나 본래 '자기를 끌어넣는
   다'는 말이어서 사르트르에게 있어서는 책임의 각오가 수반되는 의식적인 마음가짐을
   의미한다.

이다. 사이비 마르크스주의자들이나 자유주의자들이 무엇보다도 먼저 인격을 주장할 경우 그것은 세계의 현 정세가 요청하는 것 앞에서 그들이 뒷걸음치기 때문이다. 실존주의자도 자유주의자로서 막연히 인격 일반을 주장한다. 왜냐하면 실존주의자는 사태가 요청하는 어떤 위치를 형성하는 데 이르지 못하기 때문이다. 우리가 알고 있는 유일한 진보적 위치란 마르크스주의의 위치다. 시대의 진실한 문제를 제기하는 것, 그것은 바로 마르크스주의다.

인간이 선택을 통해서 선택 없이는 있을 수 없는 어떤 의미를 자신의 활동에 부여하기에 인간이 선택의 자유를 가진다는 말은 타당치 않다. 또 인간이 자유를 위해 투쟁한다는 사실을 알지 못한 채 인간이 자유를 위해서 투쟁할 수 있다고 말하는 것도 충분하지 않다. 그러므로 우리가 그런 인식에 완전한 의의를 부여한다면 그것은 그들 위에 있는 대의(大義)를 위하여 앙가제하고 투쟁할 수 있다는 것을 의미한다. 즉 그들 자신을 출발점으로 해서뿐만 아니라 그들을 초월하는 어떤 테두리 속에서 행동할 수 있다는 뜻이다. 결국은 인간이 어떤 목적 속에서 어떤 방법으로 싸우는가를 명백히 인식하지 못하고 자유를 위해 투쟁한다면, 그것은 인간의 행위가 인간이 자초지종을 알지 못하는 인과율(因果律) 속으로 얽혀드는 일련의 결과를 가져온다는 것을 의미하게 될 것이다. 그러면서도 그 결과들은 인간의 행동을 휘어잡으며, 또 타인의 활동에 따라 그 행동의 의의를 인간에게 부여할 것이다. 여기서 타인의 활동은 타인의 활동뿐만 아니라 다른 사람이 그 속에서 행동을 하는 자연환경까지도 관련된 활동을 말한다. 그러나 당신의 견해에 따르면 선택은 하나의 "선택 이전(préchoix)"이다. 나는 늘 이 접두사를 되풀이하게 된다. 왜냐하면 보류된 무엇이 있어서 항시 개입하기 때문이다. 이런 종류의 "무관심 이전" 에 대한 자유, 선택 이전의 선택을 주장함에도 인간 조건과 자유에 대한 당신의 개념은 사물들에 관한 어떤 정의에 연결되어 있다.

당신이 나머지 결론을 이끌어내는 것은 이 사물의 세계에 대한 사상, 도구성의 사상으로부터다. 인간들의 비연속적인 존재의 모습을 당신은 사물들의 비연속적인 세계의 그림으로 그려놓고 있다. 그 세계에서는 수동적이며 이해할 수 없고 경멸할 만한 도구성과의 관계인 인과관계의 이상한 변형을 제외하고는 모든 인과설(因果說)이 결여되어 있다.

실존주의적 인간은 이 도구의 세계 속에서 휘청거리고 있다. 부적절하게 얽매이고, 서로를 이용하려는 야릇한 불안을 통해 서로 의존하는 장해물들, 그러나 이상주의자들의 눈에는 놀라운, 이른바 순수 외관이라는 낙인이 찍힌 장해들의 세계에서 휘청거리고 있다. 이러한 도구적 결정론은 그래도 무인과적(無因果的)인 것이다. 그러나 그 정의가 무엇보다 독단적이며 현대의 과학적 여건과 조금도 일치하지 않는 그 세계는 어디에서 시작하여 어디에서 끝나는 것일까? 우리로서 그것은 아무 데서도 시작하지 않으며 아무 데서도 끝나지 않는다. 왜냐하면 실존주의자가 인간성 또는 차라리 인간 조건에 대하여 그 세계에 가하려는 분리(分離)는 비현실적인 것이기 때문이다.

우리의 눈에는 하나의, 단 하나의 세계가 있을 뿐이다. 그리고 이 세계의 총체(總體)는, 혹은 만일 당신이 인간과 사물을 구별하기 원한다면 가변(可變)적 조건 속에서 객관성의 표적을 지닐 수 있다. 별들의, 분노의, 꽃의 도구성이란 무슨 말인가? 나는 그 이상 비난하지 않겠다. 그러나 나는 당신의 자유나 당신의 이상주의가 사물에 대한 독단적인 멸시에서 이루어졌다고 주장하고 싶다. 그러나 사물들은 당신이 묘사한 것과는 대단히 상이하다는 것을 말해둔다. 당신은 즉 자(即自)⁴인 독특한 사물의 존재를 시인했는데, 이미 그것은 하나의 성공이라 할 수 있다. 그러나 그것은 순전히 부정적인 존재며 영원한 적의(敵意)다. 물질세계와 생물세계가 당신의 눈에는 결코 어떤 조건이거나 조건계의 근원일 수 없다. 그 말은 현실적이고 실질적인 의미에서 당신에게는 원인이란 말과 마찬가지로 현실성을 갖고 있지 않기 때문이다. 그렇기 때문에 실존주의적 인간에게 객관세계는 회한의 기회, 잡히지 않고 유명무실한 것, 영원한 가능성, 즉 마르크스주의적 유물론의 객관세계와 전적으로 반대되는 것이다.

이런 모든 이유와 그 밖의 여러 가지 이유로 인해 당신은 철학의 앙가주망을 당신이 자유로운 앙가주망이라고 형용하고 있는 독단적인 결정으로밖에는 생각하지 않는다. 당신이, 마르크스는 그가 앙가제했기 때문에 그 철학을 정의했다고 지적할 때, 당신은 마르크스의 역사까지도 왜곡한다. 그렇지 않다. 앙가주망이랄까, 차라리 사회적이고 정치적인 활동은 반대로 보편적인 사상의 결정적 요소였다. 그의 이론이 천명(闡明)된 것은 수많은 경험에 의해서다.

마르크스에게 철학 사상의 발전은 정치적·사회적 발전과의 의식적인 관련 속에서 이루어지는 것이 분명하다. 하여간 그것은 그 이전

---

4 en soi: 본래는 '그 자체로서의……'라는 뜻이어서 주관을 갖지 못한 것을 가리킬 때 쓰는 말이다. 가령 즉자존재(être en soi)라면 인간 아닌 의식 없는 사물을 말한다.

의 철학자들에게도 다소간 진실이다. 비록 칸트가 모든 정치 활동을 멀리한 것으로 알려진 체계적 철학자라 하지만, 그것이 그가 아무런 정치적 역할을 하지 않았다는 것을 의미하지는 않는다. 하이네의 말에 따르면 칸트는 독일의 로베스피에르다. 예를 들어 데카르트 시대엔 철학의 발전이 직접적인 정치적 역할을 하지 않았다는 것—이것은 옳지 않은 견해인데— 을 인정할 수 있다면, 지난 세기 이후 이런 일은 불가능하게 되고 말았다. 오늘날 여하한 어떤 형태로든 마르크스주의 이전의 관점을 다시 취하는 것은 내가 말하는 급진사회주의로의 복귀다.

실존주의가 혁명적인 의향을 낳을 수 있으려면 실존주의는 먼저 자기반성 작업에 투신해야 한다. 나는 실존주의가 기꺼이 이 일을 하리라고는 믿지 않으나 그렇게 해야만 할 것으로 생각한다. 실존주의는 그것을 옹호하는 사람들 속에서 하나의 위기, 변증법의 위기를 겪어야 할 것이다. 즉 신봉자 일부에서 가치가 없어지지 않고 있는 어떤 관점을 어떤 의미에서 고수케 하는 위기를 겪어야 한다는 것이다. 그들 중 어떤 사람이 실존주의에서 끌어내는, 전면적으로 불안하고 분명하게 퇴보적인 사회적 결론을 내가 관찰할 수 있었던 만큼 그것이 더욱더 필요하다고 생각된다.

그들 중 어떤 이가 분석의 결과로서 다음과 같이 쓴 적이 있다. 즉 현상학은 국제적 혁명운동의 전위일 수 있게 하고 또는 전위가 되게 할 수 있는 어떤 철학을 프티부르주아에게 부여함으로써 사회적이요 혁명적인 면에서 명확한 방법으로 이바지할 수 있다는 것이다. 양심의 지향성을 매개체 삼아 프티부르주아 자신의 실존에 상응하고 세계적인 혁명운동의 전위가 될 수 있게 하는 어떤 철학을 프티부르주아에게 부여할 수 있으리라는 것이다. 나는 하나의 예만 들었지만 같은 유형의 다른 예들을 들 수 있다. 실존주의에 깊이 앙가제하고 있으며, 실존주의의 주제에 찬동하는 사람들이 전개하는 정치 원리는 내가 처음 말한 대로 신자유주의와 신급진사회주의의 색채를 띤 원리들이라는 것을 보여준다.

그것은 확실히 위험한 원리들이다. 여기서 가장 우리의 관심을 끄는 것은 실존주의가 건드린 모든 영역에서 변증법적인 연결을 추구하는 것이 아니라, 그 테마들의 방향을 응시하는 것이다. 그 테마들은 아마도 당신이 정확히 정의되어 있다고 믿고 있는 추구 원리(追求原理)와 태도 때문에, 물론 정적주의는 아니지만 기회주의와 흡사한 그 무엇에 차츰 도착하고 있는 테마들이다.

물론 정적주의가 아니라고 했는데 그것은 현시대에 정적주의를 말한다는 것은 독선적인 일이며 불가능한 일이기 때문이다. 그것은 어떠한 개인적 앙가주망과는 모순을 일으키지 않겠지만 집단적인 가치를 갖는 앙가주망, 특히 규정적 가치를 갖는 앙가주망의 추구와는 모순적이다. 왜 실존주의는 방침을 내놓아서는 안 될까? 자유의 이름 아래 그렇다는 것인가? 그러나 실존주의가 사르트르가 지휘하는 의미를 지향하는 철학이라면 실존주의는 방침을 명시해야 한다. 실존주의는 1945년 지금 이 순간 U. D. S. R.[5]에 동조할 것인지, 사회당, 혹은 공산당, 혹은 기타 정당에 동조해야 할 것인지 말해야 한다. 실존

---

5   Union des Socialistés Republicains(민주사회주의항전동맹)의 약자. 우파 사회당으로, 지금
    은 타 정당에 흡수되어 없어진 세력.

주의는 노동자의 정당 편인지 프티부르주아 정당 편인지를 말해야만
한다.

마르크스주의와 독단론

사르트르 당신에게 완벽하게 대답하기란 대단히 어려운 일이다. 당신
이 너무 많은 점을 언급했기 때문이다. 나는 내가 적어둔 몇 가지 점
에 대해서 답변하려 한다. 먼저 당신은 독단적인 위치를 취했다고 생
각한다. 당신은 우리가 마르크스주의 이전으로 돌아가고 있으며 퇴
보하고 있다고 말했다. 내 생각으로는 오히려 당신이 우리가 마르크
스주의 이후의 위치를 갖고자 노력하지 않는다는 것을 증명할 필요
가 있을 것 같다.

　나는 상기한 점에 대해서 논의할 생각은 없지만 당신의 진리에 대
한 그러한 개념이 어디서 생긴 것인지 묻고 싶다. 당신은 절대적 진
리를 지닌 것들이 있다고 생각한다. 왜냐하면 당신은 확실성이란 미
명 아래서 비평을 했기 때문이다. 그러나 당신 말마따나 모든 사람들
이 객체들이라고 한다면 그러한 확신은 도대체 어디서 오는 것일까?
당신이 말하기를, 인간을 물건처럼 취급하기를 거부하는 것은 바로
인간의 존엄성이라는 명목 하에 그런 것이라고 했다. 그렇지 않다.
그것은 철학적이며 논리적인 이유 때문이다. 만약 당신이 어떤 물질
세계를 설정한다면 진리는 소멸하고 만다. 물질세계는 개연성을 띤
세계다. 따라서 당신은 과학적 원리건 철학적 원리건 간에 모든 원리

76

는 개연성을 띤 것이라는 사실을 인정해야 한다. 이에 대한 증거는 과학적·역사적 학설들은 변화하며, 그것들은 가정의 형태로 이루어 진다는 사실에 있다.

만약 우리가 물질세계, 즉 개연 세계가 유일한 것이라는 데 동의 한다면 우리는 개연성의 세계밖에는 갖지 못하게 될 것이다. 그리하 여 개연성은 기성적인 몇몇 진리에 좌우될 것이다. 상황이 이러한데 확신이 도대체 어디서 올 수 있는가? 하지만 우리의 주관론은 몇 가 지 확실성을 용인한다. 그 확실성으로부터 우리는 개연적인 면에서 당신과 일치할 수 있으며, 당신의 지론(持論) 속에서 보여준 독단론 을 설명할 수 있을 것이다. 그런데 그 독단론은 당신이 취한 관점에 서는 이해할 수 없는 점이다. 만약 당신이 진리를 정의하지 않는다면 어떻게 마르크스의 원리(原理)를 나타났다가 없어지고 변화하며 하 나의 원리로서의 가치밖에 없는 이론과 다른 이론으로 인정할 수 있 겠는가? 우리가 먼저 어떠한 원칙을 설정하지 않는다면 우리는 어떻 게 역사에 대한 변증법을 만들 수 있겠는가? 우리는 이 원칙들을 데 카르트의 코기토 속에서 볼 수 있다.

우리는 오직 주체성의 분야에 있음으로써 그것을 발견할 수 있다. 우리는 언제고 인간은 인간에 대하여 객체라는 사실에 대해 논란을 일으킨 적이 없다. 그러나 상호 간에 객체를 그대로 파악하려면 주체 로서의 자신을 파악하는 주체가 필요하다.

다음으로 당신은 당신이 가끔 조건 이전이라고 부르는 인간 조건 에 관해서 나에게 이야기를 했다. 당신은 그것을 결정 이전이라고도 부른다. 여기서 당신이 간과한 것은 우리가 마르크스주의의 많은 견해에 동조하고 있다는 사실이다. 당신은 18세기 사람들, 즉 모든 질문을 알지 못했던 그 사람들을 평하듯이 나를 평할 수는 없다. 결정이란 문제에 대해서 당신이 우리에게 말한 것을 우리는 오래전부터 알고 있기 때문이다. 우리에게 있어 진정한 문제는 어떤 조건에서 보편성이 존재하게 되는가를 결정하는 일이다. 인간 본성이라는 것이 없는 이상 부단히 변화하는 역사 속에서, 예컨대 '스파르타쿠스 현상(現象)'[6]을 해명할 수 있는 보편적 원칙을 어떻게 확보할 수 있단 말인가. 스파르타쿠스 현상의 해명은 그 시대에 대한 최소한의 이해를 전제로 하는 것이다. 그 점에 대해서 우리는 찬성한다. 즉 인간 본성이란 있을 수 없다. 다시 말해 각 시대는 변증법의 법칙에 의해 발전해가고 있으며, 사람들은 시대에 좌우되지 결코 인간 본성에 좌우되는 것이 아니다.

마르크스주의와 실존주의

나빌　당신이 해명을 요구할 때 당신은 "그것은 우리가 어떤 상황을 참고하기 때문"이라고 말한다. 우리로서는 우리의 시대와 비교되는 시대의 사회생활의 차이점이나 유추(類推)에 의존한다. 만약 반대

6　1916년에 독일에서 일어난 과격한 반정부 운동인데, 비밀문서 〈스파르타쿠스의 편지〉에서 유래한 말이다. 1917년에는 사회당에서 분리했고 1918년 혁명에서는 가장 중요한 역할을 했으며, 차차 공산당과 합세, 1928년에는 공산당의 한 분파로서 부활하게 된 정치 클럽이기도 하다.

로 우리가 그 유추와 추상적인 틀의 관계 속에서 분석을 시도한다면 우리는 아무런 결과도 얻지 못하게 될 것이다. 이처럼 2천 년 후에, 사람들이 우리의 현대 상황을 분석하기 위하여 보편적인 인간 조건에 대한 테제만을 부과할 수 있다고 가정한다면 그들이 어떻게 과거를 돌이켜보는 분석을 수 있겠는가? 할 수 없을 것이다.

사르트르 우리는 결코 인간 조건이나 개인의 의향을 분석해서는 안 된다고 생각한 적이 없다. 우리가 상황이라고 부르는 것, 그것은 주어진 시대에 분명히 하나의 총체를 정의하는 물질적이며 정신분석적인 조건의 총체임에 틀림없다.

나빌 당신의 정의가 당신의 글과 일치하는 것 같지 않다. 하여간 상황에 대한 당신의 개념이 전혀 마르크스주의적 개념과 동일하지 않을뿐더러 오히려 그 개념과 거리가 멀다는 결론이 된다. 왜냐하면 당신의 개념은 인과론을 부정하기 때문이다. 당신의 정의는 분명치 못하다. 그 정의는 흔히 교묘하게 어떤 위치에서 다른 위치로, 충분히 엄격한 방법으로 이 위치를 정의하지 않은 채로 넘어간다. 우리에게 있어서는 어떤 상황이란 일련의 결정들과 아울러 통계학적인 유형의 인과관계를 포함한 인과론적 유형의 결정들을 통해 이루어지고 표현된 총체다.

사르트르 당신은 나에게 통계적 방식의 인과를 말했다. 그것은 아무 의미가 없다. 당신이 알고 있는 인과성을 나에게 명확한 방식으로 설명해줄 수 있는가? 어떤 마르크스주의자가 나에게 그것을 설명해주게 될 그날, 나는 그 마르크스주의적 인과성을 믿겠다.

사람들이 자유에 관해서 이야기할 때 당신은 "미안하지만 인과성이 있소"라고 말하기에 바쁠 것이다. 헤겔에게서밖에는 의미가 없는 그 비장의 인과성, 당신은 그것을 설명할 수 없다. 당신은 마르크스주의자의 인과성을 꿈꾸기 때문이다.

나빌　당신은 과학적인 진리가 있다고 인정하는가? 어떤 종류의 진리도 내포하지 않는 영역이 있을 수 있다. 그러나 객관세계—하여간 당신도 그것은 인정할 것이다—그것은 과학이 담당하는 세계다.

그런데 그 세계는 당신에게 있어서는 어떤 개연성밖에는 없는 세계고 진리에 도달할 수 없는 세계다. 그러므로 당신에게 과학의 세계인 객관세계는 절대적 진리를 용납하지 않게 된다. 그러나 상대적 진리는 이룩된다는 결론이 된다. 그렇다면 당신은 과학이 인과성의 개념을 이용하는 것을 인정할 것인가?

마르크스주의자의 인과율에 대한 비판

사르트르　절대 아니다. 과학이란 추상적인 것들이다. 과학은 동시에 추상적인 요인의 변화를 연구하는 것이지 현실적인 인과성을 연구하는 것이 아니다. 요인들의 연결이 연구될 수 있는 차원에서 보편적 요인을 다루는 것, 이것이 문제가 된다. 반면에 마르크스주의에서는 사람들이 어떤 인과성을 찾아내는 유일한 집단에 대한 연구가 문제된다. 그것은 과학적 인과성과는 별개의 것이다.

나빌　당신은 지루하게 하나의 예를 들었다. 당신을 만나러 온 그 청년의 예 말이다.

80

사르트르 그것은 자유의 위치에 입각해 있었던 예가 아니었나?

나빌 그에게 답변을 해야만 했다. 나 같으면 그의 연령과 그의 경제 능력과 자기 어머니와의 관계를 검토해보려고 노력했을 것이다. 내가 그럴듯한 의견을 내놓을 수 있었을지도 모른다. 그러나 확실히 나는 명확한 관점을 결정하려고 노력했을 것이다. 더 확실한 것은 그 무언가에 그를 앙가제시켰을 거라는 점이다.

사르트르 만약 그가 당신에게 충고를 받으러 온다면 그는 이미 그 답변을 선택했기 때문이다. 실제로 나는 그에게 충분히 충고를 할 수도 있었을 것이다. 그러나 그가 자유를 바랐기에 나는 그가 결정하도록 내버려두기를 원했다. 더구나 나는 그가 어떻게 하려는지를 알고 있었고, 그는 그대로 했다.

반항과 혁명

카뮈와 사르트르, 장송과의 논쟁

알베르 카뮈의 반항에 대해

장송이 카뮈에게

《현대》지 79호(1952년 5월)

《반항인》[1]의 경우, 분명 다분히 독창적이다. 현대의 가장 열띤 문제를 다루면서—이 문제 때문에 전 세계 사람들이 분열하고, 곳에 따라서는 이미 서로 살육이 시작되고 있는데—이 책은 사상계 여러 방면에서 찬사를 얻고 있다. "매우 중요한 책", "대작", "근래의 큰 수확, 세기의 중반에 나타난 위대한 책……", "서구 사상의 전환점", "'인간의 귀감'이라고도 할 수 있는, 고고하고 인간적인 책", "이처럼 가치 있는 책은 전후 프랑스에서는 나온 일이 없다"—다소의 차는 있을지라도 모든 비평가에게서 이러한 찬사를 볼 수 있었다. 《르 몽드》지의 에밀 르 앙리오 씨부터, 역시 《르 몽드》지(혹은 다른 신문의)의 장 라크르아 씨에 이르기까지, 또 《오브세르바투아르》지의 클로드 부르데 씨부터 《살아 있는 신》지의 마르셀 모레 씨를 거쳐, 《해방된 파리》지의 앙리 푸티 씨에 이르기까지 모두 그러하다. 우익 쪽으로 개벽 이래 불변한

---

1   《시지프의 신화》 이후에 그의 사상의 발전을 제시한 평론집(1951년).

프랑스의 최고봉을 엄습한 이 열광적 선풍이 결정적인 것이라고는 생각하지 않지만 내가 카뮈 같은 위치였다면 아마도 나는 불안해서 못 견딜 것이다. "카뮈도 틀림없이 그럴 걸세"라고 나에게 말한 친구도 있다. 그러나 무슨 수를 써도 카뮈의 위치에는 아무도 설 수 없다. 여하간 적어도 그의 저서가 여러 가지 종류의 정신의 소유자를, 서로 용납되지 않는(사실이 그러하다) 몇 가지 반대되는 이유에서 우쭐하게 만든 것이 어떤 신비한 힘에 의해서인가를 이해해보려고 노력해볼 수는 있다. 모두가 기뻐 날뛰면서 맞이한 '복음'이란 어떤 것일까? 각자가 다른 약속을 저버리기까지 하면서 대망했던 약속을 거기서 발견하다니, 대체 그 교서(敎書)에는 어떤 약속이 들어 있단 말인가?〔공산주의자 측에서 반대가 있었다는 사실은 달리 다루자. 이 책의 분석과는 특별한 관계가 없기 때문이다. 그 밖에는 전혀 개인적인 (혹은 초현실적인) 적의에 찬 반대가 두셋 있었을 뿐이고, 그것은 분명 분개하는 식의 반대였다. (예컨대 앙드레 브르통이라든가 루이 포웰인데, 후자는 한때 카뮈처럼 되겠다는 야심을 품고 있었던 것을 지금은 후회할 것이다)〕

카뮈가 모든 요구의 비밀의 원동력이 되는 것, 즉 분명히 상치되는 여러 가지 인간적 요구에 공통되는 원천을 발견한 것일까? 혹은 그의 사상에는 일종의 부정견성이 있어서, 그처럼 만병통치식인 만족을 주는 설명이 되는 것일까?

또는 이렇게 생각해야 옳을까? 현대인은 세계 방방곡곡에 그들 이데올로기의 해결을 빈틈없이 미치게 하지 못한다. 그들 주위에서 벌어지는 극단적인 해결에 눈이 어두워 낙심한 나머지, 모두가 다(혁명가든 그렇지 않은 사람이든) 막연한 휴머니즘의 함정에 빠져 있다, 라고 말이다. 그것은 벌어지고 있는 모든 일에 대해, 당연히 해야 된다고 생각되고 있는 모든 일의 이름 아래, 그들의 전반적인 항의를 발표하기 위해 아나키즘의 필연에서 생긴 막연한 휴머니즘에 불과하다.

　우선 전체적으로 고찰해보자. 엄밀히 문학적인 관점에서 보면, 이 책은 완전에 가깝다고 할 수 있으리만큼 성공을 거두었으므로, 그 점에서는 이구동성으로 찬사를 받았다고 해서 놀라울 게 없다. 그러나 그 점이 이미 오해에 가득 차 있는 것인지 아닌지는 분명치 않다. 앙드레비 씨는 "감수성, 섬세성, 절도, 형식미 따위로 깊게 공명시키는 힘"을 격찬했고, 에밀 앙리오 씨는 그 평론의 "사상의 고매함이나 작풍의 표현 등이 다같이 아름답다"고 생각하고 있는데, 그러한 찬사, 살인 문제 말고는 아무것도 취급하지 않고 있는 이 책에 대한 예상 외의 찬사인데 저자가 무턱대고 기뻐할 수 있는 것일지 의심스럽다. 그러한 찬사가 적절하지 않다는 것이 아니고, 내 의견으로는 오히려 가혹하다는 것이다. 사실 카뮈는 〈반항과 예술〉에 관한 장(章)에서 〈사실주의적 예술가〉와 〈형식주의적 예술가〉의 대조적인 오류를 지적하고 있다. 전자의 작품은 "내용이 형식에서 벗어나며", 후자의 작품은 "형식이 내용을 압도하고" 있다. 두 가지가 다 "통일 없는 데서 통일을 추구하고", "허위의 가짜 통일"만을 문제 삼는다고 단언한다. 그런데 그러한 기준을 카뮈 자신에게 적용시킨다면, 분명히 그의 책에는 작풍에 쏠린 부분의 비중이 크다고 생각되지는 않을지도 모르겠다. 소설가의 경우, "위대한 작풍이란, 눈에 띄지 않게 작풍화하는 것"이 진실이라 한다면, 평론가의 경우, 의심의 여지 없이 그 원리는 "더욱더" 중요하다. 무릇 사실(寫實)이란 "현실에서 취한 모든 요소의 재배

분"이며, 현실에 "수정"을 가해서 "예술과 항의의 표시인 미소한 왜곡"을 부여하는 것이며, 요컨대 모든 사실은 예술가가 그 작풍의 법칙에 질질 끌려서 마침내는 이 세상의 "과격함"에 작풍을 "대립시켜서" 할 일을 다 했다고 생각할 위험이 있지나 않을까. "작풍이 과장되고, 노골화되면, 작품은 완전한 노스텔지어가 되고 만다. 즉 작품이 얻으려는 통일은 구체적인 것과는 먼 것이 된다." 반항을 냉정하게 "재는" 카뮈는, 어딘지 거기에 가깝다고 생각하지 않을 수 없는 것이 아닐까. 작품 전체를 통해서 확실한 테크닉으로 반대 명제의 균형을 잡고, 그리고 또 절도에 대한 갈망이 미세한 점에 이르기까지 놀라우리만큼 집요하게 충족되어 있어, 자신이 비난하고 있는 "형식적 광기"를 역력히 상기시킨다. 물론, 그렇다고 해서 카뮈가 "항의하는 일"을 멈추지는 않는다. 우리는 그의 항의가 지나치게 아름다운 것을 유감으로 생각하는 것이 아닐까. 정말 지나치게 아름답고, 지고(至高)하고, 확신에 차고, 직선적일 정도다. 어슷비슷한 완전하고도 순수한 표현이, 지루하게도 줄줄이 쏟아져 나오는 것을 보라. 그 표현은 말끔히 씻겨 내려가서 본질로 환원되어, 실재(實在)의 흔적도, 그 아무것도 남겨놓지 않는다. 그야말로 "초월적"이라고 부르고 싶은 표현이다.

《페스트》가 벌써 초월적인 기록이다. 《이방인》과는 다르다. 후자에서는 세계가 어떤 구체적인 주관에 의해 고찰되며, 그 주관은 다른 구체적인 주관과 섞이어 세상에 존재함으로써 비로소 자신이 "이방인적"임을 발견한다. 그에 비해 《페스트》의 이야기는 상황 외부에 선

주관에 의해 사건들이 높은 곳에서 관찰되며, 그 주관 자체는 사건을 체험함이 없이 바라보고 있을 뿐이다. 따라서 작품이 카뮈 사상의 전환점을 이룩하기는커녕, 그 이전 작품인 《시지프의 신화》의 교훈을 열심히 지키고 있다. 그 교훈이란 무엇인가. 부조리를 간직한 채, "부조리의, 통렬하고도 멋있는 내기를 계속"해야만 한다. "그럼으로써 인간의 육체와 애정과 창조와 행위와 고귀함은 비합리적인 세계에서 그 자리를 되찾는다." 시지프에게 "인간의 유일한 존엄"이란 "인간 조건에 대한 집요한 반항, 무익하다고 생각되는 노력에서 굴하지 않는" 것이었다. 그것을 본떠 부조리의 인간은 "최대한으로 살" 것, "할 수 있는 한은 몇 번이든 세계와 대결할" 것, "헛되이" "소모하는" 것을 목적으로 하여 행위에서 행위로 끊임없이 옮겨 가야만 했다. 그러면서도 숙명적인 환상을 승인해서는 안 된다. 그것은 "거짓 없는 유일한 사상은 무익한 사상"이며, 진정한 인간적인 유일한 사상은 모든 의미에서 벗어나 모든 희망을 버린 의식이기 때문이다. 그것은 하나의 자세를 극한까지 몰고 가서 묘사하고 있는데, 그 자세는 인간의 존재도 인간과의 어떠한 관계도 어쩔 수 없는 부조리라고 보고("나 자신과 세계에 대한 무관심") 이어서 티 없는 명석함을 가지고, 비합리와 죽음의 부당한 숙명에 반항하는 일이었다. 그러나 《시지프의 신화》가 《이방인》의 체계를 풀이하고 있다면, 《페스트》는 그 체계화에 주석을 가한다. 그것은 이미 한정 상황의 이야기, 즉 뫼르소의 이야기가 아니며, 집단적인 현상, 즉 전염병의 엄습을 받고 농성 상태로 살아가야만 하는 한 도시의 기록이다. 《페스트》는 "형이상학적" 소설이므로 '인간 조건'〔그렇지만 물론 그 '인간 조건'이라는 말에는 말로의 소설에서 쓰이고 있는 것보다 구체적인 의미는 없다)이라는 제목을 붙일 수도 있었을 것이다.

왜냐하면 사실상의 무게는 그 도시가 아니고 전 세계며, 사실상의 인물은 오랑 시의 남녀들이 아니고 전 인류며, 질병이 아니고 절대적인 "악"이 의식의 전 존재 위에 덮치고 있는 것이다. 독자를 직접적인 의미에서 근원적 의미로 향하게 하는 한 응당 작가 측에 작위가 있다. 의미의 이동은 실제로는 불가능하기 때문이다. 순수정신으로 서술되는 전염병과, 정착된 의식이 체험한 인간 조건의 유추는 환상에 불과하다. 여기에 벌써 "작풍"의 책임이 있다. 카뮈는 기록작가로서의 "소용돌이 속에" 휩쓸리지 않는 자의 장엄하면서도 객관적이고도 냉담한 투로 결단코 부조리적인 작풍화의 방식을 취한 것이다. 지상의 인간들의 꿈틀거림을 높은 곳에서 바라보는 자로서는 그것은 덧없는 일로 보일 위험이 있다. 그러나 그들의 생활의 실체를 알려면 자기 생활의 줄을 타고, 다시금 인간들 속에 내려와 이승에서 살아야만 한다. 거기서는 각자가 그 생활에 의미를 부여하고 있으므로 자기 생활을 버리고 인생이 뜻하는 것은 모두가 환상에 불과하다는 식으로 단정할 순 없다. 다만 자살한다면, 더는 무엇이고 결정하지 않겠다는 것을 결심하는 것이 된다.

이것이 카뮈의 모순이다. 지중해 정신을 소유하고, 지적 투명성을 사랑하고, 대양의 불변성이나 정오의 맑은 빛에 충실한, 그러면서 현실 세계에서는 여러 가지 인간적 모순이나 고뇌에 부딪치는, 카뮈는 부당하게도 "반이성(反理性)"이 강요되어 인류가 그 당연한 권리를 침해하는 "부조리"와 "악"을 숙명적으로 걸머쥐고 있는 모습을 마음속에 그리고 그의 이성의 부끄러움을 합리화한다. 그리고 영광이란 그것 자체의 부조리의 반항에 의해 "세계의 부조리함을 지탱하는" 일이다. 그리하여 의사 리외는 되도록 많은 인명을 페스트로부터 구하려고 노력하면서 페스트에 도전한다. 그러나 그는 도전이 문제가 안 된다는 사실, 승리는 외관뿐이고 "재앙"의 뜻대로 휘둘리게 마련이기 때문에 애당초 그가 지고 있다는 것을 시인하지 않을 수 없다. 일반적으로 의사라는 직업의 특유한 위신에 관해서는, 적십자의 모럴이 "양(量)의 윤리"에 연유하고 있다는 사실을 숨길 수는 없을 것이다. 이 윤리관으로 볼 때, 카뮈가 말한 대로 "모든 체험은 가(可)도 없고 불가(不可)도 없는" 것이다.

《시지프의 신화》에서 부조리의 존재를 증명함으로써, 부조리의 의식은 자살에 통하지 않고 반항에 통한다는 것을 확증하려 한 알베르 카뮈는 바야흐로 반항과 특히 "합법적 살인"이라든가 "논리적 범죄"라든가 하는 살인의 관계에 대해 고찰하고 있다. 거기서 그는 반항(부당하고 "이해 불능한 조건"에 항의하는 반항)이 세계적 살인을 정당화하기에 이르는지 이르지 못하는지, 혹은 반대로 그 특유한 뜻에 내포되는 제한에 의해서 반항에서 "당연한 유죄성의 원칙"을 발견할 수 있는지 없는지를 묻는다. 역사에 있어서의 행동은 무죄를 주장할 수는 없지만, 그런 꿈을 포기한다면 인간이 전체적 유죄에 빠지는 것을 막을 수 있는지 없는지를 아는 것이 문제가 된다.

카뮈는 non(否)이라고 말하는 경우를 고찰하면서, 그 농에는 반대로 oui(可)가 포함되고 있음을 증명한다. 그 반항은 주인이 주장하는 권리의 부정인 동시에 가치로서의 노예 자신의 존재의 긍정이며, 노예에 의한 어떤 질서의 거부인 동시에, 그 자신의 어떤 면("그에 속해 있을 뿐만 아니라, 그를 모욕하는 모든 사람, 학대하는 자들까지도 기존의 공유성을 갖고 있는 공통의 마당")의 인정이다. 그처럼 반항은 그 자체에만 근거를 두고 있지만, 인간들을 연대 속으로 되돌려 보낸 연후에, 반항이 굳이 연대를 거부하면 반항의 명분을 잃는 동시에 살인을 인정하는 것이 될 것이다. 시지프의 반항은 죽음에 대한 증오인 동시에 삶에 대한 정열이며, 신들을 부정하는 것인 동시에 부조리에 대한 투기며, 개인적 반항에 머물렀었다. 그런데 문제의 반항은 "개인을 고독에서 끌어내"는 일이다. "이방인 의식에 사로잡힌 정신의 최초의 진보는 그 의식을 모든 사람과 공유하고 있다는 사실을 인정하는 일이다……. 개인을 괴롭힌 질병이 집단적 페스트가 된다……. (반항은) 최초의 명증이며…… 최초의 가치를 모든 사람 위에 구축하는 공동의 마당이다. 나는 반항한다. 고로 나는 존재한다."

여기서 카뮈는 "형이상학적 반항", 즉 "인간이 인간 조건과 창조 전체에 반항하는 행동…… 삶과 죽음의 고뇌에 대항해서 행복한 통일을 겨냥하는 요구"의 연구로 옮아간다. 약 1백 페이지가량 되는 이 한 장(章)의 글은, 저자가 이제까지의 반항의 개념으로 돌아가서, 동시에 그다음 반항 개념의 모순이 바로 거기서 연유한다는 것을 지적하지 않았다면 전혀 흥미롭지 못한 것이 되고 말 것이다. 사실 이 장(章)은 형이상학적 반항이 어떻게 "역사적 반항"으로 변모하는가를 이해시키는 역할을 하고 있다. 바로 그렇기 때문에 모든 파탄이 거기서 시작되고 있다. "반항인은 원칙적으로 그 자신의 존재를 극복하고 그것을 신과 대립시키는 일만을 바랐다. 그러나 그는 근원의 기억을 잃고 정신적 제국주의의 법칙에 따라서 무한히 증대하는 살인을 통해 세계 제패를 향한 걸음을 내딛는다. 그는 하늘에서 신을 몰아냈지만 형이상학적 반항의 정신은 즉각 혁명적 운동과 결부되어 자유의 비합리적 요구에 의해 역설적으로 이성을 무기로 삼으려 한다. 이성이야말로 순수하게 인간적이라고 생각되는 유일한 정복의 힘이기 때문이다……." 그래서 저 불행한 루이 16세가, 가공할 역사적 편향의 "겉치레에서 행동으로, 당디(멋쟁이)에서 혁명가로 향하는" 비극적인 과격한 자리 옮김의 최초의 유명한 희생자가 되는 모양이다. 그리고 내친김에 "평균 수준의 감수성을 가진 그 인간이 마지막 순간에 갖는 온화함과 완벽함"을 찬양하고, 그리스도의 수난과도 같은 "수난"을 가한 "사형집행인의 더러운 손"과 대조시키고 있다. 그리고 끝으로 단정적으로 "연약한 선인을 대중 앞에서 죽인 것을 우리나라 역사의 위대한 순간으로 삼은 것은 망측스러운 스캔들이다"라고 말하고 있다.

그 밖에 1789년의 혁명은, 특히 "무한한 압제의 원칙"을 역사에 삽입한 데 그 특징이 있으며, 국민의회의 "참된 일"은 "새로운 전제주의", 즉 철학의 절대주의의 확립이었다고 해석되고 있다. 왜냐하면 현재의 현상은 "분열된 세계"에 반대하고, 그 창조자에게 반대하는 "인간의 반역"이 「형이상학적」 혁명"으로 타락한 데 불과하기 때문이다. 나머지는 다음 세 가지 원칙을 먼저 결정해버리면, 천천히 철학적인 고찰을 할 수가 있다. 첫째로 "역사적 반항"은 이제까지 혁명적 형식에 의해서만 표명되고 있다. 둘째로 혁명이란 타락한 반항이다.〔코뮌의 경우는 예외로서, 그것은 "반항적 혁명"이다〕셋째로 "종족을 신격화하려는 배려", "인간의 마음속에 있는 신성(神性)에의 욕구"가 혁명은 모두가 전체주의적 포부에 의해, 최초의 반항적인 움직임을 부정하게 된다고 설명한다. 예컨대 현재 "혁명은, 특히 유물적이라고 불리는 혁명조차도 과격한 형이상학적 십자군에 불과하다."

다시 말하면 스탈린이 30년 동안 공산주의를 세계에 보급시키려 하고 있는 것은, 사람이 원하든 원치 않든 다만 "요컨대 인간의 종교를 세우기 위한" 것이다. 그러므로 카뮈가 그 연구 계획을 다음과 같이 명기한다고 해서 놀랄 것은 없다. "이러한 분석의 목적은 이미 몇 번이고 시도된 혁명적 현상을 서술하는 것도 아니고, 새삼 경제적 원인을 조사하려는 것도 아니다. 두세 건의 혁명적 사실 속에서 형이상학적 반항의 논리적 결과와 그 해설, 그 불변의 명제 따위를 발견하는 일이다."

그러면서도 이러한 한정적인 항목 속에 숨은 야심을 강조하지 않을 수 없다. 저자는 얼른 보기에도 충분히 개척되고도 남아 보이는 영역에 들어서기를 망설이고 있다. 그리하여 혁명을 철학자의 관점에서 고찰할 뿐 통속적인(역사적 혹은 경제적) 원인을 배제한다. 나아가 그는 극단적인 결론으로, 혁명적 사실 속에서 형이상학적 반항의 "논리적 결과"를 발견할 수 있다면서, 혁명 발생에서의 역사적·경제적 사정의 역할을 조금도 인정하지 않을 정도다. 요는, "혁명"이라는 개념을 "인간의 신격화"라는 개념으로 귀착시키는 것이 그의 작업이 겨냥하는 바다. "러시아의 공산주의는 이 시론(試論)에서 말하는 형이상학적 야심, 즉 신이 죽은 후 마침내 신격화된 인간 수도의 건설을 도맡은 것이다", "역사 자체와 마찬가지로 꾸준히 신성을 추구하는 인간의 포부는 한층 더 이유와 진지함과 효과를 지니고 러시아에서 건

설된 것과 같은 합리적 국가의 형태로서 나타난다" 등.

이처럼 야릇한 역사관은 분명히 있는 그대로의 역사를 배제하게 된다. 사실 사상과 사상 사이에 순수한 대화를 하기 위해 구체적인 사정을 모조리 배제하는 것이 문제다. 즉 한편에는 고뇌와 죽음에 대한 형이상학적인 항의를 배치하고, 다른 한편에는 역시 전능에 대한 형이상학적인 유혹을 배치한다. 전자는 참된 반항을 형성하고, 후자는 그 혁명적 타락을 유도한다. 그러한 고등 사상의 단계에서는 신학적인 논쟁이 진정 결정적인 것으로 보일는지 모르지만, 예컨대 먹을 것이 없어서 훨씬 저질인 논리를 따라 굶주림의 책임자와 싸우려는 사람들이 겪고 있는 단순한 생활에서는 그렇지가 못하다. 카뮈는 하부구조를 불신한다.

더 자세히 살펴보면 "이것도 마르크스의 죄"가 되는 모양이다. 더 분명히 말한다면 여기서 마르크스라 불리는 "독일인들의 나폴레옹에 대한 반항을 설탕이나 커피의 결핍에 의해서만 해석하는" 기념비적·괴물적 인간의 죄라는 결론을 내린 모양이다. 확실히 카뮈는 "경제적 결정이 인간의 행위와 사상 발생에서 주된 역할을 하는 것은 인정"하지만, 동시에 그처럼 그릇된 결론을 내려서는 안 된다고 생각하고 있다. 그러나 그는 그러한 위험을 느꼈기 때문에 안전제일로 "경제적 결정"이 하는 "주된 역할"을 도무지 인정하지 않으려 한다. 반대로 마르크스에 대해서 한층 더 가혹한 태도를 취하며, 군데군데에서 그를 인정하는 시늉을 하지만, 그것은 나중에 더 심하게 나무라기 위해서일 뿐이다. 마르크스의 관점은 "역사적 결정론이라고 부르는 것이 타당할 것이다. 그는 사상을 부정하지 않는다. 다만 사상의 외적 현실에 의해 절대적으로 결정되는 것이라 가정한다"고 카뮈는 쓰고 있다. 이러한 견해는 《변증법적 유물론과 유물사관》 속에서의 스탈린에게 조차 완전히 적용되느냐가 의심스럽다. 적어도 이것이 마르크스 작품에 있어서, 사상의 참된 동향을 전달하는 것이 아님에는 틀림없다.

이러한 논거에서 본다면 혁명적 사업을 비난하는 것 자체가 바로 비난받아야 할 것이 된다. 어떠한 혁명에도 악은 불가불 동반된다고 한다면, 철학자들에게서보다도, 당연히 혁명적 행위의 구체적 구조 속에서 그것을 증명해야 할 것이다. 카뮈는 그러한 증명도 하지 않고 마르크스의 교의는 필연적으로 스탈린의 제도에 도달한다고 단정하려 하지만, 결국 스탈린이 스탈린주의를 만든 것을 어느 정도 상세히 설명하는 데 불과했다. 그러므로 공포로의 이행에 관해서는 아무런 언급이 없다. 공포는 러시아 혁명과 그 이전의 여러 혁명의 유일한 특징으로 간주된다. 어떤 이론을 출발점으로 제시하고, 귀착점으로 어떤 종류의 결과를 예거하여 그는 그 양극점을 서로 얽히게 해서 일종의 혼돈 상태를 만들어낸다. 그리고 그 혼돈을 이용해 결과에서 이론을 해석함으로써 모든 악의 책임은 이론에만 있다고 단정한다. 이런 방법에는 두 가지 결점이 있다. 첫째로 그가 그 이론을 통해서 부정하려는 사상 자체가 모호하고 분명치 못하다는 사실이다. 그러나 그런 것은 대수로운 일이 아니다. 둘째는 더 진지하게 취급되어야 할 것으로, 혁명적 현상의 본질(그 발생 사정, 효과적인 활동, 그것을 구성하는 인간적 행위)이 간과되어 있다는 사실이다.

결국 "역사적 반항"에 관한 중요한 연구에서 카뮈의 목표가 무엇인지를 잘 알 수가 없다. 실패한 혁명의 거짓 역사는 혁명적 이데올로기의 실패한 역사에 불과한 것이 아닌가? 근대의 대혁명에 대한 비판이, 그것도 뜻밖의 비율로 《사회계약론》과 생 쥐스트[2]의 어떤 종류의 언동에 관하여, 정신현상학에 관하여, 허무적·무정부적 테러리스트의 신조에 관하여, 이어서 파시스트의 신조에 관하여, 그리고 마르크스에 관하여, 레닌에 관하여, 스탈린의 형이상학에 관하여(이것은 근본 원인으로서나 배경으로서 이 책 거의 전체에 걸쳐 있다) 분석하는 데만 기초를 두고 있는 것이 놀랍다. 그러나 여러 가지 이데올로기의 우위성을 절대적으로 인정하면서, 태연히 그것들 모두를 모조리 거칠게 취급하면서 무자비하게 제제를 가하고 있는 데는 정말 놀라지 않을 수 없다. 예컨대 카뮈가 헤겔에 대해 피상적인 비난을 하는 것을 변호할 생각은 없지만, 비난하면서도 카뮈가 신중을 기하고 있는 사실이 그 자신의 태도를 폭로하고야 만다.

그러므로 카뮈에 따르면 헤겔은 진리, 이성, 정위 따위를 "세계의 생성 속에" 육체화하려 한 것이다. 이제까지 "관련 있는 현상들 위에서 날아다니던" 추상적 이성을 역사 속에 내던짐으로써 역사에 "비합리적인 전율"을 부여한 것이다. 헤겔은 "권력의지의 부단한 부인과 투쟁으로 요약되는 초월성이 없는 역사"를 창시한다. 그는 "모든 초월과 초월에 대한 향수를 점차로 파괴하려고" 노력했다. 그럼으로써 그는 "주인과 노예의 변증법 단계에서 20세기의 권력정신을 결정적으로 정당화"하고 있다. 왜냐하면 "근원적 인간관계"란 헤겔에 있어서는 "순수한 세력 관계에 있으며, 한쪽이 다른 쪽을 승인시키기 위한

2　프랑스 대혁명기의 투사, 애국자.

결사적인 부단한 투쟁"이기 때문이다. 이 "원시적이고 광적인 승인의
요구"라는 사실 때문에 "인간의 전 역사"는 "세계적 세력과 절대적 권
력을 얻기 위한 장기적인 투쟁"에 불과해진다. 요는 "중개적 단계를
뛰어넘으면" 그 사상이 "병사 겸 노동자가 건설한 절대 국가"에 통
한다는 것을 쉽사리 알 수 있다. 그러나 그것은 헤겔이 "성공의 한심
한 귀족주의"를 높이 평가하는 것으로 만족했기 때문일 뿐이다.

　하기야 카뮈가 어떤 주석의 끝부분에서 명시한 것처럼 "요컨대 그
사실은 헤겔의 대견한 분석의 가치를 해치는 것은 아니다." 게다가
헤겔이 그런 것들을 모두 생각했는지 여부도 분명치 않다. "위대한
사상이 모두 그렇듯이, 헤겔 속에는 헤겔을 수정하는 것이 있다." "헤
겔의 놀라운 체계 속에는 부분적으로 이들 여건을 부정하는 것이 있
다." 또 우리도 인정하는 바이지만 그러한 경향이 "헤겔에게 고유한
것이라고는 도저히 생각할 수 없는 것이 있다." "그것은 아무래도 상
관없다." 그러한 경향은 "그의 사상의 모호함과 초월성의 비판 속에
서 싹튼" 것이었다. 그리고 바로 "20세기의 혁명가들은 미덕의 형식적
원칙을 철저히 파괴하는 무기고를 헤겔에게서 끌어냈던" 것이다. 왜
냐하면 좌익적 헤겔학파에 이어 그들은 마침내 헤겔을 정복했기 때
문이다.

　그것이 카뮈의 방법이다. 모든 혁명은 인간을 신격화하려고 애쓰
면서 "참된" 혁명을 배반한다는 것을 증명하려 하는 것이다. 그런데
헤겔의 변증법은 "인간의 나라와 신의 나라가 일치하는" 시기를 최고
의 총합으로 삼고 있다. 그러므로 스탈린은 헤겔의 "정신적인 자손"
의 한 사람이 되고, 공산주의는 본질적으로 인간과 신을 평등하게 만

들어 "지구로 하여금 인간이 신이 되는 왕국"으로 만들고 "최후로 인간의 종교를 만드는" 엄청난 계획이 된다. 바로 그렇기 때문에 오늘날 "신 없는 나라"가 "인간의 신성을 결정하는가 아닌가 하는 뚜렷한 힘에 맡겨져" 있다. 또 그런 이유로 해서, 모두가 "헤겔의 잘못"—"마르크스의 잘못처럼"—이라고 결론지을 수도 있을 것이다. 이처럼 근원을 거슬러 올라가면, 드디어는 반드시 진범이 붙잡힐 것이다.

그런데 여기서 "나폴레옹과 나폴레옹식 철학자인 헤겔과 더불어 효과 만능의 시대가 시작된다"는 근본적인 외침이 존재한다. 영원한 원리들과 육체화되어 있지 않은 가치들과 형식적인 미덕이 의문시되고, 또 이성이 "작용하기 시작하여" 순수추상이 아닌 것이 되어버려서 정복되어버리면 니힐리즘이 등장하고 시저가 득세한다. 게다가 카뮈는 형식적 미덕이 좋다고 생각하는 것은 아니다. 그는 그 "신성이 타락한 증인이며, 부정을 섬기는 거짓 증인"에 대해, "부르주아사회를 지배하는 위선"에 대해 신랄한 비난을 퍼붓는다. 그러나 요는 19세기의 부르주아지가 아직도 쓰고 있었던 추상적 원리가 추상에 머물러 있다면, 그것은 부르주아가 그것을 실천에 옮기기를 게을리했음이 분명하다. 그리고 철학자는 그것을 붕괴시킬 만한 여유가 없었기에 바라만 보고 있었던 것이다. 그런데 카뮈도 그것은 인정한다. 사실 부르주아지는 "모든 경우에 반대가치들을 실천하면서 그 원리를 인용함으로써 알리바이"로 삼았던 것이라고 말이다. 그러나 그는 부르주아지의 "본질적 퇴폐"와 "한심한 위선"으로 그 현상을 증명하면서 "그 점에서 부르주아지의 죄는 헤아릴 수가 없다"고 부언한다. 훌륭한 모럴리즘이면서도 형이상학적 반항을 취급한 문장 속에 어떻게 그런 말이 뛰어드는지 잘 모르겠다. "참된" 반항인에게 있어서 어떤 계급의 죄란 무엇인가? "본질적" 부패라든가 "한심한" 위선이란 무슨 뜻일까? 그것은 어떤 유의 숙명이 부르주아를 덮쳐, 부르주아가 타인들 이상으로도 이하로도 "죄가 있다"는 것이 아니라는 것뿐이다. 그러나 분명히 사실상 부르주아의 행위와 부르주아가 아닌 자의 행위 사이에는 부정할 수 없는 본질적인 차이가 생긴다. 게다가 카뮈의 고찰은 좀처럼 그 차이의 근거를 밝히려 하지 않는다. 그래도 그는 역사를 공격하려 했는데 오히려 역습을 당하고 있다. 즉 그는 하부구조를 고려하지 않으려 했고, 또 대 철학자의 탈선을 기대할 수도 없었기에, 부득이 "계급의 죄"를 날조하지 않을 수 없게 되었다. 마르셀 모레 씨가 그의 생 쥐스트 비판에 찬성하면서도 신학론에 대해서는 거의 인정하지 않으려 한 것도 당연한 일이다.

그러나 카뮈 자신이 뭐라고 설명하더라도 19세기 부르주아지의 부패를 구할 길이 없었다면 그 자신의 철학적 태도는 지극히 뚜렷하다. 사실 그가 "역사적 지배"로 가는 추이, 즉 인간을 인간만의 역사와 동일시하는 방향으로의 추이를 공포정치와 니힐리즘으로 가는 추이라고 비난할 때, "인간 사이에" 부정의 현상이 산적해 있다는 것을 망각한 것은 아니다. 동시에 그는 그 부정에 대한 항의가 바로 그가 비난하고 있는 방향으로 진척되지 않을 때 모든 것이 무효가 되고 만다는 것도 알고 있다. 그런 이유로 실제적인 결론으로서는 속수무책이다. 유독 현명한 방법은 현상 유지라고 할 것이다. 그러므로 1789년부터 현대까지의 근대사는 모두가 알베르 카뮈 손에 걸리면, 옛적의 갈리브디스와 스키라[3] 간에 있었던 참사의 끊임없는 되풀이가 되어버린다. 그런 견해에도 확실히 일면의 진실이 있기는 하다. 그러나 부정과 싸우면서도 더 큰 부정을 야기하는 것을 두려워하는 건 기실 그 자신이 큰 부정과 싸우고 있지 않다는 사실임을 고백해야만 한다.

카뮈가 그러한 반론에 무감각하지 않다는 것을 나는 잘 알고 있다. 그의 대답을 짐작할 수 있을 것 같다. 외관상 그 대답은 이중이다. 그러나 이 이중성은 모순을 야기하는데, 그것은 단 하나의 근본적인 답을 먼저 설득적으로 암시하려 하고 있다. 사실 카뮈는 유효성의 탐구를 역사적 "악"의 모체라고 비난하고, 또 반대로 유효성의 신뢰를 어느 정도 가정하지 않으면 무의미해지는 어떤 종류의 해결책이나 어떤 유의 역사의 처리를 생각하는 모양이다. 그러나 그런 경우에도 그러한 신뢰를 어리석은 것으로 만들지 않기 위한, 불가결의 행동 수단은 취하지 않도록 그가 주장한다는 것을 알 수 있다. 그러므로 유효성이 예상 외로 적은 경우라든가, 말하자면 "당치도 않기 때문에 믿는다"는 태도로 추구된다든가 하는 경우에만 유효성을 승인할 수 있다고 생각하는 모양이다. 그러한 조건부라면 산타클로스도 지상에 내려올 수 있을 것이고, "정의는 살아 있을 것"이고, 정신은 일찍이 "광명의 화산 위를" 날 것이고, "참된 주권으로의 길"을 비추면서 "정오의 역사의 운행을 따라 흐르는" 것이다. 요컨대 카뮈는 "무효성의 신비"가 있다는 것을 암시하고 있다. 즉 무효성의 극한에 이르면 그것은 이상하게도 역전해서 참된 유효성이 된다는 것이다.

---

3   메시나 해협에 있는 위험한 장소.

카뮈는 문제의 가장 어려운 점을 택해서 순수한 반항적 태도는 "정치적"으로 무엇을 의미하는가를 생각한다. "그것은 유효한 것인가? 오늘날 이것만이 유효하다고 즉석에서 대답해야 할 것이다. 두 가지 유효성이 있다. 태풍적인 것과 수액적(樹液的)인 것이다. 역사적 전체주의는 효과적이 아니고 결과를 만들어내는 것이다. 그것은 권력을 잡고, 그 권력을 유지했다. 한번 권력을 잡으면 유일한 창조적 현실을 파괴한다. 반항에서 생긴 강인하고 한정된 행위는 이 현실을 지키고, 이 현실을 조금씩 확대해갈 뿐이다." 태풍과 수액…… 누가 수액을 택하지 않겠는가? 우리는 야만인이 아니다. 광기를 피할 수만 있다면…… 그러나 순수의 사상은 비록 그것이 정오의 사상일지언정 대수로운 일은 하지 못하는 것이 아닐지. 우리 자신이 태풍을 일으키지 않도록 하는 것이 바람직하다. 그러나 아무리 생각해보아도 누군가 다른 자들이 일으킨 것 같다. 우리는 모든 경우에 광란의 상태나 혹은 바야흐로 광란하려 하는 상태를 목격한다. 그래서 수액이 그 자체가 절대적이 아니고 "태풍에 대해서" 실제로 "유효"한지 그렇지 않은지를 아는 것이 문제가 된다. 카뮈는 그것을 회피하지 않는다. "그러한 태도를 통하여 근대세계에서 정치적 표현을 발견할 수 있는지 아닌지를 알기란 어렵지 않다. 일례에 불과하지만 전통적으로 혁명적 조합주의라고 불리는 것을 상기하면 된다. 이 조합주의조차 무효라고 할 것인가? 대답은 간단하다." 정말 너무 간단하다. 왜냐하면 결국 혁명적 조합주의만이 유효하다고 했으니 말이다. 그 이유는 그것이 "더 구체적인" 현실에 밀착해 있기 때문이며, 앞으로도 "독재적 혁명"이 "조합주의가 쟁취한 것의 태반을 파괴하고", "조합주의적이고 자유주의적인 정신을 정복"하지 않으면 그것은 유효할 것이다. 바꾸어 말하면 더 구체적인 현실이 때로 어딘지 까다롭게 꼬이지 않았다면 말이다.

아! 혁명적 조합주의가 혁명적이 될 필요가 없을 때 그것은 정말 아름답고(스칸디나비아제국의 예) 혁명이 실패했을 때야말로 정말 전통적인 것이다! 따라서 이런 말이 된다. 코뮌을 탄압한 권력(그것이 코뮌의 가공할 만한 성공이 실패로 돌아가게 했는데), 마다가스카르의 반란을 실패로 돌아가게 한 권력(그것 때문에 그곳의 노예들이 장차 주인이 될 가공할 만한 운명이 좌절된 것 아닌가?), 오늘날 유럽을 움직이고 있는 권력(그것은 유럽이 사회주의적인 과격함으로 줄달음질치는 것을 막고 있는데), 이러한 권력은 모두가 한결같이 유일한 권력이지만, 그것을 문제로 삼거나 고려해서는 안 된다. 오늘날 "세계의 운명은 외관과는 달리 부르주아적 생산과 혁명적 생산의 투쟁 속에서 노리개가 되고 있지 않다. 반항 세력과 독재적 혁명의 권력 사이에서 노리개가 되고 있다." 즉 수액과 태풍 사이에서 말이다. "승승장구하는 혁명"에 대해 "겸허한 반항"은 "끊임없이 되풀이되는 모순, 고뇌, 패배, 그리고 불굴의 긍지로" 그 끈질긴 유효성을 발휘해야 한다. 그리하여 인간성에 "고뇌와 희망의 내용"이 주어진다.

카뮈는 여기서 "참된" 반항이라는 출발점으로 되돌아간다. 그 반항이란 "부당하고 해결 불가능한 조건"에 반항하고, 존재와 싸우는 존재이며, 자기 자신에게까지 반항해서, 스스로 "견디기 어려운" 존재가 되어 결코 끝장날 위험이 없는 반항이다. 그렇다면 왜 역사적인 우회를 한 걸까? 이유는 "역사와 절연하기 위해서"일 뿐이다.

그뿐만 아니라 카뮈의 사상에서 역사가 과히 문제가 되어 있다고는 생각되지 않는다. 지중해적 유산도 거의 그의 사상의 소재가 되지 않았다. 아프리카 연안에서 보면, 이른바 역사와 "유럽의 오만의 역사"가 분간하기 어려우며, 끝없는 어둠 속의 착란에 불과하다. 시지프는 행동의 함정에 걸려서도 안 된다는 것을 미리 알고 있었다. 행동은 물론 필요하지만, 단순히 행동을 위한 행동이지 어떤 결과를 기대한다거나 의미를 가질 수 없는 것에 의미를 부여하는 꿈을 꾸거나 해서는 안 된다. 그런데 레지스탕스가 그 주의의 구별을 가져와 거기에서 약간의 꿈이 스며들어왔다. 해방된 후에 카뮈는 역사에 안주할 수 있다고 생각하고 역사를 도덕화하려 할 정도였지만 혁명이 진척되었다. 혁명은 순수하고 고귀한 것이 되어야 했다. 그런데 그 한가한 목가는 오래가지 않았다. 사실이지 역사는 윤리도덕을 외치는 말이라기보다, 폭력에 민감한 말괄량이에 불과했다. 이별을 고할 때가 온 것이다. 카뮈가 《반항인》을 쓰기 시작한 것은 1947년의 일이다.

다만 그가 시지프로 직접 돌아가기란 문제가 될 수 없었다. 한번 역사에 사로잡힌 이상 역사 그 자체 속에서 역사로부터 빠져나올 궁리를 해야만 했다. 그래서 새로운 저술 속에서는, 역사가 존재치 않는다는 것을 증명하기 위해 역사를 논해야만 한다. 더 정확히 말하자면 역사 속에 있는 일종의 이중 의미에서의 "악", 즉 사형선고를 받은 사람의 가장 두려운 병인 부조리적 인간의 광기 발작을 지적하게 된다. 거기서 카뮈는 교묘하게 카드를 섞어 절대로 "악" 속에서 "역사적 악"을 찾아낼 기준을 얻어내려고 한다. "형이상학적" 반항은 이 책 첫

머리부터 "노예의 반항"이라는 조명 아래 등장했다. 즉 인간 상호간의 어떤 종류의 관계에 항의하는 것이기에 아래와 같은 관계를 내포하는 것이다. 노예의 반항은 자신의 전략에 대해 제기할 때조차 "공존"을 근거로 한다. 그래서 카뮈는 거기서 쉽사리 반항의 황금률을 끌어내어 데카르트식 사유형식으로 "나는 반항한다. 고로 나는 존재한다"고 말하고 있다. 이렇게 해서 그 자신이 역사라고 부르지 않는 역사에 약간 침입한 다음, 이번에는 역사가 될 수 없는 것을 역사라고 부를 뿐이다. 그 이유는 앞으로는 형이상학적 반항만이 문제가 되기 때문이다. 형이상학적 반항은 "인간을 고독에서 끌어내"지는 못한다. 오히려 인간 조건과 끊임없는 무익한 대결을 계속시켜 인간을 고독에 얽매이게 하는 것이기 때문이다.

그 조건이란 반항인에게는 신 그 자체에 불과하다. 그것은 제멋대로 자신과 대결시키고 대결하고 있는 신이다. 카뮈는 틀림없이 무신론자는 아니다. 소극적인 비유신론자다. 그는 신을 부정하지 않는다. (신의 부정을 고발하고 있으니 말이다.) 신을 무찔러버리겠다고는 말하지 않는다(그런 말을 하면 '과격'이 된다). 다만 신을 조롱하고, 그 "주인"에 대해 항상 반항적 노예가 되려 한다. 다만 "자기 자신의 존재를 극복하여 신과 대치하고" 싶은 기묘한 노예다. 그것은 순수한 형이상학적 투쟁이기 때문에 인간과 그 역사가 배제되어 있음이 명백하다. 만약 신이 절대적인 "집행인"이고, 인간을 사형에 처하고, 부조리라는 고문을 하고, 대번에 그리고 영원히 인간을 절대적 "부정"에 넘겨버리는 것이라면, 인간은 여러 가지 상대적 부정을 진지하게 생각하는 데 싫증을 느끼고, 그것을 바로잡는 일이 오히려 부질없는 일이 되고 만다. "어린이의 죽음은 완전한 사회에서라도 반드시 부당하다." 따라서 혁명가는 신의 희생이 되는 동시에 신에게 속한다. 왜냐하면 그는 신과 견줄 만한 권력을 가지려고 획책하지만 그럴 수 없는 것이 뻔하기 때문이다. 그와 반대로 반항인은 영원히 도전을 계속하면서 반항하는 희생자로 신에게 자신의 실패를 보여줌으로써 만족시켜주는 짓을 하지 않는다. 하기야 그는 아무것도 획책하지 않으므로 실패할 까닭도 없다.

이제까지 카뮈의 근본 사상이었던 감당하기 어려운 "악"에 대한 항의는 특히 역사적 "악"에 대한 항의라는 뚜렷한 형태가 된다. 여기서는 당분간 역사적 "악"이 주역을 맡는다. 그러나 당연한 일이지만 그 악은 절대적 "악"에 비해 인간 속에서 알맞게 자리 잡지 못하고 있다. "인간이 통일을 향한 열광적인 욕망 때문에 거듭 쌓아올리는 악의 존재는 의심의 여지가 없다. 그러나 그 무질서한 움직임의 기원에는 다른 악이 있다. 그 악에 대해, 죽음에 대해 인간은 마음속에서부터 정의에 호소한다."

여기서도 역시 카뮈는 인간 "영예"의 참된 근원을 미지의 것에 대한 덧없는 호소로 한정하고 있다는 결론을 내려야 할 것인가? 그렇다면 《반항인》은 오직 시지프의 반항이 최초의 순수성을 잃었다는 것을 알게 해줄 뿐이다. 시지프의 반항이 애매해지고 이해(利害)에 사로잡히게 된 셈이다. 그 이유는 "인간적"인 물리성의 "또 다른 하나의 형식"에 덮쳐들기 위해 "부조리"와의 자랑스러운 대화를 일시적이나마 중단하기를 승낙한 꼴이 되기 때문이다.

이러한 해석을 수많은 인용들로 확인할 수 있다고 믿어지기에, 솔직히 말해서 나는 그 해석을 고집하고 싶다. 즉 모든 점에서 카뮈는 자신을 위해 피난처를 찾고 있으며 거기서 잠시 "벗어나서" 어딘가 결정적인 은신처로 피하고 나중에는 역사가 없는 존재의 반항적 환희에 잠기는 것을 정당화하려고 지레 노력하고 있다고밖에는 생각되지 않는다. "악"을 역사 속에, "선"을 역사의 밖에 놓고 그 결과 되도록이면 "반역사적"인 선택을 촉구하는 따위의 선악 이원론이 그 책에서 종종 표명된다. 반항이 제법 근원적으로 "역사의 거부"가 되는 것을 어떻게 부정할 수 있겠는가? 반항의 성격이 "중용"에 있고, 역사는 "과격"이며, 견유주의, 파괴, 무한한 예속의 마당이며 무한한 "경련"의 연속이며 "집단적인 거대한 고민"이라 할 수 있는 이상 그렇게 되지 않을 수 없다.

헤겔이 "심정의 법칙"이라고 부르고 있고, 개개의 의식으로서 "직접적으로" 목적으로 삼기를 요구하는 의식의 형태를 여기서 역력히 보는 듯하다. "심정에 대해서 하나의 실제적 현실이 대립하"지만 그 현실이란 한편으로는 "개인을 압박하는 법칙이며 세계의 질서이며 속박과 폭력의 질서"이며, 또 한편으로는 "심정의 법칙을 따르지 않고, 외적 필연에 따르는 인류"다. 그래서 인류는 "법칙과 심정의 행복한 통일 속에서"가 아니고, "잔인한 분리와 고뇌의 상태 속에서" 산다. 그리고 심정은 그 "신과 인간의 질서, 그것도 강제적인 질서"를 "아직껏 거기에 결부되어 있는 것을 잃게 되리라 가정한 현상, 즉 강제적인 힘과 효과적 현실"로 본다. 그러나 의식은 그 스스로가 "개개의 심정"인 것처럼 "그 자체"가 효과적 현실임을 즉시 자각한다. 왜냐하면 개개의 심정은 자신의 법칙을 실현화하는 작용에서조차 다른 모든 심정과 더불어 실제적 현실을 만들어내는 데 협력하며 따라서 그것을 자신의 본질이라고 생각하지 않을 수 없기 때문이다. 그렇게 해서 "가장 내적인 은신처에서조차 분열해버린" 의식은 효과적으로 그렇지 않았던 것(가정의 현상으로 간주되던 외적 실현)이 되었지만, 무효과적으로밖에는 그렇지 못했던 것(직접적 '보편')이 아닌 것이 되어버렸다.

의식은 자신과 강제적 질서 사이에 모순이 있다고 했으나 앞으로는 자신의 내부에서 그 모순을 "자신의 내적 타락"으로서 자신과는 본질적으로 "이질적인 것"으로, 즉 광기로서 살아가야만 한다. 그래서 의식은 그 타락을 자신 밖으로 내던져 "타자"로 보고 표시하려 애쓴다. 그때 의식은 "보편의 질서를 심정의 법칙과 그 지복의 타락이라고 비난한다. 광신적인 승려와 재상의 도움을 받은 부패한 폭군들은, 욕을 보이거나 압박하거나 해서 그들 자신의 굴욕을 보상받으려 하는데 그런 타락을 날조하고 속임수에 빠진 인류의 이루 표현할 수 없는 불행에 익숙하게 만들었던 것이다."

"보편적 질서"란 세계의 움직임이다. "세계의 움직임"을 우리의 목전에 있는 현상으로 보고, "광신적인 승려"를 혁명투사로 보고, "부패한 폭군"을 "공산당의 지도자"로 본다면(사실 다른 해석을 내릴 수도 있지만) 우리 역사의 긴박성에 대해 카뮈 내부에서 볼 수 있는 형태의 항의에 제법 가까운 것을 얻어낼 수 있으리라.

그 책의 어떤 부분에서 그러한 해석을 부정하고 있다는 것을 나도 알고 있다. 반대로 카뮈는 인간이 역사를 무시해서는 안 된다는 것을 매우 강조한다. 역사를 부정한다는 것은 "무행동의 무효과"를 선택하여 "현실을 부정하는" 결과가 되기 때문이다. "……현대는 우리의 것이다. 어찌 그것을 부정할 수 있겠는가? 우리의 역사가 지옥이라 해도 그것을 외면할 수는 없다. 그 공포를 회피할 수도 없다. 차라리 받아들여 극복해야 할 것이다. 오직 공포를 야기했다는 이유만으로 판단할 권리가 생겼다고 생각하는 사람들에 의해서가 아니라, 명석한 정신을 가지고 공포를 체험한 사람들에 의해 극복되어야 한다." 그러나 그러한 공언이 사람을 안심시키지 못하고 오히려 불안하게 만드는 것은 대체 어떤 마술에 의한 것일까? 사실 그것은 카뮈가 앞서 절대적 "악"에 대해서 나타낸 태도와 제법 비슷한 태도를 역사에도 제시하고 있다는 것이 점차로 밝혀져가기 때문이다. 그것은 반항적 "대립"에 어울린다. 계통적으로 무효한 태도다. "역사"는 "부조리"의 한 변형인가? 좋다. 그렇다면 "역사"를 유지하는 편이 낫다. 즉 역사가 존재한다는 괴로운 생각을 한다……. 그러나 그것에 대한 행동은 일체 사절한다. "물론 반항인은 주변 역사를 부정하지 않는다. 역사 속에서 자신을 확립하려 한다. 그러나 예술가가 현실을 대하는 것처럼, 반항인은 역사 앞에서 도피하려 하지 않고 그것을 물리친다."

　여기서도 헤겔의 "아름다운 영혼"의 특성을 아니 볼 수 있겠는가? "의식은 그 하위성(下位性)을 행위와 존재에 의해 더럽히는 고통 속에서 연명하고, 그 심정의 맑음을 유지하기 위해 유효성에 물들지 않으려 하고, 끈질긴 무력함 속에서 버티는…… 의식의 작용은 향수에 넘치는 소원이다……." 그뿐만 아니라 "헤겔이 역설적으로 아름다운 영혼이라고 부른 것의 권리와 위대함"을 지지하는 부분에서, 카뮈는 그 책 속에서 몸소 헤겔을 상기시킨다. 그러나 분명히 헤겔의 역설 자체는 아무런 상관이 없다. 곤란한 것은 그것이, 우리의 역사적 조건의 애매함 속에 새겨진 사실에 의한 역설을 말한다는 점이다.

진정 카뮈는 세계에 있어서의 모든 기획을 거부하고 "세계의 움직임"을 없애기를 희망하는 걸까? 그는 스탈린주의가(게다가 실존주의도) 완전히 역사에 사로잡혀 있었다고 비난한다. 그러나 그들이 카뮈이상으로 역사에 사로잡혀 있는 것은 아니며, 다만 "다른 방법으로" 사로잡혀 있는 데 불과하다. 따라서 그들의 역사적 행위에 역사를 초월하는 원리가 전혀 없다고 생각하는 데는 모순이 있다. 또 마르크스의 경우 비판 부분을 희생하고 그 사상의 "예언성"을 특별히 소중히 여긴다고 비난하는 것도 마찬가지다.

계급 없는 사회가 존재해야 한다는 최종적 "총화"를 기도하기 위해서는 그들이 역사와 관련해서 "동시에" 역사 "속에" 그리고 "밖에" 있어야만 한다. 사실 그 점은 "다른 누구와도" "같은 것이다." 역사의 초월을 구체화하고 여러 가지 결과를 세계에 가져올 가능성은 개개의 상황 주변에 있는 객관적 정세에 따라 다르지만…… 한 가지 분명한 것은 어떤 종류의 상황에서 출발한 어떤 기획은 거의 가공적으로 상상만 해도 "역사적" 장래를 특별히 목표로 하는 데 반해 어떤 기획은 "개인적" 장래에 만족한다는 사실이다. 여기서 어떤 편을 선택하는가가 문제가 된다. 카뮈는 엄밀하게 개인 중심의 기획 형태를 결정하든가 또는 그가 혁명가와 스탈린적 혁명가와도 실로 같은 위치에 있다는 것을 인정하고, 그들이 기획하는 장래의 결정과 그 실현을 위해 사용될 방법만이 다르다는 것을 인정하는가 하는 문제다. 당연히 여기에는 객관적일 수 없는 기준이 끼어든다. 즉 각자가 기준을 정하는 것이다. 그 기준을 타인에게서, 혹은 전통에서 빌려올지언정 스스로 선택해서 거기에 가치를 부여해야만 한다. 그러나 선택을 하기 위해 인간은 역사적으로 놓여 있는 의식이 아니게 돼버릴 것인가. 우리가 어떤 방법으로 역사의 밖에 있다 하더라도 동시에 역사 속에 있는 것이며, 역사는 우리에 의해서만 존재한다. "세계의 움직임"은 우리의 감독이며 작품이기도 하다. 따라서 완벽하게 어느 한쪽일 수 없다. 세계의 하나하나의 사건을 전체적 의의 쪽으로 초월시켜 거기에 상대적 안정을 부여하는 것은 우리다. 전체적 의의란 어떤 장래에 대한 희망인 동시에 어떤 과거와 현재의 제시이기도 하다.

역사는 우리를 사로잡지만 그것을 이해하는 것은 우리다. 우리는 역사를 부단히 만들지만 역사 또한 우리를 만든다. 그리고 우리가 역사에 의해 종종 "개조되는" 위험은 중대한 일이다. 그런데 카뮈는 바로 아무것도 기획하지 않는 수단으로 개조되지 않기를 제안한다. 그러나 그처럼 소극적인 원리는 실제 행동에는 아무런 기준도 제공해주지 못한다. 그것은 바로 아무런 행동도 하지 않는 것이기 때문이다. 사실 그런 태도는 지탱하기가 어렵다. 따라서 원리는 이내 참된 내용을 초래하지 않을 수 없다. 그래서 역사 바깥에 있는 것처럼 시늉하는 것을 그만두고 하나의 방향만을 표명하고, 거기에 따라서 마침내는 모든 인간이 역사를 사는 데 동의해야만 한다. 카뮈의 반항이 아무리 정적(靜的)이고자 하더라도 그것은 카뮈 자신에게만 해당된다. 반대로 조금이라도 세계의 움직임에 영향을 주려 한다면 반항의

와중에 뛰어들어 역사의 계열에 끼여 목적을 결정하고 적을 선택해야 한다. 그러나 그렇게 되면 그의 반항을 반혁명적으로 만들고, 그것도 실제로는 혁명에만 반대하도록 명령하는 카뮈의 초월적 원리란 대체 무엇일까?

"혁명적인 기획의 중심에서" 반항이 생생하게 유지된다면, 반항은 그 정통성의 근원인 어떤 유의 절대적 요구와 초조한 관대함(카뮈는 감히 살아 있는 인간에 대한 사랑이라고 말하는데)을 계속 나타내면서 혁명적인 기획의 건전성에 필연적으로 공헌할 것이다. 그 정통성이 끊임없이 가공할 기만에 직면해 있다는 사실도 이해는 된다. 그러나 최악의 환상은 "순수"일 뿐 "그 자체에"만 기초를 둔 반항의 기획 속에 있는 것이 아닐까. 그러한 광기를 제거하는 일이야말로 혁명적인 기획의 목표이며 그 기획의 참뜻이다. 아무리 발버둥을 쳐도 부르주아에서 벗어날 수 없는 우리의 관점에서 볼 때, 자본주의가 스탈린주의처럼 "경직"되어 있지 않은 용모로 보일 수도 있다. 그러나 땅속 광부에게, 파업 사건으로 징계를 받은 공무원에게, 경찰에서 고문당하는 마다가스카르 섬 사람에게, 네이팜탄으로 "소탕되는" 베트남 사람에게 그리고 외인부대의 "수색을 받는" 튀니지 사람에게 자본주의의 용모는 어떻게 보일 것인가.

그런데 나는 물론 카뮈가 항상 변하지 않는, 가공할, 변명의 여지가 없는 수많은 범죄들, 즉 그 덕분에 당장에는 "우리"의 문명이 연명될 수 있다고 생각되는 범죄에 완전히 무관심하다고 말할 생각은 없다. 뿐만 아니라 카뮈가 작가답게 지나치게 아름다운 문장으로 상당히 무정견한 사상만을 말하고 있다고 생각될 무렵에, 그때 돌연 그처럼 인간적으로 보이는, 참된 고뇌에 넘치는 소리를 역력히 듣고 나는 정신이 오싹했다. 그 고뇌가 우리 전부에게 들이닥치는 때가 오지나 않았나 하고 나는 두려워한다. 왜 당신은 진실 자체를 "혁명"의 가짜 역사의 가짜 철학의 희생양 삼음으로써 그 고뇌를 우리와 관계없는 것으로 만들어버렸을까. 《반항인》은 여하간에 실패한 위대한 책이다. 그 책에 의해서 직각적으로 일깨워진 신화도 바로 거기에 원인이 있다. 카뮈가 유혹에 넘어가지 않으려고 자신의 내부에 그러한 개성적인 논조를 발견한 것이―그 점에 있어서 여하튼 그의 작품의 다른 곳에서는 예를 찾을 수 없는 바지만― 나로서는 유감이다.

《현대》지 편집장에게 보내는 편지

카뮈가 사르트르에게

《현대》지 82호(1952년 8월)

1952년 6월 30일, 파리에서 알베르 카뮈

편집장 귀하

당신의 잡지는 풍자적인 제목으로 한 논문을 나에게 바쳤는데 나는 이를 근거로 그 논문에 나타난 지적 방법과 태도에 대해 당신의 독자들에게 두세 가지 고찰을 제시하겠다. 당신도 연대책임을 회피하지 않을 거라고 내가 확신하는 그러한 태도는 실제로 놀랄 만큼 약점투성이인 논문 자체보다도 나에게는 더 흥미롭다. 그 논문을 줄곧 인용해야겠으며, 나는 그것을 연구가 아니라 차라리 연구 대상, 즉 하나의 증후로 생각한다는 것을 미리 말해두고 싶다. 끝으로 나도 당신만큼 긴 글을 쓰는 것을 양해해주기 바란다. 나는 다만 사실을 분명히 하고 싶을 뿐이다.

내가 첫 번째 할 일은 비평하려고 생각하는 책을 마음대로 잘라내어 책의 주제를 바꾸고 저자에 관해 가공의 전기를 만들어내는 당신의 기고가의 진의가 무엇인지를 명백히 하는 일이다. 외관상으로는 제2의적에 불과한 문제가 이미 어떤 해석 방법을 제시한다. 그것은 나의 책이 우익 쪽 신문잡지에서 호평을 받았다고 거론되는 일이다. 나는 그 사실 자체를 슬픈 일이라고는 느끼지 않았다. 사상의 진리는 우익이냐 좌익이냐로 결정되지는 않는다. 더구나 우익과 좌익이 내리는 결정에 좌우되지 않는다. 그 점에서는 데카르트가 스탈린 적이 될 테고 페기,[1] 가피네[2] 씨를 축복할지도 모른다. 만약 나에게 진리가 우익으로 보인다면 나는 우익이 될 수도 있을 것이다. 즉 그 점에 관해서는 당신들의 불안에(그리고 《에스프리》지의 불안에도) 동조하기는 싫다. 게다가 그 불안은 지나친 지레짐작이라 생각된다.

우익적이라 불리는 신문이나 잡지의 태도는 실제로 어떠했는가? 정치적 분류를 할 필요도 없는 한 신문을 예로 든다면, 나는 《리봐롤》지에서 배부르게 욕을 먹는 영광을 누렸다. 고전적인 우익 측에서는 클로드 모리악 씨가 서명한 《타블 롱드》지가 내 인격의 고결함에 관해, 그리고 나의 책에 관해 상당히 칭찬을 삼가고 있다. (당신도 기억하겠지만, 바로 그 클로드 모리악이 편집한 《정신의 자유》지에 실린 졸렬한 논문에는 사실 나는 서명을 하지 않았다. 만약 무심코 서명을 했다면 나도 긍지가 있으니만큼 즉시 공개 사과를 했을 것이다.) 바로 그 《정신의 자유》지(고전적이지 않은 우익지임에 틀림없다)는 나에 대해 좋지 않게 말했다. 다만 이번에는 그것이 유리하다고 생각하고, 내 호흡기 부분의 건강에 대해 억측을 하지 않고 있었던 것이다. 위의 세 가지 예는 적어도 당신의 기고가의 주장을 흔들어놓기엔 충분하다. 그래도 나의 책은 부르주아적이라고 거론되는 여러 신문의 문예란에서 종종 호평을 받았

1   Charles P. Péguy(1873~1914년): 프랑스 태생, 정열과 이상의 작가.
2   전통적 보수주의 정치가.

다. 물론 나는 그것을 창피하게 생각한다. 그런데 같은 종류의 신문이 《현대》지 필자진의 책을 종종 찬양하곤 했는데, 그 사람들이 빌리에[3] 씨와 조찬을 함께하는 것은 아무도 탓하지 않는다. 현 사회에서, 그리고 출판계의 현 상황에서 나의 작품은 욕지거리를 연발로 당하거나 이구동성으로 비난받지 않는 한 당신의 기고가의 승인을 받을 수 없는 것이 아닐까. 사실 그런 경우도 있었지만 오늘날 나에 대해 엄혹한 비평가가 그럴 경우 큰 소리로 나를 칭찬한 일은 한 번도 없다.

그렇다면 내가 엉뚱한 칭찬을 받은 것을 비난할 때, 그는 장난을 하고 있는 것일까? 그렇지는 않다. 그 태도 자체가 의미심장하기 때문이다. 사실 그가 우익의 인간과 독단적인 마르크스주의적 비평가 사이에 뚜렷한 경계선을 두지 않고 있다고 생각하지 않을 수 없다. 그의 말을 빌리면 양자는 적어도 어떤 면에서는 접근해 있으므로 불안한 혼란이 생긴다. 마르크스주의자가 아닌 자는 그것을 솔직하게 시인하거나 창피하다고 생각하거나 여하튼 우익 쪽으로 나가든가 우익 쪽으로 굳어진다. 그것이 의식적이든 무의식적이든 간에 이 편지의 논점이 되는 지적 방법의 첫 번째 선입견이다. 그러한 공리로는 《반항인》이 마르크스주의에 대해서 보이는 분명한 관점을 용인할 수 없다. 그래서 내 책에서 무엇보다도 먼저 그러한 관점을 공격한다. 따라서 그는 공리대로 그 관점이 반동적 지옥에서 온 것이 아닐지라도, 거기에 통하는 것이라고 증명하고 그러한 관점을 공격하지 않으면 안되었다. 그러나 그 점을 맞대놓고 말하기는, 특히 《현대》지 동

---

3 프랑스 경영자 전국위원회 의장.

인들에 대해 거북하기 때문에 그는 우선 본의 아닌 나의 교우 관계를 걱정해주었던 것이다.

이 해석이 옳다면 그 해석에 따라 그 논문 대부분을 이해할 수 있다. 사실 나를 우익으로 분류할 순 없다 해도 적어도 나의 작품을 조사하고 나의 책을 연구해서 나의 태도가 비현실적이고, 반역사적이며, 비효과적이라고 증명할 수는 있다. 자유주의 작가 사이에서는 권위적 방법이 유행하는 모양인데 헤겔과 마르크스에 따르면 내 태도는 "객관적"으로 반동에 봉사하는 것이라고 증명된다. 다만 나의 책이나 그 필자 모두 그러한 증명과 반대되므로, 당신의 기고가는 대담하게도 나의 책과 전기를 변조해버린 것이 된다. 설상가상으로 그는 오늘날 나의 공적인 태도 중에서 그의 주장에 편리한 논거를 찾기가 어렵기에 미래의 어느 날 승리를 거두고자 내가 꼼짝도 못할 만한 나의 장래를 완전히 날조하여 무언가를 획책하는 것이다. 그 재밌는 방법을 상세히 조사해보자.

첫째로 작풍이다. 당신의 논문은 매우 관대하게도 작풍은 "완전하다 할 만큼 성공했다"고 인정했는데, 그러고는 이내 그것을 개탄한다. 이미 《에스프리》지가 그 작풍을 개탄하고 《반항인》이 그 톤의 "성공"으로 우익 쪽 사람들을 매혹했다는 것을 더욱 명확히 암시하고 있다. 진보적 작가들에게는, 아름다운 문체가 우익적이고, 좌익 쪽 사람들은 혁명적 미덕에 의해 헛소리나 횡설수설하는 문장을 써야만 한다고 암시하는 무책임한 경향이 있다는 것을 지적하려는 생각은 없다. 그러나 나는 당신의 기고가와 의견을 달리한다는 것에 우선 주의를 환기시키고 싶다. 나 자신은 《반항인》이 잘 쓴 작품이라고 자신할 순 없지만 그랬으면 좋겠다고 생각한다. 뿐만 아니라 만약 나의 사상이 정말 일관적이지 않다면 폐단을 줄이기 위해 더 잘 쓸 필요가 있다고 말하고 싶다. 사실 혼란스러운 사상을 엉뚱한 작풍으로 읽어야만 한다면, 그것은 비참한 일이다. 그러나 사실은 그는 나의 작풍에, 그리고 자기 자신의 작풍에도 정말 관심이 있는 것이 아니며, 그의 일관된 의도는 뻔하다. 실제로 그는 형식주의적 예술과 사실주의적 예술에 대한 나 자신의 분석을 이용하고 있는데, 나를 향해 그것을 겨냥하고 있다. 그러나 형식주의적 예술에 대한 나의 비판은 가장 엄밀한 의미에서 순수하게 형식을 추구하고 주제가 구실에 불과한 책 따위에 관한 것이라고 말하지 않을 수 없다. 현대의 반항과 공포 정치를 유일한 주제로 하는 책이 이런 유의 비판을 적용한다는 건 보통 뻔뻔스러워서는 어려운 일이라 생각된다. 그런데 놀랍게도 나의 책은 역사에 항의하기 위해 현대사 한복판에 놓이게 되었고 따라서 보잘것없긴 하지만 그것이 하나의 행위라고 하는 반대가 있을 것임을 예상했음에 틀림없다. 거기에 대해서는 당신의 논문으로 미리 이렇게 대답하고 있다.

하기야 항의가 있었다손 치더라도 그것은 "정말 지나치게 아름답고, 지고한" 것이며, 또한 나의 문체는 "실재의 흔적"(원문 그대로)조차 보이지 않는 결함을 지니고 있다고 말이다. 잘 쓴다는 것(혹은 적어도 그가 그렇게 말하고 있는 것)은 실재성을 그 "흔적"이라는 모양까지도 잃는 일을 말하며, 참된 영역을 나타내는 구문상 잘못에 의하지 않고서는 생명과 멀어지고, 또 인간의 비참함과 떨어져서, 냉랭함과 순수의 섬에서 고립되는 짓이다라고 해석하기로 하자. 그렇게 되면, 그 논거는 내가 말한 대로 나를 모든 현실성에서 추방하려 하고 있다는 것을 알 수 있을 것이다. 그럼으로써 나는 인간 그 자체인 작풍에 의해, 본의 아니게도 상아탑으로 밀려나게 될 것이다. 그리고 그 탑에서는 나와 같은 유의 몽상가들이 부르주아지의 보상받을 수 없는 범죄들을 속수무책으로 바라보는 꼴이 된다.

이어서 똑같은 작전이 책 그 자체에 대해서도 행해져서 그 책은 사실과는 반대로 반역사주의의 요람이며, 무행동주의자의 교리문답이 되어 있다. 그리고 내가 부르주아지의 형식적 모럴에 깊이 파고드는 비판을 하고 있는데도 그 비현실주의가 현실적으로는 반동사상에 공헌하고 있다는 것을 증명하기 위해 성전(聖典)(왜냐하면 헤겔과 마르크스를 말하니까)이 이용된다. 그 증명의 첫 번째 장애는 《반항인》 이전의 작품[4]이다. 좋은 작품이든 나쁜 작품이든 우리의 역사와 밀접한 관계를 갖고 있는 작품을 "초월주의"라고 비난하기란 어려운 일이다. 그래서 당신의 논문은 이미 그 작품이 구름 위에 달 뜨는 "경향이 있으며" 《반항인》은 오직 죄 많고 말릴 수 없는 승천을 무정부주의적인 천사들의 무력한 합창 속에서 완성하는 것에 불과하다고 증명한다.

물론 거기서도 나의 작품 속에서 그러한 경향을 발견하는 가장 좋은 방법은 역시 나의 작품 속에 그러한 경향을 집어넣는 일이다. 따라서 당신의 논문은 《이방인》이 "구체적인 주관(이런 말을 쓰는 걸 용서해 주기 바라지만)"으로 서술되었는데, 《페스트》의 사건은 "스스로 사건을 체험하지 않고 바라보고 있을 뿐"인 "상황 밖에 있는 주관"에 의

---

4 《페스트》를 말한다.

해 관찰되는 것이 되고 만다. 그러나 《페스트》의 독자는 누구를 막론하고, 비록 무심하게 읽는 사람일지라도 끝까지 읽어내기만 하면, 나레이터가 의사 리외이고, 그는 그 책의 주인공으로서 그가 말하고 있는 바를 알기 위해서 오히려 희생을 감수하고 있음을 알 수 있을 것이다. 《페스트》는 삼인칭으로 쓰여진 객관적 기록 형식을 취한 고백이며, 이야기가 간접적이면 간접적일수록 한층 더 고백이 완벽하게 되도록 모든 것이 계산되어 있다. 물론 그 수치를 현실 유리라고 부를 수는 있지만, 그렇게 되면 외설은 사랑의 유일한 증거라는 결과가 될 것이다. 그에 비해 《이방인》은 일인칭 이야기 형식을 취하는 객관과 이탈의 습작이며, 결국 제목이 가리키는 것 그대로다. 게다가 당신의 기고가는 자신의 정통성〔따라서 그의 논문은 이상하게도 많은 당혹감을 드러낸다. "확실치 않다"든가 "생각지 않을 수 없다"든가 그런 해석은 "버릴 수 없다"든가 "확신할 수 없다" 따위다〕을 전혀 믿지 않기 때문에 그 불행한 인물들이 오직 방관만 함으로써 어떻게 적십자의 모럴을 실행에 옮길 수 있을까를 증명하는 것을 잊고 있다. 분명히 그 존경할 만한 조직의 이상에는 화려함이 결여되어 있다(결국 그것은 편안한 편집실에서라면 존재할 수 있겠지만)고 생각되지만, 한편 그 이상이 어떤 유의 가치 위에 서 있다는 것을 인정치 않고, 또 한편으로 그것이 단순한 방관이 아니고, 어떤 형태의 행동을 선택하고 있다는 것을 인정하지 않을 수 없을 것이다. 그러나 그처럼 놀라운 지적 혼란을 뇌까려보아야 부질없는 일이다.

결국 《이방인》에서 《페스트》를 향한 진화가 있다고 한다면 그것은 연대와 참가의 방향에 있다는 것은, 당신 잡지의 관계자 외의 사람들이라면 아무도 반대하려 하지 않을 것이다. 그와 반대되는 말을 하는 사람이 있다면 그는 거짓말을 하고 있거나 꿈을 꾸고 있기 때문일 것이다. 그러나 내가 현실과 역사에서 유리하고 있다고, 모든 사실과 어긋나게 증명하기 위해서는 그렇게 할 수밖에는 다른 방법이 없었을 것이다.

그리하여 그가 작품 전체에 대해 오해를 하고 있다거나 편리한 가정에서 출발해서 드디어 《반항인》에 접근한다기보다는, 자기 쪽으로 그것을 잡아당겼다고 하는 편이 아마도 정답이 될 것이다. 사실 그는 작품 중에서 볼 수 있는 핵심적인 테마, 즉 반항의 움직임 그 자체에 의해 증명되는 반항의 한계라든가, 헤겔 이후의 허무주의와 마르크스주의적 예언에 대한 비판이라든가, 역사의 종말관과 변증법과의 모순의 분석이라든가, 객관적 유죄성의 개념에 대한 비판 따위를 논하기를 고의로 피했다. 그 대신 작품 속에는 없는 어떤 테마를 철저하게 논하고 있다.

그는 나의 방법을 핑계로 대면서 내가 혁명의 발생에 경제적인 것, 역사적〔당신의 기고가는 아무 이유도 없이 나로 하여금 그것들을 "통속적 원인"이라고 부르게 하고 있다. 통속적인 것은 오히려 그런 논법의 성질이다〕인 것이 감당해내는 역할을 전혀 인정하지 않고 있다고 단정한다. 사실은 내가 그 정도로 어리석지도 않거니와 무식하지도 않다. 다만 내가 어떤 책에서 몰리에르의 정신에 미친 그리스 비극의 영향만을 취급해서 연구했다 해도 그것이 내가 그의 작품이 지닌 이탈리아적 영원을 부정하는 것이 되지 않는다. 나는 《반항인》에 의해 여러 혁명의 이데올로기적 방면의 연구를 계획한 것이다. 그것은 나의 최소한의 권리였다. 뿐만 아니라 거기에는 아마도 경제가 아니면 꼼짝도 할 수 없는 오늘날, 그리고 몇백 종에 달하는 책이나 출판물이 매우 참을성 있는 독자의 주의를 역사의 경제적 기초라든가 철학에 끼치는 전기의 영향 쪽으로 쏠리게 하고 있는 오늘날, 말하자면 긴급한 필요가 있었다. 《현대》지가 매일 엄청난 선의를 가지고 하고 있는 일을 어찌 내가 다시 할 필요가 있었단 말인가? 지금도 그렇게 믿고 있지만 나는 20세기의 여러 혁명에는 여러 요소들과 더불어 인간을 신격화하려는 뚜렷한 기도가 있음을 증명했을 뿐이며, 특히 그 문제를 뚜렷이 하기를 선택한 것이다. "자신의 목적을 뚜렷이 표명한다는 조건만 지키는 한 그럴 자격이 있으며 나는 그렇게 한 것이다." 다음은 나의 글이다. "이 분석의 목적은 이미 몇 번이나 시도된 혁명적 현상의 서술을 행하는 일도 아니고, 새삼스레 몇몇 대혁명의 역사적·경제적 원인을 조사하는 일도 아니다. 두세 가지 혁명적 사실 중에서 형이상학적 반항의 논리적 결과와 그 해명, 불변의 명제 따위를 발견하는 일이다." 당신의 기고가는 그 문장을 이용해서, 그의 말을 빌리면 "그래도" 그것을 전혀 고려하지 않으려 결심했으며 그 겸손한 어조에는 최대의 야심이 숨어 있다고 단정하고, 내가 언급하고 있지 않은 일은 모조리 실제적으로는 부정하고 있다고 주장한다. 특히 나는 고상한 신학을 위해 굶주린 사람들의 비참함에 관여하지 않는다는 말이 된다. 그런 무례한 단정에는 훗날 대답할 기회가 있을 것이다. 여기서는 나의 마음을 달래려는 뜻에서 오히려 나는 인간의 "정신적 요구"를 무시하고 인간을 "직접적 요구"로 환원해버렸다는 비난을 기독교 신자인 어떤

122

비평가에게서 받았다는 말을 쓰는 데 그치겠다. 뿐만 아니라, 이번에는 정말 안심하기 위하여, 나의 방법이 당신의 기고자도 부정할 수 없는 권위자, 즉 알렉산드로프와 스탈린에 의해 승인되고 있는 바를 덧붙이겠다. 사실 알렉산드로프는 스탈린이 상부구조라고 한 지나치게 편협한 해석에 반대하여, 여러 가지 이데올로기가 사회의식의 형성에서 담당하는 주요 역할을 훌륭하게 증명했다고 《문예신문》에서 강조한다.

그 권위 있는 의견에 따라 내가 택한 방법이 그다지 독단적으로 느껴지지 않았다. 그러나 결국 당신의 논문은, 나의 방법을 실질적으로는 언급하지 않고 있다고 생각된다. 그것은 오직 재차 나를 따돌려서 나의 편견이 나로 하여금 현실을 멀리하게 한다고 설명하려 했을 뿐이다. 그러나 유감스럽게도 동시에 그것 때문에 그의 방법 자체가 애매해져서, 바로 그 방법이 요컨대 여러 가지 형태의 현실의 하나인 나의 원문에서 그를 멀리 떼어놓는다. 예컨대 나는 "경제적 결정이 인간의 행위와 사상의 발생에 주역을 담당한다는 것은 인정할 수 있다"고 썼지만, 다만 그 역할이 유일무이한 것이라는 생각을 거부했을 뿐이다. 그런데 그의 방법은 거기에 이어서 즉시로, 내가 경제적 결정이 담당하는 주역을 인정하지 않고 "명확하게"(틀림없이 내적인 명확함이겠지만) 하부 조직을 믿지 않고 있다는 것이다. 책 속에서 읽고 알 수 있는 것을 무시하려고 덤빌 정도면 왜 그 책을 비평하는 것일까? 당신 논문의 일관적인 방법은 일체의 토론을 불가능하게 만들어버린다. 나는 하늘이 푸르다고 했는데 하늘이 검다고 말했다고 당신이 말한다면 내가 미쳤다는 것을 인정하든가 아니면 상대방이 귀머거리라고 말할 수밖에는 없다. 다행히 그런 경우에 논의의 주제인 속 빈 실상이 존재하는 것이다. 따라서 당신의 기고가의 논지를 검토해서 내가 미쳤는지 그가 귀머거리인지를 명확히 밝힐 필요가 있다.

사실은 귀머거리라기보다는 아예 들으려고 하지 않는 사람으로 생각된다. 그의 주제는 내가 푸르다고 말한 것은 검은 것이다라는 간단한 것이다. 사실 그의 논문의 요지는 내가 실제로 하지도 않았을 뿐만 아니라, 책 속에서 논하고 있는 하나의 주장을 반박하는 것을 목적으로 한다. 그는 《반항인》 전체가 그것을 부정하고 있는데도 그 주장을 다음과 같이 요약한다. 즉 모든 악은 역사 속에 있고 모든 선은 역사 바깥에 자리하고 있다고 말이다. 이에 대해 나는 항의를 하고, 그것은 파렴치한 행동이라고 당신에게 냉정한 마음으로 말해둘 필요가 있다. 비평가 자격이 있다고 생각되는 어떤 인간이 우리 나라에서 중요한 한 잡지의 이름을 빌려 이야기하면서 책 일부에서 공격 목표로 삼고 있는 하나의 명제를 아무런 이유나 근거도 없이 그 책의 주제라고 주장하고, 한심하고 경멸적인 생각을 휘두르고, 오늘날 단순하고 정직한 지식인을 사로잡고 만다. 왜냐하면 그 논문을 읽고 원서를 읽을 생각이 없어지거나, 읽을 틈이 없거나 해서, 그것만으로 충분히 이해가 된다고 생각해버리는 사람들을 고려하지 않으면 안 되기 때문이다. 그들은 이해는커녕 속은 것이며, 당신의 논문은 그들에게 거짓말을 한 것이 된다. 사실 《반항인》의 목적은(만약 필요하다면 백 가지쯤 되는 인용으로 증명할 수 있는데) 순수한 반역사주의는 적어도 오늘날의 세계에서 순수한 역사주의와 마찬가지로 우려할 만한 문제라는 것을 증명하는 일이다. 거기에는 읽을 뜻이 있는 사람들을 위해, 역사만을 믿는 자는 공포정치를 반대하고 역사를 전혀 믿지 않는 자는 공포정치를 용납한다고 쓰여 있다. 또 거기에는 "이중의 무효성, 즉 무행동에 의한 무효성과 파괴에 의한 무효성"이 있고 "이중의 무력함, 즉 선의 무력함과 악의 무력"이 있다고 말하고 있다. 끝으로 특히 "역사를 부정한다는 것은 현실을 부정하는 것"과 똑같은 짓이며 "역사를 스스로 보충되고 있는 완전한 것으로 생각하려 한다면 현실에서 멀어진다"고 말하고 있다. 그러나 원문을 인용해서 무엇하랴! 당신의 기고는 원문 따위는 문제시하고 있지 않다. 그의 몸에 밴 것은 진실이 아니라 역사니까 말이다. 내가 말을 요약하는 체하면서 "영원의 원리들, 육체화되지 않은 가치들이 의문시되고 또 이성이 작용하기 시작할 때부터 니힐리즘이 기승을 부린다"고 쓰고 있는 걸 보면 과연 그는 무능한 것일까, 악의가 있는 것일까. 그러나 알고 보면 무능과 악의가 겹쳐 있다. 내 책을 진지하게 읽은 사람은 누구나 니힐리즘이 나에게 있어서는 육체화되지 않은 형식적인 가치들과 같다는 것을 알 것이다. 나의 책에서는 1789년의 부르주아적·형식적 혁명에 대한 비판이 20세기의 견유적인 혁명에 대한 비판과 평행선을 긋고 있다. 양쪽이 다 한편으로는 가치들이 역사 위에 놓이고 또 한편으로는 가치들이 완전히 역사와 동일시되었다는 정반대인 지나친 발전에 의한 것인데, 니힐리즘과 공포정치가 정당화되고 있다고 설명되고 있다. 당신의 기고가는 그 두 가지 비판의 일면을 고의로 뭉개버리고 그의 주제를 신성화하고 있는데, 그와 동시에 뻔뻔스럽게도 진실을 희생해버렸다.

당신 잡지의 논문에 대해서 새삼 여기서 펜을 들고 단언해야 할 진실은 나의 책은 역사를 부정하는 것이 아니고(그따위는 무의미한 부정이다) 오직 역사를 절대시하려는 태도를 비판하려 할 뿐이라는 사실이다. 그러기 위해서 거부되는 것은 역사가 아니고 역사에 대한 정신의 하나의 관점이다. 또 현실을 부정하는 것이 아니라 예컨대 당신 잡지의 비평가와 그 주제를 비평하는 것이다. 게다가 그는 나의 원문의 어떤 것은 그러한 주제와 모순된다는 점을 인정하고 있다. 그러나 다만 그 원문들이 어떤 마술에 의해서인지는 모르지만 그가 그의 신념을 전혀 바꾸지 않고 견디는 게 이상할 뿐이다. 정말 그것은 기적과도 같다. 게다가 그 불굴의 신념과 반대되는 것은 두세 가지 원문뿐만 아니라 내 책의 전부이며, 그 방법이며, 여러 가지 분석이며, 격렬한 정열임을 안다면 그것이 얼마만큼 기적인지 알 수 있을 것이다. 나는 그 정열에 관해서, 그의 논문 속에서 헤겔이 말하는 심정으로부터 오는 여러 가지 잘못에 관해서 그의 훈계를 받은 사실을 헤겔에게 사과하려 한다. 여하간 예민하고 성실한 비평가라면 가공의 주제를 비웃는 대신에 나의 참된 주제, 즉 역사를 위한 역사에 대한 봉사는 허무주의가 된다는 주제와 대결했으리라. 그리고 그럴 경우 그는 역사는 그것만으로 단순한 힘의 가치가 아닌 가치를 자아낼 수 있다든가 혹은 인간은 어떠한 가치에도 구애되지 않고 행동할 수 있다는 것을 증명해보려고 할지도 모른다. 그러한 증명이 그렇게 쉬운 일이라고는 생각되지 않는다. 그러나 나보다 굳센 정신의 소유자라면 반드시 그것이 불가능하다고는 생각하지 않는다. 적어도 그러한 증명을 시도해보는 일은 우리 모두를 깨우쳐주었을 것이고, 실상 나는 당신에게 그것을 기대하고 있었다. 내가 잘못했다. 당신의 기고가는 나의 논리 속 역사를 말살하고 내가 현실에서 역사를 말살하고 있다고 나를 공격하기로 마음먹었다. 그 일이 그렇게 쉬운 일은 아니어서, 그는 억지스런 방법을 사용해야만 했다. 그것은 훌륭한 작품에 대해서 내가 생각하고 있는 관념과는 상치된다. 그러한 방법의 결정적인 예를 제시함으로써 내가 하고 싶은 말을 요약해보겠다. 당시의 그 비평가는 실제로, 내가 실존주의는(스탈린주의와 같이) 역사에 사로잡혀 있다고 썼다고 말한다. 그래서 그는, 우리 모두는, 나 자신조차도 역사의 노예이며, 나도 거기에서 도피하는 태도를 취할 수가 없다. 평범한 논조로 나를 공격하고 수월하게 득의양양해하고 있다. 그것은 아마도 그보다는 내가 더 잘 알고 있는 사실임이 명확하다. 그러나 실제로는 내가 무어라고 썼을까? "실존주의도 아직 현 단계에서는 역사주의와 그 모순을 따르고 있다"고 썼었다. 당신의 논문 구석구석에서 그러하듯이 여기서도 "역사주의"를 "역사"로 바꿔놓고 있다. 그것은 그 책을 본래의 것과 반대되는 것으로 만들고, 저자를 완고한 관념론자로 만들기에 충분하다. 그러한 방법에 관해서 성실함과 권위를 판단하는 일은 당신에게 일임하기로 하겠다.

이어서 당신의 그 비평가가 나의 제2의적인 논증을 고의로 가볍게, 농담조로, 모욕적인 방법으로 조사했다 해도, 그리고 나의 주제를 재차 거론하여 그가 공격하려 했던 가공의 주제와 대립시킬(결국 그는 《반항인》의 몇 면을 인용하여 적당히 편리하게 다루고 있다. 저의만이 다를 뿐이다. 그것이 어떻게 다른지는 나중에 기술하겠다) 정도의 비양심적인 짓을 감행했다 해도 그다지 중요한 일이 못 된다. 그의 일은 끝났으며 나는 재판을 받은 것이다. 그러나 동시에 나의 재판관도 재판을 받았다. 그는 내가 역사에서 이탈해 아무 일도 기획하지 않고 모든 효과의 포기를 가르치고 있다고 단정할 수가 있다. 그리고 나를 인도차이나, 알제리, 마다가스카르 민중이나, 땅속 광부들 앞에 제멋대로 끌어내놓고, 내가 그런 태도를 하지 않았는데도 나는 그것을 지킬 수 없는 사람이라고 결론을 내릴 수가 있다. 사실이지 공정한 증명의 결정적 장해를 제거하려면 나의 전기를 그의 주제에 알맞게 변조해서 예를 들어 다음과 같이 설명하면 족할 것이다. 즉 나는 지중해 연안처럼 어딘지 모르게 어두운 건강 상태에서 오래 살아왔는데 저항운동(나의 경우 그것은 올바르게 설명되어야 한다)이 역사를 조금씩 정제해서 복용한다는 조건으로 나에게 역사를 계시했다. 그러나 상황이 바뀌고 역사가 나의 허약한 체질에는 너무 강했던 탓에 나는 뻔한 재치를 이용해 은퇴할 준비를 하고, 예술과 동물을 상대로 여생을 보내는 은퇴 생활의 장래를 미리 정당화한다는 식으로 말이다. 나는 그처럼 악의 없는 중상이라면 관대히 용서할 것이다. 당신의 그 기고가가 밤잠을 자지 못하고 생각하고 있다고 암시하는 식민지 문제를 위해 벌써 20년 전에 나는 태양에 완전히 도취될 수 없었다는 사실을 그가 억지로 알게 할 필요는 없다. 그가 호구지책으로 원고의 재료로 삼는 알제리인들은 대전 전에는 차라리 유쾌하다 할 수 없었던 투쟁 속에서 나의 동지들이었다. 저항운동(나는 제2의적인 역할밖에는 하지 않았으나)은 정말 그것 때문에 고통을 겪은 자, 살인을 범한 자, 죽은 자 누구에게나 마찬가지로 나에게도 역사의 행복한 형태도 아니었고, 안이한 형태도 아닌 것으로 생각되었다는 것을 그에게 억지로 납득시킬 필요는 없다. 그런데 내가 유유히 예술을 섬기는 듯한, 무사안일한 은퇴를 준비하고 있다는 것은 사실이 아니지만 그러한 태도나 어떤 사람들의 태도와 부딪치면 사실 그렇게 해보고 싶은 마음이 들 수 있다는 것을 말해둘 필요가 있다. 그럴 경우 나는 솔직히 이야기하고 자기변호를 하려고 책을 400페이지나 쓰는 짓은 하지 않을 것이다. 그처럼 직접적인 방법만이 존경할 가치가 있는 것이기 때문에, 결국 당신도 이미 이해하리라 믿지만, 나는 당신 잡지의 논문에 경의를 표할 수가 없었다. 사실 나는 그 논문 속에서 나에 대한 관대함이나 성실성을 찾아볼 수 없었지만 철저한 토론을 거부하고 있다는 사실과, 즉각 진지한 논쟁을 해야만 비로소 표명될 수 있는 관점을 노출시키는 허황된 뜻을 알아차렸다.

그 점이 분명해진 이상 당신 논문이 내 주장을 바꿀 권리가 있다고 생각한 이유를 무어라 생각해야 할 것인가? 나의 주제는 당신의 공감을 얻진 못할지언정 적어도 올바른 검토를 받을 가치가 있다고 나는 지금도 생각한다. 이 질문에 대답하려면 이번에는 내가 비평가의 위치에서 잠시 사정을 검토해보아야 한다. 사실 당신의 논문이 명백히 하고 있는 태도가 철학적으로는 모순과 허무주의에, 역사적으로는 무효성에 입각해 있다는 것을 증명하는 것은 관점을 바꾸는 결과가 된다.

우선 모순에서부터 시작해보자. 대충 요약하면 당신 논문에서는 당신들이 마르스크주의를 공공연히 정책으로 인정하고 있진 않지만, 모두가 암암리에 교리로서 옹호하는 것처럼 이야기가 진전되고 있다. 우선 그 최초의 명제를 증명하고 미묘한 점을 설명해보자. 분명 당신들은 누구나 알고 있듯이 엄밀한 의미에서는 마르크스주의자가 아니다. 그러나 당신 논문에서 다음과 같은 것을 볼 수 있다.

첫째, 마르크스주의를 비판하는 것은 무엇이건 간에, 나의 경우조차 우익으로 몰아붙이는 시도.

둘째, 관념론(내 책의 뜻과는 반대로, 나를 이것과 혼동하려 한다)은 반동철학이라는 마르크스와 헤겔을 인용하는 기계적 방법에 의한 단정.

셋째, 모든 마르크스주의적 혁명 이외의 혁명적 전통에 대한 침묵이나 경멸. 제1인터내셔널과 스위스와 프랑스의 전국 노동동맹의 대중 속에 지금도 살아 있는 바쿠닌주의적 활동은 무시되고 있다. 그 체험이 내 책의 핵심을 이루고 있음에도 1905년의 혁명가들은 완전히 묵살되고 있다. 혁명적 조합주의는 경멸을 받고, 반대로 승리와 전제적 사회주의에 대한 반동적 진보에 입각해서 내가 호의를 표시하는 참된 논지는 말살되어 있다. 당신 논문의 전개 방법은 독일적 이데올로기가 철학의 시대로 표출시킨 것은 아닌 것처럼, 마르크스주의에 의해 혁명적 전통이 창시된 것은 아니라는 것을 모르고 있는 것처럼 보인다. 《반항인》은 마르크스주의적 혁명 이외의 혁명적 전통을 앙양시키면서도 마르크스주의의 중요성과 성과를 부정하고 있지 않은데, 기이하게도 당신의 논문은 마르크스주의적 전통밖에는 없었던 것처럼 전개된다. 그 논문이 나의 주제에 가한 변경은 바로 그러한 점에서 의미심장하다. 당신의 논문은 자신의 관점을 설명하지 않고, 오직 혁명적 조합주의나 그와 가까운 것이 역사적 권위로까지 고양되기를 바라면서, 당신들의 관점과는 반대로 제3의 해결 없이 현상 유지 아니면 전제적 사회주의의 해결밖에는 없는 듯한 인상을 주려 한다. 따라서 당신의 논문은 현재의 최악의 사태까지도 정당화해서 역사에 있어서의 진리는 성공과 일치한다는 결론에 도달하고자 한다. 결국 마르크스주의만이 혁명적인 것이 되리라. 왜냐하면 오늘날 마르크스주의만이 혁명운동에 있어서 군사력과 경찰력을 갖고 있기 때문이다.

아무튼 위와 같은 세 가지 징조로 미루어 볼 때 나는 당신 논문의 전개는 마르크스주의를 암암리에 교리로서 인정하고 있는 모양이라 말할 수가 있다. 관념론을 거부한다는 것은 상대적인 역사철학의 이름으로도 가능하지만 관념론을 반동적인 이론이라고 단정하는 것은 마르크스 속에서 볼 수 있는 관념과 개념의 자료에 의존할 수밖에 없기 때문이다. 또 마르크스주의적이 아닌 사회주의나 예컨대 나의 책속에 규정되어 있는 역사적 위기의 모럴에서 전혀 효과나 진지함을 인정하지 않는다는 것은 마르크스와 그 제자들에게서만 볼 수 있는 역사적 필연이라는 미명에 의지하지 않고서는 전적으로 불가능하다. 당신의 논문이 어딘가에 쓸모가 있다면 그것은 마르크스주의적 역사철학을 강화하는 것뿐이리라.

그러나 동시에 그러한 철학은 공공연한 정책으로 인정받고 있지도 않다. 그 증거로 아래와 같이 두 가지 징후를 제시하겠다.

첫째, 마르크스와 헤겔에 관한 문제들을 논의해 거기에 대해 명확한 태도를 보이는 것을 거부하는 일이다. 마르크스주의적 예언이라는 것이 존재하는가, 그렇지 않은가? 그것이 여러 가지 사실에 의해서 오늘날 부정되고 있는가, 그렇지 않은가? 《정신현상학》은 정치적 견유주의의 논리를 긍정하는가, 그렇지 않은가? 예를 들어 좌익적 헤겔학파라는 것이 존재하는가, 그렇지 않은가? 나의 책에서 핵심적인 과제가 되어 있는 그 문제들에 관해서 당신의 논문에서는 일체 언급이 없다. 예컨대 첫 번째 문제에 관해서는, 나는 마르크스가 비판적 방법에 오류가 있다고 하지 않고(오히려 반대로 그 점에서 칭찬을 했다) 그의 예언 대부분이 이미 붕괴했다고 말했다. 여기에 논란이 되어야 할 문제가 있었던 것이다. 그러나 당신의 논문은 내가 마르크스를 칭찬하는 것은 훗날 교묘하게 마르크스를 공격하기 위해서일 뿐이다라고 말한 것이다.〔원문에는 마르크스는 그의 교리에서 "가장 가치 있는 비판 방법과 이론(異論)의 여지가 있는 유토피아적 메시아 사상"을 혼동했다고 쓰여 있다〕 그처럼 지나친 귀머거리는 놓아두기로 하자. 그러나 그러한 침묵은 나의 마르크스주의 비판에 대해서도 완전한 침묵을 지키는 결과가 된다. 당연히 그것은 비평의 대상이 되고 있는 저자의 지성과 능력을 업신여기고, 토론하기조차 거부하는 짓이 된다. 또 당신 잡지의 비평가는 당연한 일이겠지만, 실제로 종종 우월적인 태도를 보인다. 그러나 그렇다면 왜 저자와 그의 책에 대해서 언급하는가? 거기에 대해서 언급하는 이상, 당신의 기고가의 침묵은 마르크스주의자들의 침묵처럼, 당신들이 마르크스의 테제를 금과옥조로 생각하고 있다는 인상을 주지 않을 수 없다. 그런데 마르크스의 테제는 결코 그렇지 않다. 왜냐하면 마르스크주의도 하나의 상부구조이기 때문이다. 당신의 잡지가 "명확히" 믿고 있듯이 하부구조를 믿는다면 우리 경제의 가속도적인 변모가 한 세기를 지난 다음에는, 마르크스는 적어도 어떤 면에서는 시대에 뒤진 것이 되고 말 것이다. 따라서 나의 비판 따위의 비판의 대상이 되었다고 해도 노여워할 게 없으리란 사실을 시인해야 한다. 이를 인정하지 않는다는 것은 하부구조를 부정하는 것이며, 관념론자임을 자인하는 결과가 된다. 유물사관은 그 논리 자체로 인해, 초월되든가 반대되어야 하며 정정되든가 부정되어야 할 것이다. 하여간 그것을 진지하게 다루는 사람은 누구든 그것을 비판해야 하며, 맨 먼저 마르크스주의자가 그것을 해야만 한다. 따라서 그것을 다루려면 의당 토론을 해야 하는데 당신의 논문에는 토론이 없다. 나로서는 당신의 기고가 꾸준히 성과를 올리고 있는 그 교리를 경솔하게 다루고 있다고 결론을 내릴 수도 없기 때문에 그의 혼란을 지적하는 데 그치겠다. 그 혼란은 결국 그의 주제가 특히 정책적인 모순을 문제로 했을 때 더 커지는 듯하다.

둘째로, 나의 책에서 서술한 전제적 사회주의의, 특히 정치적 불행이나 모순에 관해서는 그는 실제로 입을 다물고 있다. 어떤 작품은 그렇게 비현실주의적이면서도 20세기 혁명과 공포정치의 관계를 세세히 연구하고 있다. 그러나 당신 잡지의 논문은 그 문제에 관해 일언반구도 없으며, 그렇기는커녕 오히려 소극적이 된다. 맨 마지막에 단 한마디, 반항의 정통성이 줄곧 가공할 기만에 처해 있다고 암시하고 있을 뿐이다. 그러나 그것은 모든 사람에 관계되는 일이지 개인에 관계되는 일이 아니며, 당신의 논문이 헤겔과 더불어 아름다운 영혼의 책임으로 돌린 그 허무한 우울에 잠겨 있는 것은 죄악으로 여겨진다. 하여간 전제적 사회주의가 현대의 주요한 혁명적 실험이라는 의견이라면 전제적 사회주의가 예상시키는 공포정치와, 바로 지금, 그리고 현실에 어울리기에는 항시, 예를 들면 강제수용소라는 사실을 언급하지 않을 수 없다고 생각된다. 나의 책에 관한 비평은 찬반을 불문하고 모두가 그 문제를 언급하지 않을 수 없다.〔"우선 우리와 가까운 문제, 즉 깁기스인보다 먼저 마다가스카르인의 문제부터 처리해나간다"는 반론에 여기서 대답할 필요가 있다. 그 반론이 유효할 수도 있지만 이 경우에는 그렇지도 않다. 일반적으로 혁명적 이데올로기, 특히 마르크스주의가 제시하는 문제들과 부딪치지 않는 한, 당신은 러시아 수용소의 사실을 무시할 수 있는 상대적 권리가 있다. 그러나 그 문제와 부딪치면 당신은 그 권리를 상실한다. 그런데 당신이 나의 책에 관해 이야기함으로써 그 문제에 부딪친 것이다) 정말이지 너무나도 일시적인 현실에 호소한다는 것은 역사의 봉사자에게는 항상 어떤 유의 초조감이 따르게 하는 일임을 나도 물론 알고 있다. 그러나 결국 그 초조감이 아무리 괴로워도 몇백만이라는 인간의 명료한 역사적인 괴로움과는 비교가 안 된다는 사실은 고사하고라도 당신의 그 문제를 솔직하게 다루어 수용소의 존재를 정당화한다면 그러는 것이 당연한 일이고, 용감하다고까지 생각할 것이다. 부당하고 당황스러운 증거를 당신이 나의 책에 언급하면서 거기에 대해서는 일언반구도 없으면서 내가 현실의 핵심에 서 있지 않다고 비난하는 데 그쳤다는 점이다.

그 두 가지 계열을 비교하면 여하튼 나의 해석은 진실하게 생각된다고 판단할 수 있을 것이다. 당신의 논문은 어떤 주의, 주장에 동조하면서도 거기에 뒤따르는 정책에 대해서는 함구하고 있는 격이다. 다만 그러한 사실의 모순은 더욱 심각한 이율배반의 폭로가 된다는 것을 알아야 한다. 이에 대해 더 언급하겠는데, 그것은 당신의 기고가를 그 사람 자신의 원리와 대립시키는 것이 된다.

"아무리 발버둥쳐도 부르주아에서 탈피할 수 없는" 우리의 눈에 대해서 그가 말할 때, 이미 그 모순이 이해된 것으로 생각된다. 여기서 우리들이라는 복수 표현이 확실히 불필요하지만 그렇다고 해서 탈피할 수 없다는 말은 의미심장하다. 사실 부르주아적 인텔리의 경우는 회한의 정념을 갖고 있어 모순을 범하고 지성에 폭력을 가해서라도 그들의 출신에 대한 값을 치르려고 한다. 예를 들어 그런 경우로 말하면 인텔리는 마르크스주의와 일치하지 않는 철학을 옹호하고 있는데도 마르크스주의자라고 자칭하는 부르주아다. 그리고 그 묘한 논문의 필자가 옹호하고 있는 것은, 자기 자신의 교리가 아니고 (그렇다면 정확한 방법으로 그리고 지성의 노력만으로 옹호할 수 있는데) 회개한 부르주아의 약점이며, 그 정열이다. 이런 사실은 어떤 점에서는 비참할지도 모른다. 그러나 나는 여기서 모순을 설명하려 하지도 않으며 비판을 하려고 하는 것도 아니다. 오직 당신의 논문에 숨어 있는 그러한 말꼬리에 나타나는 모순을 말하는 데 흥미가 있을 뿐이다. 그것은 본질적인 모순이라 하겠다. 당신 자신의 원리에서 출발하여 진정한 마르크스주의자가 될 수 없는 이상, 사실상 어떻게 그것이 본질적 모순이 아니겠는가? 또 마르크스주의자가 아니라면 왜 나의 책에 비난을 퍼붓는 걸까? 당신의 비평가는 그가 전적으로 이용하고 있는 테제를 승인하기 위해 우선 당신의 동료들 대부분의 저서를 부정하고, 이어서 당신 잡지의 몇몇 기사를 부정해야 할 것이다. 내 책에 대한 주장을 정당화하기 위해서는 그는 《현대》지 전체에 반대해 다음과 같은 것을 증명해야만 한다. 즉 역사는 필연적인 하나의 의미와 하나의 목적을 갖고 있으며, 역사가 우리에게 보여주고 있는 혼란스럽고 끔찍한 모습은 가식적인 것에 지나지 않으며, 반대로 역사는 우리가 결정적인 자유에 뛰어들 화해의 시기를 향해서, 때로 부진하더라도 필연적으로 전진하는 것이라는 사실 말이다. 비록 그가 마르크스주의의 한 면만을 인정하고 다른 면은 부정한다고 공언하더라도, 그가 당신들의 가정과 모순되지 않고 선택할 수 있는 유일한 면은 비판적 마르크스주의지 예언적 마르크스주의는 아니다. 그러나 그렇게 되면 내 주제의 근거가 옳다는 것을 인정하고 자신의 논문을 부정하는 결과가 된다. 사실 예언적 마르크스주의의 원리들만이(영원성의 철학의 원리와 더불어) 나의 주제를 완전히 그리고 간단히 부정해버릴 수 있다. 그러나 그 원리를 당신 잡지에서 긍정하는 것은 모순 없이 할 수 있는 일일까? 왜냐하면 결국은, 인간에게 가치의 기준으로서 선택할 수 있는 목적이 없다면 어떻게 역사는 지금 곧 명확한 의미를 가질 수 있을까? 만약 역사가 명확한 의미를 갖는다면 왜 인간은 그것을 목적으로 하지 않을까? 또 만약 인간이 그렇게 한다면 왜 인간은 당신들이 말하는 무섭고 지속적인 자유 속에 있는 걸까? 이러한 이의는 발전시킬 수 있으며, 내가 느낀 바로는 그것은 중대한 일이다. 당신 잡지의 비평가에게도 중요한 일이다. 왜냐하면 그는 《현대》지가 관심을 끌 수 있는 것인 오직 하나의 논점, 즉 역사의 목적에 관한 논점을 전적으로 회피하고 있기 때문이다. 마르크스주의적 혁명이 과거에나 현재에나 요구하고 있는 희생은 역사의 행복한 목적을 고려하지 않으면 정당화되지 않는다. 동시에 헤겔적 마르크스주의적 변증법은 오직 독단적인 방법으로밖에는 전개를 막지 못하는 것인데 그러한 목적을 회피하고 있다는 것을 《반항인》은 실제로 제시하려 했던 것이다. 나의 책에서 장황하게 전개하고 있는 그 점에 관해서 당신의 기고가는 일언반구도 언급이 없다. 만약 역사가 예견할 수 있는 목적이라는 관념을 시인했다면 그가 표방하고 있는 실존주의가 근본적으로 위태해지기 때문일 것이다. 마르크스주의와 타협하려면 막다른 골목에서 아래와 같은 어려운 명제를 증명해야만 한다. 즉 역사는 목적이 없지만 목적을 갖고 있다. 그러나 타협이 성립되지 않는 한 그 논문이 나타내는 모순을 시인하는 대신 당신은 허무하면서도 가혹하다고 생각되는 결과들에서 벗어날 수는 없을 것이다. 인간을 모든 구속에서 해방시켜놓고, 이어서 행동 면에서 역사적 필연 속에 감금한다는 사실은 실질적으로 먼저 인간에게서 투쟁하는 이유를 빼앗고, 다음에는 효과만을 규칙으로 하는 정당이면 어떤 것도 가리지 않고 그 정당에 쓸어 넣는 결과가 된다. 그렇게 된다면 그것은 허무주의의 법칙에 의해 극단의 자유에서 극단의 필연성으로 옮겨가게 되어 노예들을 제조하는 데 헌신하는 일밖에는 아무것도 아닌 것이다. 예컨대 당신의 기고가가 실컷 반항을 중상한 다음, 반항에서 무엇인가를 인정하는 체하면서 "혁명적인 시도의 중심에서 반항이 생생하게 유지된다면 혁명적인 시도의 건전성을 유지하는 데 반드시 공헌할 것이다"라고 쓰고 있는 것을 보고 나는 그처럼 훌륭한 사상과 내가 비교되고 있는 것에 놀랄 것이다. 나 자신은 원문에서 이렇게 썼던 것이다. "유럽의 혁명 정신도 그것을 최초이며 최후로 하여 자신의 원리들을 반성하고 자신을 공포정치와 전쟁으로 말려들게 하는 탈선이 어떤 것인가를 알아보고, 그 반항의 이유와 더불어 충성을 재발견할 수 있다"고 말이다. 그러나 우리의 의견 일치는 외관에 불과하다. 실상 당신의 기고가는 공산주의 정당과 그 국가 외엔 무엇이든 반항하는 것이 좋다고 생각하고 있는 모양이다. 사실 그는 반항 편에서 있다. 그의 철학이 그에게 가르치는 조건 하에서 어떻게 그렇지 않은 일이 있을 수 있겠는가? 그러나 그는 더욱 전체적인 역사적 형태의 반항에 마음이 쏠려 있다. 당장에는 철학이 그 야만적인 독립에 형식도 이름도 붙여주지 않고 있는 이상 그렇게 할 수밖에는 없는 게 아닐까? 반항하려 해도 당신들이 부정하고 있는 인간성의 이름으로 할 수는 없다. 따라서 이론상 그는 전체로서 의미를 지닌 역사라는 조건으로, 역사의 이름으로 반항한다. 사람은 어떠한 것의 이름도 빌리지 않고 반항할 수는 없기 때문이다. 그러나 그때 유일한 이유, 유일한 규칙인 역사는 신격화되어버려, 그 신의 사제이며 교회라고 주장하는 사람들 앞에서 반항을 포기하는 것이 된다. 그것은 또 자유와 실존적 모험을 부정하는 것이 된다. 당신이 그 모순을 설명하든가 부정하든가 해서 당신의 역사 개념을 정의하고, 마르크스주의를 우리 나라에 수입하든가 금지하든가 하지 않는 한 당신이 허무주의를 어떻게 생각하든 간에 허무주의에서 탈피할 수는 없다라고 우리들이 말하는 데 과연 근거가 없는 것일까?

그 허무주의는 당신의 논문에 수많은 빈정거림이 나타남에도 무효성의 허무주의이기도 하다. 그러한 태도는 두 가지 허무주의를 함께 지닌다. 바로 무슨 짓을 해서라도 효과를 얻으려는 허무주의와 실질적인 행동이라면 어떤 행동도 하지 않으려는 허무주의다. 그런 태도는 결국 현실에 반대해서 하나의 현실주의적인 교리를 선택해 진심으로 그것을 믿지 않고 그것에 의지하고 있을 뿐이다. 당신 잡지의 논문이, 어떤 원문과 정면으로 맞서지 못하고 그것을 비평하기 위해 다른 문장으로 슬쩍 바꿔치기를 해야 했던 것은 이유 없는 일이 아니다. 거기에 언급을 하려면 자신의 태도를 표명해야만 하고, 당신의 기고가에게는 민족주의나 식민주의에 반대되는 선택을 하기란 어렵지 않은 일이라 하더라도 그러한 모순 때문에 스탈린주의에 관한 문제에는 명확한 태도를 표명할 수가 없기 때문이다. 따라서 선택을 하지 않을 수 없는 그로서는 순수부정의 태도 말고는 그 어느 것도 선택하지 않는다. 하여간 선택한다 해도 그것을 입 밖에 내지는 않는다. 그것으로는 선택이 될 수 없다. 그는 인간은 공산주의자나 부르주아가 아니면 될 수가 없다고 하는 모양인데, 동시에 그는 현대의 역사 전체를 잃지 않기 위해, 그 양쪽이기를 선택하고 있다. 그는 공산주의자로서 비난을 하지만 부르주아로서 사실을 왜곡한다. 그러나 인간은 부르주아인 것을 수치로 생각하지 않고는 공산주의자가 될 수 없든가 혹은 그 정반대든가 둘 중 하나다. 양쪽에 다 속하려 한다면 두 가지 굴레에 얽매일 뿐이다. 따라서 당신의 논문 필자는 두 가지 혼란을 중요시한다. 하나는 부르주아적 안목에서 오는 것이어서 또 하나의 참된 사상을 은폐하고 바로 그런 탓에 타인의 사상을 왜곡한다. 이렇게 해서 얻은 것은 교리와 행동이 아니고 후회와 오만이 묘하게 복합된 것이다. 이 이중의 노력이 아무리 힘든 것이라 해도 그는 복종이라는 형식이 아니면 현실에 뛰어든다고 말할 수 없다고 생각된다. 하여간 아무리 노력해도 에네르기의 스승으로 자부하거나 효과를 위한 효과의 숭배를 거부하는 사람들을 무턱대고 재판하거나 특히 노동자와 피압박자의 이름으로 이야기하는 것 따위는 용납되지 않는다. 그리고 그 복합은 잘 이해하면 거기에다가 무행동이라는 이름을 붙일 수밖에 없다. 하기야 무행동에 수반되기 마련인 겸양, 즉 어떤 유의 무행동을 생산적으로 하는 겸양이 거기에 결여되기는 하지만 말이다.

　상대적 자유와 역사의 필연성 중 어느 것도 택하지 못하는 태도는 결국 자유의 방향에서 생각하고 필연의 방향에서 선택하고 우리에게 그 훌륭한 결합을 씩씩한 계약처럼 돋보이게 하면 된다고 생각하고 있는 것이 아닌지? 그러나 모든 것을 얻으려면 모든 것을 잃는다. 예컨대 내가 아무것도 하지 않으려 한다든가 아무것도 시도하지 않는다든가 하면서 아무 증거도 없이(반증이 있는데도) 나를 비난하고 있는 당신 잡지의 비평가는 모든 것을 시도함으로써 아무것도 하지 않음을 가르침으로 또 다른 광기에 빠져 있다. 상대가 구름 속에서 헤매고 있다고 외치면서 자신은 하늘과 땅 사이를 날아다니며 발등에서 경찰이 활동하고 있는 데는 무관심하다. 경찰이 활동하고 있음을 정말 모르고 있을까? 나는 그것을 별로 알고 싶지 않다. 나는 나 자신을 보는 것이 다소 지겨워졌다. 또 그 시대의 투쟁 그 어느 것도 거부하지 않는 늙은 투사가 역사의 방향에서만 처신하는 비평가에게서 줄곧 효과성이란 교훈을 받고 있는 것을 보는 것이 지겹다. 그러나 그러한 태도가 새삼 상상케 하는 객관성, 공범성에 관해서 여기서 논하는 것은 그만두자. 왜냐하면 이야기 방법이 달라질 염려가 있기 때문이다. 그럴 경우 고맙게도 당신 잡지의 논문이 헐뜯은 다음에 동정하는 투로 인정해준 나의 괴로움이란 이름에 의해서 그것을 변호해주는 자는 몇천 명이나 되지만, 친동기는 하나도 없는 빈곤이라는 이름으로, 그리고 위선자들과 어울린 정의라는 이름에 의해서, 모순되게도 전쟁과 권력의 요구에 이용되는 국민들의 이름에 의해서, 사형집행인끼리 거래되어 이중으로 속는 희생자의 이름에 의해서, 끝으로 논문의 주제가 되기 전에 역사가 십자가인 사람들의 이름에 의해서 나의 말하는 방법이 달라질 위험성이 있는 것이다.

그러나 그게 무슨 소용이 있을까? 당신 잡지의 논문은 무시하려 했지만 진리 탐구에서는 모두가 위험과 괴로움에 직면한다. 따라서 나는 당신처럼 경솔하게 비난하는 어조를 피하고 모순을 지적할 뿐, 당신이 내놓을 수 있는 해결책에는 선입관을 갖지 않으려고 한다. 물론 나 자신에게는 아무런 결정적 해결책이 없지만, 때로는 동에서나, 서에서나, 교리에서나, 역사에서나 이 늙어버린 세계에서 사라져야 할 것과 살아남아야 할 것을 동시에 발견할 수 있을 듯한 생각이 든다. 따라서 우리의 유일한 작업은 당연히 그 미미한 기회를 지키는 일이라고 나는 확신한다. 나의 책에는 아마도 그 이외의 의도는 없었다. 또 이 편지도 분명히 그런 의도밖에는 없다. 당신 잡지의 논문이 그저 경박하고, 논조가 비우호적일 뿐이라면 나는 탐구했을 것이다. 또 반대로 나를 신랄하게 그러나 올바르게 비판해주었다면 나는 내가 늘 그렇게 했듯이 그것을 받아들였을 것이다. 그러나 필자는 지적인 위안을 위해, 그리고 내가 옳은 것을 인정하지 않기만 하면 된다고 생각하고 읽은 것을 오해하는 체하고, 내가 그리려고 한 우리 역사의 양상을 외면했다. 불행하게도 그가 옳다고 인정하지 않은 것은 바로 내가 아니고, 우리가 사는 이유며, 싸우는 이유며, 모순을 극복하려는 우리의 정당한 희망이었다. 바로 그렇기 때문에 탐구할 수가 없었다. 왜냐하면 우리의 모순을 흔들어놓는 따위의 것을, 또 철학적으로 옳다고 인정되지 않는 토론과 방법이 지적인 투쟁에 이용되는 것을 조금이라도 묵살한다면, 그리고 만약 실제로는 인간이 어떤 조건에 굴복한다는 것을 시인하면서 이론적으로 개인을 해방시키는 데 동의한다면, 더 나아가 반항의 푸짐함과 그 장래를 형성하는 모든 것이 반항 속에서 굴복을 원하는 모든 것의 이름 아래 모욕받는 것을 묵살한다면, 끝으로 모든 정치적 선택을 거부하고 희생자 가운데 한 사람이 역사의 명령으로 이름을 남기고 다른 사람은 무한한 망각에 내던져지는 것을 용납할 수 있다고 생각할 수 있다면, 자신의 내부에서도 그리고 현시대에서도 초극하는 것이 하나도 없다는 결과가 되기 때문이다. 결국 그처럼 희생자를 교묘하게 분류하는 일이야말로 빈곤 구제를 크게 외치면서 빈곤을 더욱 심화하는 일이 된다. 우리는 분명 노예들을 구별함으로써 오만한 주인들을 무찌를 수는 없다. 그것은 동시에 주인들을 구별하고 그렇게 함으로써 공공연하게 인정된 선택을 따르는 결과밖에는 되지 않는 게 아닐까? 이제까지 내가 이야기하려 했던 멋진 방법은 조만간에 그런 결과를 가져오게 된다. 당신은 오늘날까지 그러했듯이 그 결과들을 거부할 것이 틀림없지만 거부할 수 있는 조건은 단 하나뿐이다. 이것이 바로 내 서한의 요지로 그 방법과 허무한 이점을 떳떳하게 버리는 일인 것이다.

알베르 카뮈에게 답한다

사르트르가 카뮈에게

《현대》지 82호(1952년 8월)

친애하는 카뮈에게

당신과 나의 우정은 평탄한 것이 아니었고, 나는 이를 유감으로 생각
하던 참이다. 당신이 이제 그 우정마저 끊으려 한다면 당연히 그렇게
될 수밖에 없을 것이다. 여러 가지 면에서 당신과 나는 가까웠고, 근
소한 면에서 우리는 멀었다. 그러나 그 근소한 면만으로도 충분할 정
도였다. 우정이란 또한 전반적인 것이 되는 경향이 있어서, 모든 면에
서 합치하든가 다투고 결별하든가 하기 때문이다. 어떤 당파에는 속
하지 않더라도 가상적인 당파의 투사로서 행동한다. 그것이 사물의
질서이기 때문에 이에 대해서는 재언하지 않겠다. 그렇다, 바로 그렇
기 때문에 당신과 나의 현재의 논쟁은 논거에 입각한 것이 되기를,
상처입은 허영심 같은 취기 따위가 혼입되지 않기를 바란다. 당신이
트리스탕, 그리고 내가 뵈주스[1]의 역을 하는 작가끼리의 싸움에서,
당신과 나 사이에서 만사가 결말을 보리라 말하거나 생각하는 사람

---

1   몰리에르 작 《여류학자》의 작중 인물. 모두 현학자.

이 있었던 모양인데 나는 이에 대한 대답을 하기가 싫었다. 대체 누구를 설복하란 말인가? 당신은 적은 물론 나의 친구까지도 설복하지 않으면 안 될 것이다. 그리고 당신은 누구를 설복할 것인가? 당신의 친구와 나의 적이다.

우리들은 한 그룹을 형성하는 당신과 나의 적에게 웃음거리가 될 것이 뻔하다. 그런데 유감스럽게도 당신은 굳이 나를 도마에 올려놓고 언성을 높이고 있어 나도 면목상 함구할 수가 없다. 그래서 나는 당신에게 답하련다. 화를 내고 있지는 않지만(당신과 알게 된 후 처음으로) 기탄없이 답하려 한다. 당신에게는 유치한 자부심과 약점이 혼합되어 있었기에 나는 항상 허식 없는 진실을 말하는 것을 꺼려왔다. 그래서 당신의 내적인 어려움을 감춰주는 음성적인 과격함, 즉 당신의 지중해적 중용이라는 것에서 당신의 희생자가 되었다. 언젠가는 누군가가 내가 생각하고 있는 말을 당신에게 할 것이다. 그러나 너무 걱정은 하지 않아도 된다. 나는 여기서 당신의 초상에 관해서 운운하지 않을 생각이다. 당신이 장송에게 하는 것 같은 비난을 퍼부을 생각은 없다. 나는 당신의 서한에 대해서만 이야기하고, 필요한 경우에는 당신의 한두 가지 작품에 관해 언급하겠다.

"당신 자신"이 유감스럽게도 말하고 있듯이 반공주의자가 소련에 관해서 이야기하는 것처럼 당신에 관해서 이야기해야 한다면 당신은 당신 스스로 테르미도르[2]를 만들어냈다는 것을 제시하면 충분하다. 카뮈여, 뫼르소는 어디로 갔는가? 시지프는 어디로 갔는가? 영구 혁

---

2 혁명력. (7월 20일부터 8월 18일) 로베스피에르가 실각함으로써 공포정치가 종식되었다.

명을 설교했던 정열의 트로키스트들은 오늘날 어디에 갔는가? 아마도 살해되었거나 추방되었음에 틀림없다. 추상적인 관료제도에 입각해서 도덕법을 군림시킨다고 말하는 형식적이고 폭력적인 독재제도가 당신의 내부에 수립된 것이다. 당신은 나의 기고가는 "공산주의 정당과 그 국가 이외의 것이라면 무엇이고 반대하려 한다"고 썼다. 그러나 나는 당신이 당신에 대해서보다도 공산주의 국가에 대해서 쉽사리 반항할 수 없었던 것이 아닌지 두렵다. 당신의 서한에 따르면 "한 시간이라도 빨리" 당신은 논쟁 밖으로 벗어나고 싶어 하는 것처럼 보인다. 첫머리 몇 줄부터 그것은 뚜렷한데 당신은 당신의 비평가들과 토론하거나, 당신의 반대자와 대등하게 논쟁할 생각이 없다. 당신의 목적은 "가르치는 일"이다. 《현대》지 독자를 계몽하려는 교훈적인 훌륭한 의도로 당신은 장송의 논문을 다루고 있다. 당신은 그 논문에 현대를 좀먹는 악의 징후가 있다고 보고, 그를 병리학의 거창한 재료로 삼았다. 마치 렘브란트의 그림을 보는 것 같다. 당신은 의사, 장송은 시체이며, 당신은 놀란 청중에게 환부를 가리키는 듯하다. 왜냐하면 비난의 대상이 된 논문이 당신의 책을 논하고 있든 말든, 그런 것은 당신에게는 아무래도 좋은 일이기 때문이다. 신에게서 보장을 받고 있으므로 당신 책 문제는 아무것도 아니다. 그것이 죄인의 사악한 신앙을 들추어내는 시금석 역할만 하면 된다. 《현대》지의 이 호(號)에 참가하는 영광을 우리에게 베풀면서 당신은 휴대용 제물대를 가지고 왔다. 당신이 중도에 방법을 바꾸어 나에게 이성을 잃고 덤벼들었기에 교수식 증명이나 "경련적 평정함"을 버린 것은 사실이다. 게다가 당신은 자신의 주장을 변명하지 않는다고 굳이 말하고 있지만 그것은 말하지 않아도 뻔하다. 다만 장송 비평은 너무나 경향적이어서 당신 자신에게 육박할 수 없었던 느낌이 드는데 언급해서는 안 될 원리나 침입해서는 안 될 인격을 해칠 위험성이 있었다. 당신은 그러한 인격과 원리를 옹호한다. "그가 옳다고 시인하지 않는 것은…… 내가 아니고, 우리가 사는 이유이며, 싸우는 이유이며, 모순을 극복하려는 우리의 정당한 희망이었다. 바로 그렇기 때문에 탐구할 수가 없었다."

그러나 카뮈여, 당신의 책을 논한다는 것이 어떤 신비한 작용으로 인류에게서 사는 이유를 제거하는 것이 되는지 나에게 말해다오. 당신에 대한 비난이 어떤 기적으로 인해 순식간에 모독으로 변한단 말인가? 모리악 씨의 《악마의 통과》가 소위 "큰 성공"을 거두었을 때, 《피가로》지에서는 비평 탓에 가톨릭 신앙이 위기에 처했다고 썼는데, 그 이유를 나는 알 수 없었다. 당신은 위임을 받고 있다. 당신 말을 빌리면 "변호해주는 사람은 몇천 명이 있지만 동기는 한 사람도 없는 빈곤이란 이름으로" 당신은 말하고 있다. 거기에 관해서 무기를 되돌려 주겠다. 빈곤이 당신을 찾아와서 정말 "가거라, 가서 내 이름으로 이야기하라"고 했다 해도, 말없이 그 소리에 귀를 기울이고 있으면 족하다. 다만 정직하게 말해서 나는 당신 생각을 잘 알 수 없다. 당신은 빈곤이란 이름 아래 이야기하고 있지만 당신이 그 변호사인가, 형제인가, 아니면 형제며 변호사인가. 그리고 당신이 빈민의 형제라 하더라도 어떻게 해서 그렇게 되었는가. 혈통으로부터 그렇게 되지 않았다면, 아마 동정에서 그렇게 되었음에 틀림없다. 그런데 그렇지도 않다. 당신은 빈민들을 "선별하고 있"으니 말이다. 당신은 볼로냐의

146

공산주의자인 실업자나 바오 다이 황제와 식민지인에게 반항하여 인도차이나에서 싸우고 있는 가난한 품팔이 노동자의 형제로는 생각되지 않는다. 신분이라는 점에서는 어떤가? 당신은 빈민 출신이었는지 모르지만 지금은 그렇지 않다. 당신은 장송이나 나처럼 지금은 부르주아다. 그렇다면 헌신 정신 때문인가? 그러나 헌신도 꾸준하지 않고 간헐적이면, 그것은 프시크 부인[3]이나 그녀의 시주와 비슷한 것이 된다. 빈민들의 형제라고 감히 자칭하기 위해서 생활의 모든 순간을 그들을 위해 바쳐야 한다면 당신은 그들의 형제가 아니다. 당신이 무슨 배려를 하고 있든 간에 그것은 당신이 가지고 있는 유일한 동기가 아니다. 당신은 생 뱅상 드 폴[4]이나 빈민들의 "부인구제회원"과는 완전히 다르다. 그들의 형제라니, 천만의 말씀이다. 당신은 "그들이야말로 나의 형제다"라고 말하는 것이 배심원을 감동시키는 명답이라고 생각하는 변호사다. 나는 보호자인 체하는 설교를 귀가 아프도록 들은 적이 있다. 그러나 그러한 동포애주의를 내가 신용하지 않는 것을 용서해주기 바란다. 빈곤은 당신에게 아무 일도 부탁한 것이 없다. 그러나 오해 없기를 바란다. 나는 빈곤에 관해서 이야기하는 당신의 권리를 부정하려는 생각이 아니다. 다만 당신이 그렇게 한다면 우리들처럼 당신〔그 이유는 장송이 무산계급의 "이름 아래" 이야기하고 있다고 당신이 믿는 이상, 당신에겐 틀림없이 당신 사상의 오류를 남에게 전가하는 버릇이 있을 것이기 때문이다〕 스스로 위험을 무릅쓰고 부인될 가능성을 처음부터 각오하고 해주기를 바란다.

---

3   19세기의 자선가, 박애주의자.
4   파리의 보육원.

게다가 당신은 아무래도 좋지 않은가? 당신에게서 빈민을 앗아 가도 상당한 수의 동지가 남을 것이다. 말하자면 옛 레지스탕스 동지들 말이다. 안됐지만 장송은 그들을 모욕할 생각은 없었다. 다만 우리와 같은 종류의 프랑스인(그 무렵 우리들은 같은 종류였다. 똑같은 교양, 똑같은 주의, 똑같은 이해관계를 가지고 있었기 때문이다)이 1940년에는 정치적 선택을 강요당했다는 것을 장송은 말하려 했던 것이다. "레지스탕스"가 쉬운 일이었다고 말할 생각은 없었다. 그리고 당신의 훌륭한 가르침을 아직 모르고 있었지만, 그가 고문이라든가 총살이라든가 유형 따위의 소문을 모르고 있었던 것은 아니다. 습격에 이은 보복, 그것 때문에 어떤 사람들의 마음에 생긴 비통한 심정, 이러한 것은 모두 알려진 사실이지만, 그러한 수난은 행동 그 자체에서 생긴 것이다. 그것을 알려면 거기에 참가할 필요가 있었다. 저항의 결심을 "하는" 것이 어렵지 않았던 점, 당장 그러한 확신이 있다고 해도 그 결심을 "계속 지탱"하기 위해 육체적·정신적 용기가 별로 필요 없었다는 것을 그는 의심치 않고 있다. 그런데 당신은 돌연 "저항자"들을 등에 업고—이 사실은 당신에게 창피한 일인데—죽은 자까지도 들먹인 것이다. "'레지스탕스'는…… 정말 그 고통을 입은 자, 살인을 범한 자, 죽은 자 전부에 있어서처럼, 나에게도 역사의 행복한 형태라든가 안이한 형태라고 생각되지 않았다는 것을 그에게 억지로 이해하라고 할 필요는 없다."

바로 그렇다. 사실 억지로 이해하라고 할 필요는 없다. 그는 그 무렵 프랑스에 있지 않았다. 아프리카군과 합류하려 했기 때문에 스페인 수용소에 있었기 때문이다. 그러한 명예의 칭호는 문제 삼지 않겠다. 장송이 겨우 살아난 수용소에서 팔 한쪽을 잃었다 해도 그의 논문이 더 좋아지거나 더 나빠질 리도 없다. 당신이 "레지스탕스"에 참가하지 않아도, 당신이 유형에 처해져도 《반항인》은 더 좋아지거나 더 나빠지지 않을 것이다.

그러나 다른 항의자가 나타난다. 나는 시비를 가리지 않지만 장송은 사상의 어떤 유의 무효성에 대해 당신을 비난했다. 그랬더니 즉시 옛 투사들이 끌어내어져 등장해서 그는 모욕을 받았다. 그러나 당신은 그것을 체면을 세우는 방법으로만 과시하고, 당신은 귀찮다는 것을 알렸다. 분명히 유효성에 관해서 교훈을 받는 것, 그것도 "특히" 놈팡이가 가장에게 하는 교훈을 귀찮아한다. 이에 대해서 확실히 장송은 노약자를 불문하고 투사에 대해서는 함구했다고 답할 수 있을 것이다. 그러나 그는 당연한 일이지만 혁명적 조합주의라 불리는 "역사적"이 되어 있는 사실에 관해 어떤 평가를 했다. 인간은 무효과적인 운동에 참가한 자의 용기라든가, 행동이라든가, 정신이라든가, 극기라든가 효력까지도 찬양하면서 운동 자체를 비판할 수 있다. 특히 그는 싸우려 하지 않는 "당신"에 대해 이야기한 것이다. 그리고 만약 내가 당신에게 감동할 만하고 노령과 불행에 시달린 늙은 투사인 공산주의자를 등장시켜 당신을 향해 다음과 같은 연설을 시키면 어떨까. "당신들 같은 부르주아가 아무것도 대체할 만한 것을 찾아내지 못하면서 나의 유일의 희망인 '공산당'을 없애려고 날뛰는 것을 보는 것은 지긋지긋해졌소. 나는 공산당이 모든 비판을 물리쳤다고는 말하지 않소. 그것을 비판할 만한 권리의 값어치가 있어야만 한단 말이오. 나에게는 지중해적이든 아니든, 당신의 중용 따위는 알 바

없소. 당신의 스칸디나비아공화국에 관해서는 더욱 그렇소. 우리의 희망은 당신들과는 다르오. 당신은 아마 나의 형제겠지. 형제의 우애 따위는 별것 아니지만 말이오. 그러나 확실히 나의 동지는 아니오." 이 얼마나 감동적인가! 그것은 투사가 아니면 투사 비슷한 자가 말할 만한 것이리라. 그런데 나나 당신 같은 사람은 무대장치의 기둥을 붙잡고, 서로 무사안일한 피곤에 잠기어 관중의 갈채를 받고 있는 셈이다. 그러나 나는 그런 연극을 할 수 없다는 것을 당신도 알고 있을 것이다. 나는 내 이름밖에는 말한 일이 없다. 게다가 나는 피곤해도 그것을 입 밖에 내는 것이 어려울 것으로 생각된다. 더 피곤한 사람이 많기 때문이다. 카뮈여, 피곤하면 좀 쉬기로 하자. 서로 그 방법을 알고 있으니 말이다. 그러나 우리의 피로도를 계산해내어 세론을 자극하려는 기대는 하지 않기로 하자.

당신의 방법을 무어라 불러야 하는가? 위협인가 협박인가? 그 어느 쪽이라 해도 그것은 사람을 주눅 들게 하는 짓이다. 불행한 비평가는 돌연 용기와 순교자 무리에 둘러싸여 군인 속에 휘말린 한 시민처럼 차려 자세가 된다. 게다가 그것은 엄청난 배임 행위다! 저 투사며 억류자며 "반항자"며 빈민들이 모두 당신 배후에서 당신의 지지자가 되어 있다고 우리가 생각하게 하고 싶단 말인가? 천만의 말씀, 당신은 자의로 그들 앞에 서 있다. 당신은 갑자기 변모한 걸까? 당신은 도처에서 폭력의 행사를 고발해왔다. 이제는 모럴이란 이름 아래 우리에게 미덕이란 폭력을 휘두른다. 당신은 당신의 모럴리즘을 솔선해서 섬기는 사람이었다. 이제는 당신이 그것을 휘두른다.

당신의 서한을 보며 한심했던 건 너무나 "쓰여진" 것이라는 점이었다. 당신의 천성인 허식에 관해서는 핀잔을 주지 않겠다. 그러나 노여움을 경솔하게 다루는 것은 좋지 않다. 현대에는 여러 가지 불쾌한 일이 많아서 혈기왕성한 사람은 때로 고함을 치고 책상을 두드리며 억압감을 해결할 필요가 있다는 것은 나도 인정한다. 그러나 여러 가지 변명이 있을 법한 정신의 무질서에 당신이 수사적인 질서를 만들어낸 건 슬픈 일이다. 무의식의 폭력에는 관용을 베풀어도 제어된 폭력에는 그럴 수가 없다. 당신은 냉정함을 가장한 연후에, 어떤 술책을 써서 우리에게 더 심하게 분노하고 우리를 놀라게 하는가. 어떤 기교를 통해 화를 낸 후 상대방을 안심시키는 마술 같은 웃음으로 이내 노여움을 감추어버릴 수 있는가. 그것이 중죄 재판소에서나 하는 방법이라고 생각했다면 나의 잘못일까! 사실 검사장은 혼자서 적당한 때에 분격해서 그 노여움을 극한까지 구사하고 필요하다면 그것을 세로프[5]의 아리아로까지 바꿀 수가 있다. "아름다운 영혼의 공화국"에서는 당신을 검사로 임명하기나 했단 말인가.

내가 작풍상의 방법을 과대시하는 것을 걱정하고 말리는 사람도 있다. 좋다, 알았다. 당신의 그 서한에서는 단순한 방법과 나쁜 방법이 잘 구별되지 않는다. 우리가 10년간 교우 관계를 이어왔음을 누구나 아는데, 당신은 나를 "편집장님"이라고 부른다. 그것이 하나의 방법에 불과하다는 것은 나도 인정한다. 당신 의도는 분명 장송을 반박하는 것일 텐데 당신은 나를 상대로 한다. 그것은 잘못된 방법이다. 당신의 목적은 당신의 비평가를 "사물(事物)"로, 즉 죽은 사람으로 바

---

5 A. N. Serov(1820~1871년) : 러시아 작곡가.

뭐버리는 것 아닌가. 당신은 "그에 관하여" 수프 접시나 만돌린처럼 이야기한다. 결코 "그에게" 이야기하지 않는다. 그것은 그가 인간세계 바깥에 놓여 있음을 의미한다. 당신의 인격 중에서 "저항자", 억류자, 투사, 빈민 따위가 그를 돌멩이로 변형해버린다. 때로 당신은 그를 완전히 말살하고, 내가 필자인 양 태연하게 "당신의 논문"이라고 쓰고 있다. 당신이 그런 수법을 쓴 것은 이번이 처음이 아니다. 엘뵈[6]가 어떤 공산 계열 잡지에서 당신을 공격했다. 그랬더니 어떤 사람이 《오브세르바투아르》지에서 그 논문을 훌륭한 것이라고 말하면서 아무 주석도 붙이지 않고 그것에 대해 언급했다. 당신은 《오브세르바투아르》지에 대답하면서, 그 신문 편집장에게 그 기자가 붙인 형용사를 어찌하여 옳다고 생각하는가 묻고 엘뵈의 논문이 "결코" "훌륭한 것이 못 되"는 이유를 장황하게 설명했다. 즉 엘뵈에게 말을 걸지 않고 편집장에게 답변을 한 것이다. 한 공산주의자에게 말을 걸고 있을 속셈인가? 그러나 카뮈여, 그처럼 완곡한 표현을 쓰는 당신은 대체 "무엇"인가? 어째서 당신에겐 장송에 대해 아무도 인정하지 않는 우월감이 있는 척할 권리가 있는가? 당신의 문학적 공적은 그 이유가 될 수 없다. 당신이 문장을 잘 쓴다든가, 이치를 잘 가린다든가, 혹은 그 반대인가는 중요한 일이 못 된다. 당신이 멋대로 지닌, 장송을 보통 사람 수준으로 취급하지 않는 권리를 당신에게 부여하는 우월감은 "종족"의 우월감임에 틀림없다. 장송은 그에 대한 비평으로 개미가 인간과는 다르듯이 그와 당신이 다르다는 사실을 제시했는가. 당

---

6 공산주의자.

신은 아름다운 영혼을 지녔지만 그의 영혼은 추악하다. 당신들끼리의 교류는 불가능하다. 그렇다면 그런 방법은 있을 수 없다. 당신의 태도를 옳다고 하려면 당신은 그의 영혼 속에서 엉큼한 것을 발견해야만 한다. 그것을 발견하는 데 가장 간단한 방법은 엉큼한 점을 거기에 집어넣는 길이 아닐까. 그렇다면 결국 무엇이 문제인가. 장송은 당신 책이 마음에 들지 않았다. 그는 그 말을 했다. 그것이 당신 비위에 거슬렸다. 여기까지는 보통 있는 일이다. 당신은 그의 비평을 비평하려고 썼다. 그렇다고 당신을 탓할 수는 없다. 몽테를랑[7] 씨가 매일 하는 일이다. 당신은 더 극단적으로 그는 전혀 맹문이라든가, 내가 어리석다든가 하면서 《현대》지 동인의 지성이 의심스럽다고 말할 수도 있었다. 그렇게 했더라면 더 화려한 논쟁이 되었을 것이다. 그러나 "당신의 기고가는 공산주의 정당과 그 국가 이외의 것이면 무엇에나 반항하고 싶은 것이다" 따위로 쓰여지면 솔직히 나도 매우 기분이 언짢다. 상대를 문학자라고 생각했는데, 경찰 측 색안경을 통해 쓰여진 자료를 가지고 사건을 심사하는 재판관이었다는 결과와 같다. 그를 비밀당원으로 취급하는 것이 마음에 내켰다면 당신은 그를 거짓말쟁이며 배반자라고 했을 게 틀림없다. "필자는 읽은 것을 오해한 척하고…… 나는 (논문 속에서) 관용도 성실도 인정하지 않았지만, 즉시로 참된 투쟁 자세를 취하지 않고선 표명되기 어려운 관점을 '드러내는 허망한 의지를' 읽었다." 당신은 그의 "의도"(물론 숨겨진 의도)를 밝히려 했다. 즉 그가 "생략하거나, 책의 주제를 바꾸거나…… 당

---

7   Henry de Montherlant(1896~1972년): 프랑스의 문호.

신은 하늘이 푸르다고 말하는데, 당신으로 하여금 검다고 말하게 하거나" 참된 문제를 피해서 당신의 책이 밝혀낸 러시아 강제수용소의 존재를 온 프랑스에 감추거나 한 의도는 무엇인가라는 점이다. 그것은 두말할 것 없이 마르크스주의가 아닌 사상은 모두 반동임을 제시하는 일이다. 결국 그는 왜 그러는가. 그 점에서 당신은 과히 명료하지 않지만 그 수치스러운 마르크스주의자는 빛을 두려워하고 있다는 뜻인가 보다. 그는 서툰 솜씨로 당신 사상의 창을 전부 막아버려, 명증의 눈부신 광선을 막아보려고 애썼다. 왜냐하면 그가 당신을 속속들이 이해했다면 마르크스주의자라고 자칭했을 "리가 없었다." 한 사람이 가엾게도 공산주의자인 동시에 부르주아인 것이 용납되는 줄로 생각했다. 그는 양수겸장(兩手兼將)인 것이다. 당신은 그에게 선택하라고 가르친다. 공산당에 들어가든가, 당신처럼 부르주아가 되든가를 말이다.〔카뮈여, 왜냐하면 당신은 나처럼 부르주아이기 "때문"이다. 어떻게 당신이 다른 사람이 될 수 있겠는가〕그런데 그러한 것은 그가 생각지도 않은 일이다. 그래서 잘 살펴보니 다음과 같은 것이었다. 엉큼한 의도, 남의 사상을 고의로 곡해하는 일, 악의, 거짓말 따위다. 장송은 이 판결을 잘 알고 있고, 그가 성실함, 정직함, 신중함 그리고 진실을 사랑하는 마음을 갖고 있다는 것을 잘 알고 있는 패들이 어이가 없으면서도 얼마나 그것을 재미있어 했는가는 당신도 상상할 수 있으리라. 그러나 특히 모든 사람을 즐겁게 한 것은, 당신 편지에서 우리에게 자백을 권하는 구절이었다고 생각한다. "문제를 솔직하게 다루어 당신이 수용소의 존재를 정당화하면, 그것은 당연한 일이고, 용감하다고까지 생각할 것이다. 당신이 그에 대해 함구한 것은 묘한 일이고 당신이 당황했다는 증거다." 이것은 마치 경찰청에 가 있는 것 같다. 영화처럼 경관이 왔다 갔다 하고 구두 소리가 들려온다. "다 알고 있어. 알겠나, 네가 말하지 않는 것이 수상해. 자, 네가 한패라는 걸 자백해. 너는 수용소의 일을 알고 있지? 뭐라고? 자백해. 그러기만 하면 돼. 후에 재판 때 자백을 감안해주겠어."

아! 카뮈여, 당신은 정말 참된 사람이다. 아니, 당신의 흉내를 낸다면 당신은 정말 경솔하다! 그러나 만약 당신의 잘못이라면? 당신의 책이 오직 당신의 철학상 무능력을 증명하고 있을 뿐이라면? 급히 허드레를 모아서 만들어진 것이라면? "카뮈 씨와 더불어 반항은 그 진지를 바꾼다"고 언젠가 쓴 일이 있는 비평가라면 증명할 수 있을지도 모를 것처럼 그것이 특권자를 안심시킬 뿐이라면? 당신의 이치가 별로 옳지 못했다면? 당신의 사상이 애매하고 평범한 것이라고 한다면? 그리고 장송이 단순히 그 빈약함에 놀랐다고 한다면? 당신의 빛나는 명증을 흐리게 하기는커녕, 박약하고 어둡고 혼란스러운 윤곽을 뚜렷하게 하기 위해 램프를 켜지 않으면 안 되었다면? 나는 꼭 그렇다는 것은 아니지만 요컨대 당신은 그도 그럴지 모른다는 "한순간만이라도" 그렇게 생각되지 않았을까. 당신은 그처럼 이의를 두려워하는가? 당신을 직시하는 모든 것에 대해서는 성급히 깎아내릴 필요가 있을까. 굽실거리는 자밖에는 받아들이지 못한단 말인가. 당신은 당신의 논거를 지켜, 그것이 틀렸다고 평하는 타인을 이해하면서도 끝내 자신의 설이 옳다는 것을 주장할 수 없었던가. 역사에서의 위기를 변호하는 당신이 어째서 문학에 있어서의 위기를 거부하는가. 하늘의 간섭 없이 우리와 싸우지 않고 혹은 우리와 함께 싸우지 않고 왜 당신은 건드릴 수 없는 가치 세계의 보호를 받아야만 하는가. "그 조직에서든 그 사상에서든 절대로 옳다고 믿고 있는 사람들 틈에서 우리는 짓눌릴 것만 같다"고 당신이 언젠가 쓴 일이 있다. 그것은 진실이었다. 그러나 당신은 짓누르는 편의 진지에 가담해버려 당신의 옛 친구인 짓눌리는 자들을 영원히 버린 것이 아닌지 나는 매우 우려하고 있다.

그러나 그야말로 형편없는 것은, 당신도 참가했던 어떤 모임에서, 최근 아말감이라는 이름이었다고 생각되는데, 모두가 비난한 그 방법을 당신이 사용했다는 사실이다. 어떤 유의 정치재판에서 피고가 서너 명이면 검사는 기소 이유를 뒤범벅해 형벌도 뒤범벅으로 내릴 수 있게 만든다. 그런 일은 물론 전체주의국가에서만 생긴다. 그런데 당신이 택한 방법이 바로 그것이다. 논고의 자초지종에서 당신은 나와 장송을 뒤범벅으로 만들어놓은 체한다. 그것은 수단에 불과한 걸까? 그렇다면 간단하지만 잘 좀 생각해보아야 할 것이다. 당신은 말장난으로 우리 두 사람 중 어느 쪽을 이야기하는지 독자를 당황케 하여, 무엇이 무엇인지 모르게 만든다. 처음에는 이 잡지의 편집장이 나다. 그러니 나에게 서한을 쓴다. 그것은 이치에 맞는 방법이다. 두 번째에는 이 잡지에 발표된 논문에 대해서 내가 모든 책임이 있다는 것을 인정하게 한다. 그것도 좋다. 세 번째로는 "따라서" 내가 장송의 논문을 시인하고 있다. 더 나아가 그의 태도는 나의 태도가 되어버린다. 그렇게 되면 우리 둘 중 누가 붓을 들었는가는 대단한 문제가 안 된다. 누가 했든 간에 그 논문은 내 것이기 때문이다. 인칭대명사를 교묘하게 구사해서 아말감을 완성해버린다. "'당신의' 논문. '당신'은 당연히…… '당신은' ……의 권리가 있었다. '당신에게는' ……의 권리가 없었다. '당신이' 언급했을 때부터……"⁸ 장송은 내가 그린 도안에 수를 놓은 데 불과했다. 그건 일석이조다. 당신은 그를 나의 서기로, 부질없는 일을 실천하는 사람으로 소개한다. 교묘한 복수다. 한편 나도 죄인이 되고 만다. 나는 투사, "저항자", 빈민을 모욕한 것이다. 소련의 수용소 이야기에는 귀를 틀어막고 당신의 진실을 은폐해버리는 것은 바로 나라는 결론이 되고 만다. 그러한 방법을 폭로시키려면 하나의 예만으로 족할 것이다. 진범을 알면 근거가 없어질 것 같은 "위반 행위"도, 범인이 아닌 자를 고소했을 경우 그것은 어엿한 범죄가 되고 만다.

"내 책에 관한 비평은 모두가 그 사실(러시아의 수용소에 관한 사실)에 언급하지 않을 수 없다"고 썼을 때, 당신은 장송에게만 말하고 있다. 즉 "그의 논문"이 강제수용소에 관해서 언급하지 않았다고 그 비평가를 나무란다. 아마 당신이 말하는 대로일 것이다. 아마도 장송은 비평가가 말해야 할 것을 저자가 결정하는 것이 우스꽝스러운 일이고, 게다가 당신은 책에서 그다지 수용소 이야기를 쓰지 않고 있다고 대답할 수 있을 것이다. 게다가 철없는 정보 제공자가 우리를 난처하게 만들 거라고 당신을 믿게 하지 않는 한, 어째서 당신이 불쑥 수용소를 문제 삼는 걸 요구하는지 알 수 없는 노릇이라고 대답할 수도 있을 것이다. 아무튼 그것은 당신과 장송 사이에서 행해질 정당한 논쟁의 문제다. 그러나 당신은 계속해서 이렇게 쓰고 있다. "일반적으

---

8 당신을 뜻하는 프랑스어 vous는 단수로도 쓰이고 복수로도 쓰인다.

로 혁명적 이데올로기, 특히 마르크스주의가 제시하는 문제들과 부딪치지 않는 한 '당신은' 소련에 있어서의 수용소의 사실을 무시할 상대적 권리가 있다. 그러나 그 문제와 부딪치면 '당신은' 그 권리를 잃는다. 그런데 당신은 내 책에 관해 '언급함으로써' 그 문제와 부딪치고 있는 것이다." 또 "당신이 수용소의 존재를 정당화하면…… 나는 그것이 당연하다고 생각할 것이다." 이 부분에서는 당신은 "나에게" 말하고 있다. 그런데 그러한 호소는 속임수라고 말하고 싶다. 왜냐하면 당신은 장송이 "그의 권리기나 한 것처럼" 당신의 책에 관해, 소련의 수용소에 대해 탐구했다는 부정할 수 없는 사실을 이용해서, 사회참여를 주장하고 있는 잡지의 편집장인 내가 결코 그 문제를 다루지 않고 있으며, 사실 그것은 중립이라는 관점에서 큰 오류라고 암시하고 있으니 말이다. 그것은 허위일 뿐이다. 루세[9]의 성명이 있은 지 며칠 후, 수용소에 관해 내가 책임을 전부 지고 있는 사설과 많은 논문을 발표했다. 날짜를 살펴보면 그 호는 루세가 끼어들기 "전에" 쓰여졌음을 알 수 있을 것이다. 이런 것은 별로 중요하지 않다. 다만 우리는 수용소 문제를 제기하고, 프랑스의 여론이 그것을 발견했을 때, 똑똑히 우리 관점을 표명했다는 것을 당신에게 가르쳐주고 싶었을 뿐이다. 그 후, 몇 달이 지나 그 문제를 다른 사설에서 다시 다루고, 기타 논문이나 비망록에서 우리의 견해를 명확히 했다. 그 수용소들의 존재는 우리를 격분시키고 전율시킬지도 모른다. 그것 때문에 괴로움을 겪을지도 모른다. 그러나 왜 우리는 그것 때문에 "난처"

---

9   초기의 사르트르 협력자.

하겠는가. 공산주의에 대해 내 소견을 말할 때, 내가 겁을 먹거나 한 일이 있었던가. 비록 내가 비밀당원이고, 은화식물이고, 수치스러운 동조자라 하더라도, 그들에게서 미움을 받는 것은 왜 내가 아니고 당신이어야 하는가. 그러나 우리가 야기한 증오를 자랑스럽게 떠들어대는 짓은 그만두자. 그들이 당신에 대해서는 완전히 무관심하다는 사실을 때로는 부럽게 생각할 때조차 있다. 그러나 내가 진실이라 생각하는 것을 말하지 못하는 경우라면 모를까. 그따위는 아무래도 좋다. "당신은 ……를 무시할 상대적 권리가 있다" 하고 말해서 대체 어쩌자는 건가. 장송 따위의 인간은 존재하지도 않으며, 그것은 나의 익명 가운데 하나란 말인가(어리석은 말이지만)— 아니면 나는, 이제까지 수용소에 대해서 일언반구도 없었다는 말인가. (그것은 어처구니없는 중상이다.) 그렇다, 카뮈여, 나도 당신처럼 그 수용소를 용서할 수 없다고 생각한다. 그러나 "이른바 부르주아적 신문"이 그것을 매일 이용하고 있는 짓 역시 용서할 수가 없다. 나는 투르크메니스탄인보다는 마다가스카르인이 먼저라고는 말하지 않는다. 나는 반공주의자들이 저 형무소의 존재에 갈채를 보내고 있는 것을 본 적도 있고, 자신들 양심의 안온을 위해 그것을 이용하는 것을 본 일도 있다. 그들은 투르크메니스탄인에게 원조를 보내기는커녕, 소련에서 그 노동력을 이용하고 있듯이, 그러한 불행을 이용하고 있는 것처럼 보인다. 그것은 내가 투르크메니스탄인의 "완전고용"이라고 부르는 바로 그것이다. 객담은 그만하기로 하고, 카뮈여, 루세의 "폭로"가 반공주의자의 마음속에 어떤 감정을 불러일으켰는지 말해주지 않겠는가. 절망인가? 고뇌인가? 인간으로서의 수치심인가? 어떤가? 프랑스인이 투르크메니스탄인이 되어 이쪽에서 본 투르크메니스탄인이라는 추상적 존재에 동정심을 갖기란 어려운 일이다. 고작해야 독일 수용소의 기억이 뛰어난 사람들의 마음속에 극히 자연스러운 일종의 혐오감을 불러일으켰다는 것을 인정해두자. 게다가 분명히 공포감도 불러일으켰다고 하자. 그러나 투르크메니스탄인과는 완전히 무관하기 때문에, 분노한 나머지 거의 절망을 느끼게까지 했음에 틀림없는 건, 관료라는 대 부대의 지지를 받는 사회주의 정부가 인간을 조직적으로 노예 상태로 만들 수 있었다는 생각이다. 그런데 카뮈여, "그렇다고 해서 소련이면 무슨 일도 있을 수 있다"고 무턱대고 생각하고 있는, 반공주의자가 슬퍼할 일이 없다. 그런 보도에 의해 그의 마음속에 생긴 유일한 감정은 말리기 거북하지만 "기쁨"이다. 그는 드디어 "증거"를 잡았다고 생각하고, 또 앞으로도 예상한 그대로의 것을 볼 수 있겠다고 생각해서 기쁜 것이다. 그래서 반공주의자도 그렇게 어리석지 않기 때문에 노동자에게 대해서가 아니고 선량한 "좌익" 사람들에 대해 그들을 협박하고 떨게 하는 것이다. 어떤 악세(惡稅)에 대해 반대하는 사람이 있으면 "그럼 수용소는요?" 하고 말하면서 그 자리에서 상대방의 입을 막아버린다. 공범자라고 위협해서 수용소를 고발하도록 "강요"한다. 멋진 수법이다. 그는 가엾게도 공산주의자를 적으로 삼지 않으면 "지상 최대의 죄악"의 공범자가 되든가 한다. 근래에 나는 그러한 제창을 일삼는 사람이 싫어졌다. 돌이켜보면 수용소의 스캔들은 우리 모두의 죄악이기 때문이다. 당신도, 나도 말이다. 그리고 다른 모든 사람도 말이다. 철의 장막은 거울에 불과하다. 세계의 반은, 다른 반을 반영한다. 이쪽의 암나사가 한 번 회전할 때마다 저편 수나사가 돈다. 결국 이쪽과 저쪽에서 우리 모두가 돌리고 회전당하는 셈이다. 미국의 경화가 마녀사냥[10]이 유행하는 형태로 나타나면, 러시아의 경화는 아마도 무기 증산과 강제 노동자 수의 증가로 나타난다. 물론 그 반대도 실제로 있을 수 있다. 오늘날 처형하는 자는 정세 여하에 따라서는, 내일은 이제까지의 처형 이상으로 더 나쁜 짓을 하지 않을 수 없을 것 같다. 파리의 거리거리의 벽에 "자유의 나라 소련에서 휴가를 즐기라" 하면서 철창 뒤에 잿빛 그림자를 그려놓은 풍자적 포스터를 보아도 나는 러시아 사람들이 비겁하다고는 생각하지 않는다. 잘 알아두어야 한다. 카뮈여, 당신이 프랑코의 압정이나 프랑스 정부의 식민정책을 여러 번 고발하고, 당신이 할 수 있는 범위 내에서 싸워온 것을 나는 잘 알고 있다. 당신에겐 소련의 소용소에 대해서 이야기할 "상대적" 권리가 있다. 그러나 다음 두 가지 점은 당신이 잘못이라고 생각한다. 즉 현대에 관해 해설하려는 진지한 저술에서 수용소에 대해 쓴다는 것은 당신의 엄연한 권리며 의무였다. 그러나 용납될 수 없다고 생각되는 것은 오늘날 당신이 수용소 건을 공개 토론회의 변론처럼 사용하고, 당신 역시 투르크메니스탄인이나 쿠르드인을 이용해서 당신을 치켜세우지 않는 비평가를 혼내주려 한다는 점이다. 게다가 주인을 구별하기를 거부하는 정적주의를 정당화하기 위해 당신이 독단적 이론을 만들어낸 것이 유감이다. 왜냐하면 당신 자신의 말처럼 주인을 뒤범벅으로 만드는 짓이나, 노예를 뒤범벅으로 만드는 짓이나 똑같기 때문이다. 만약 당신이 노

---

10 적색분자를 색출하는 일.

예를 구별하지 않았다면 당신은 그들에게 원칙적인 동정밖에는 갖지 않는 결과가 된다. "노예"가 당신이 말하는 주인 측 한 사람에게 가담하는 경우도 흔하기 때문이다. 당신이 인도차이나 전쟁에 당황한 것은 바로 그 때문이다. 거기에 당신의 원칙을 적용하면 베트남은 식민지화돼 있으므로 노예다. 게다가 그들은 공산주의자이므로 폭군이다. 당신은 유럽의 무산계급이 소련을 공공연하게 비난하지 않았다고 나무란다. 또 한편으론 유럽 정부가 스페인을 유네스코에 가맹시켰다고 나무란다. 그렇다면 당신의 유일한 해결책은 갈라파고스 섬에 가는 일이다. 나는 반대로 저쪽의 노예를 돕는 유일한 방법은 이쪽의 노예들에게 가담하는 일이라고 생각한다.

나는 이 정도로 그치려 했다. 그러나 당신의 글을 다시 읽어보니, 당신의 논고가 우리의 사상에까지 미치고 있음을 알게 되었다.〔내가 마르크스의 사상을 변호할 필요는 없지만, 당신이 그것을 봉쇄했다고 생각하고 있는 딜레마(그의 "예언"이 진실인가, 마르크스주의가 방법에 불과한가)에 있어서, 그 심오한 진리를 이루는 모든 것을 잃게 만든다〕 사실 모든 점에서 당신은 "구속받지 않는 자유"라는 말로 우리의 인간적 자유의 관념을 목표로 하는 모양이다. 그 말이 당신의 말이라 생각한다면 당신에게 실례가 될까. 아니다, 당신이 그런 오해를 할 리가 없다. 당신은 그 말을 트르와 퐁텐느 신부의 연구 논문에서 주워들었다. 그 점에서 나는 헤겔과 공통점이 있는 것 같은데, 당신은 어느 쪽도 읽지 않은 것 같다. 당신은 항상 원전을 찾아보지 않는 버릇이 있다. 그러나 당신은 구속은 이 세상 실제적인 힘에만 적용할 수 있는 것이고, 또 운동을 좌우하는 인자의 어느 것에 작용해서, 어떤 물체의 물리적 운동을 구속하는 것임을 "잘 알고 있다." 그런데 자유는 힘이 아니다. 그것은 내가 바라기 때문에 그런 것이 아니고, 정의상으로 그러하다. 자유는 있지 않으면 없다. 그러나 자유가 있다면 그것은 인과법칙을 따르지 않는, 다른 질서의 것이다. 에피쿠로스의 구속되지 않는 편향(偏向)이라고 하면 당신도 웃음을 터뜨릴 것이다. 그 철학자 이후로, 결정론의 관념, 따라서 자유의 관념은 다소 복잡해졌다. 그러나 결렬, 분리, 중단 따위의 사상은 남아 있다. 나는 당신에게 《존재와 무》를 참조해달라고 권하지는 않겠다. 그 책을 읽었다 해도 당신은 무척 어렵다고만 생각할 것이다. 당신은 까다로운 상상은 좋아하지 않으므로, 이해하지 못했다는 말을 듣지 않으려고, 거기에는 이해할 만한 것이 아무것도 없다고 간단히 판단을 내려버린다. 하여간 나는 그 책에서 그러한 결렬의 조건을 미리 설명해놓았다. 그리고 당신이 남의 사상을 몇 분 동안만 생각해보면, 자유는 구속될 수 없는 것임을 알 것이다. 자유에는 바퀴가 없다. 다리도 없고, 자갈을 물 턱도 없다. 자유는 그 기도에 의해서 결정되는 것이므로 구체적으로 당연히 스스로의 "한정된" 성질에 한정된다. 우리는 내친걸음에 선택해야만 한다. "기획"이 우리를 비추어주고, 상황이 그 뜻을 부여한다. 그러나 반대로 또 상황을 초월하고, 그 상황을 포함하는 것 말고는 방법이 없다. 우리의 기도는 우리 자신이다. 그러한 조명 아래 우리와 세계의 관계가 확정된다. 여러 가지 목적과 도구가 나타나서 사물의 적의와 우리 자신의 목적을 동시에 비추어준다. 이렇게 정하고 나서라면, 카뮈여, "당신 자신의 사상"을 쌓아올리는 자유가 "구속되지 않는다"고 마음대로 말하면 된다. (왜냐하면 인간이 "자유"가 아니라면, 어째서 "의미를 갖기를 요구"할 수 있는가? 다만 당신은 그것을 생각하기 싫어하는 것이다.) 그러나 그것은 식도가 없는 자유라든가 염산이 없는 자유라든가 하는 것처럼 무의미할 것이다. 다른 많은 사람들처럼 당신도 정치적인 것과 철학적인 것을 혼동하고 있음을 보여줄 뿐일 것이다. 물론 구속이 되지 않을 뿐 아니라, 경찰도 재판도 없다. 알코올 음료를 무제한으로 허용한다면 주정꾼과 사는 정숙한 아내는 대체 어떻게 될 것인가. 그러나 1789년의 사상은, 당신의 사상보다 더 확실하다. 어떤 권리의 제한(즉 자유의 제한)은 다른 권리(즉 그것도 자유)이며, 영문도 모를 "인간적 자연" 따위가 아니다. 왜냐하면 자연은—"인간적"이든 아니든 간에—인간을 짓누를지도 모르지만, 인간을 산 채로 사물 상태로 만들 수는 없다. 인간이 사물인 것은 다른 인간에 대해서다. 여기에 두 가지 관념(난해하다고 생각하는데)이 있다. 인간은 자유다—인간은 자신에 대해서 사물이 될 수 있는 존재다—이런 관념들이 우리의 현상을 결정하고 "압박"을 이해시켜준다. 당신은 누구의 말을 신용했는지, 내가 나의 동료에게 우선 낙원과도 같은 자유를 주어놓고 다음에 그들을 감옥에 처넣었다고 믿고 말았다. 그러기는커녕 나는 처음부터 복종적이어서, "천생의" 노예 상태에서 벗어나려고 애쓰는 자유밖에는 주위에서 볼 수 없다. 우리의 자유란 오늘날 "자유롭게 되려고 싸우는 자유의 선택" 이외의 아무것도 아니다. 그리고 그 공식의 모순된 양상은 우리의 "역사적" 사건을 나타내는 데 불과하다. 당신도 알겠지만 나의 동시대인을 "감옥에 넣는 것이" 아니고, 그들은 이미 감옥 속에 있으며, 반대로 힘을 합해서 창살을 뚫는 것이 문제이다. 왜

164

냐하면 카뮈여, 우리도 역시 감옥에 들어와 있으니 말이다. 만약 당신이 정말로 대중의 운동이 전제적인 것으로 타락해버리는 것을 막고 싶다면 덮어놓고 이를 나무라거나 사막으로 은퇴한다는 등의 위협은 하지 않는 것이 좋다. 당신이 말하는 사막도 역시 "감옥" 속의 비교적 사람이 많이 가지 않는 장소에 불과하므로, 싸우고 있는 사람들에게 영향을 끼칠 권리를 가지려면 우선 그들의 투쟁에 참가해야 한다. 몇 가지를 바꾸고 싶으면 우선 많은 일을 맡아야 한다. "역사"가 오늘처럼 절망적인 상황을 제공한 적은 일찍이 없다. 따라서 별의별 예언이 허용된다. 그러나 지금의 투쟁 모두를 천한 두 괴물의 어리석은 결투라고만 보는 인간은 이미 우리를 저버리고 있다고 나는 생각한다. 그는 혼자서 한구석에 가서 시무룩해 있다. 그는 조심스럽게 등지고 있는 시대를 심판관처럼 지배하기는커녕, 완전히 시대에 어울려 극히 역사적인 유감 때문에 생긴 거부라는 발판 위에 서 있는 것으로밖에는 보이지 않는다. 당신은 나에게 악의가 있다고 비난하지만, 그건 잘못이다. 비록 내가 오염되어버렸다 해도 당신보다는 훨씬 제정신이고, 자유로운 느낌을 받을 것이다. 왜냐하면 당신에겐 마음을 편하기 위해 처벌이 필요하기 때문이다. 즉 죄인이 필요하다. 만약 당신이 죄인이 아니라고 한다면 전 세계가 죄인이 된다. 당신은 당신 판결을 선고한다. 그런데 세계는 침묵을 지킨다. 그러나 판결이 세계에 미치면 당신의 처벌은 무효화된다. 언제나 재출발이다. 당신이 도중에서 멈춰 서면 당신의 모습이 잘 보일 것이다. 시지프여, 당신은 처벌하도록 처벌받고 있다.

당신은 이제까지—내일도 그럴지 모르지만—인물과 행동과 작품의 훌륭한 결합이었다. 1945년의 일이었다. 사람들은 《이방인》의 작가인 카뮈를 발견한 것처럼 저항의 투사 카뮈를 발견했다. 지하 출판인 《콩바》지 편집장과, 어머니와 애인을 사랑했다고 말하기를 거부할 만큼 성실한 우리의 사회에서 사형에 처해진 뫼르소를 결부했을 때, 특히 당신이 그 양자이기를 고수한다는 것을 알았을 때, 그 명백한 모순이 우리들 자신과 세계와의 인식에서 우리를 진보시켜주었고, 당신은 모범적 인물에 가까웠다. 왜냐하면 당신은 자신 속에 시대를 축소한 것을 가지고, 당신의 열의로 그 투쟁을 초월해 그것을 살렸기 때문이다. 당신은 더 복잡하고 더 풍성한 인물이었다. 샤토브리앙의 후계자 가운데 마지막 최선의 후계자며, 사회적 이익의 열렬한 옹호자였다. 당신에게는 모든 기회와 여러 가지 공적이 있었다. 왜냐하면 당신은 위대함이란 감정을 미에 대한 정열적인 기호에, 삶의 기쁨을 죽음의 뜻에 결부시켰기 때문이다. 전쟁 전부터 이미 당신이 "부조리"라고 부른 쓴 경험에 대해, 당신은 모욕으로써 자신을 지키는 편을 택했다. 그러나 당신은 "모든 부정은 긍정의 개화를 포함"하길 바라고, 거절 속에서 만족을 발견하고 "사랑과 반항의 조화를 확립하기"를 바랐다. 당신에 따르면 인간은 행복함으로써 비로소 자기 자신이 될 수 있다. 그리고 "행복이란 존재와 그 존재의 실생활과의 단순한 조화가 아니고 무엇인가. 그리고 지속적인 욕망과 죽음의 숙명이라는 이중의식 말고 인간과 생활을 연결할 수 있는 정당한 조화가 있겠는가?" 행복이란 하나의 완전한 상태가 아니고, 또 하나의 완전한 행위도 아니고, 죽음의 힘과 삶의 힘, 그리고 수용과 거부 사이의 긴장이다. 인간은 그 긴장에 의해 "지금"을—즉 순간과 영원을 동시에—규정하고, 그 자체가 스스로 변화해간다. 이처럼 인간과 자연의 일시적인 조화를 실현하고, 루소부터 브르통에 이르는, 프랑스 문학에 중요한 주제를 제공한 특권적인 시간 가운데 하나를 글로 썼을 때 당신은 도덕성에 관해 완전히 새로운 뉘앙스를 도입할 수 있었다. 행한다는 것은 인간으로서의 직분을 다하는 것이었다. 당신은 우리를 위해 "행복해야 하는 의무"를 발견했다. 그리고 그 의무감과, 인간은 "의미를 갖기를 요구하는 유일한 존재이므로" 의미를 갖는 유일한 존재라는 확인이 혼연일치해 있었다. 바타유의 《형벌》과도 비슷한, 그리고 더 복잡하고 더 풍부한 행복의 경험에 의해 당신은 비난하듯, 심지어 도전하듯 부재의 신 앞에 섰다. "인간은 영원의 부정과 싸우기 위해 정의를 긍정하고 불행의 세계에 항의하기 위해 행복을 창조하지 않으면 안 된다." 불행의 세계는 "사회적"이 아니다. 적어도 처음에는 그렇지 않았다. 그것은 인간이 이방인이고 죽음을 강요당하는 무관심하고 공허한 자연이라는 사실 때문이다. 한마디로 말하면 신성(神性)의 "영원한 침묵"이다. 그래서 당신의 경험은 일시적인 것과 항구적인 것을 밀접하게 결합시켰다. 필멸을 의식하는 당신은 "틀림없이 부패할" 진실을 상대로 하는 것밖에는 바라지 않았다. 당신의 육체도 그중 하나였다. 당신은 "영혼"과 "관념"의 기만을 거절했다. 그러나 당신 자신의 말을 빌리면 부정은 "영구적"이므로—즉 신의 부재는 역사의 변천을 통해 불변이므로—"의미를 갖기"를 요구하는(즉 그 의미는 누군가가 주는 것인데) 인간이 자신을 실현하는 긴장은—동시에 그것은 존재의 본능적인 기쁨이 되기도 하는데—매일매일이 "동란"과 "역사성"에서 인간을 떼어내어 종래에는 인간의 조건과 일치시키는 참된 전환이 된다. 그것은 궁극적으로 그 순간의 비극에서는 어떠한 진보도 찾아볼 수 없다. 부조리주의자라는 말이 생기기 전부터 부조리주의자였던 말라르메는 일찍이 이렇게 쓰고 있다. "연극은 순식간에 변전하고, 시간은 섬광과 더불어 전개되는 극의 패배를 보여주었다." 또 다음과 같이 쓰고 있는 것을 보면 그는 극의 해답을 미리 주고 있는 것으로 보인다. "'주인공'은 그를 창조하는 찬가(모성의)를 '해방하고', 그 찬가가 파묻혀 있던 '신성극'이라는 극 자체로 돌아간다." 요컨대 파스칼을 제외하고 데카르트 이후, 모든 "역사"에 반대하는 고전적 대 전통 속에 당신은 있다. 그러나 당신은 미적인 쾌락, 욕망, 행복과 영웅주의를 총합해서 충족된 명상과 의무를, 지드식 충실함과 보들레르식 불만을 총합하여 충족된 관조와 의무를 총합했다. 당신은 엄격한 모럴리즘이어서 메나르크[11]의 이모럴리즘을 완성했다. 그 내용에는 변함이 없다. "이 세상에는 단 하나의 사랑밖에는 없다. 여자를 품에 안는다는 것은 하늘에서 바다로 내려오는 그 신비한 기쁨을 안는 것이다. 지금 곧 쑥밭에 뛰어들어 그 향기를 몸에 배게 하면, 나는 모든 편견에 반대해 태양의 진리이며 또 나의 죽음의 진리가 되는 그러한 진리를 다하는 것을 의식할 것이다." 그러는 진리는 만인의 것이고, 그 극단적인 단독성은 바로 그 진리를 보편적으로 만든다. 당신은 나타나엘[12]이 신을 찾고 있는 순수 현재의 껍질을 깨고 "세계의 심연", 즉 죽음 위에서 껍질을 열었다. 그것 때문에 바로 당신은 그 음울하고 외로운 기쁨의 종점에

---

11 앙드레 지드의 작중인물로서 쾌락주의자.
12 앙드레 지드의 작중인물.

서 윤리의 보편성과 인간의 연대성을 발견한 것이다. 나타나엘은 이미 혼자가 아니다. 죽음보다도 강하다. 삶에 대한 애정을 "어떤 종족과 같이하는 것을 의식하고 그것을 자랑스럽게 여기고 있었다." 물론 끝장은 전부 좋지 않다. 세계는 그 화해 없는 자유사상가를 삼켜버린다. 따라서 당신은 오페르만[13]의 다음과 같은 구절을 인용하기를 좋아한다. "반항하면서 멸망하자. 그리고 우리에게 허무가 남는다 해도 그것을 옳다고는 하지 말자."

그러니 당신은 역사 때문에 괴로워한다. 공포 속에 그 모습을 발견했기 때문에 역사를 거절한 것은 아니었다. 그것을 부정하지 마라. 우리의 문화가 역사를 거절하고, 당신은 "하늘"과 인간의 투쟁 속에 인간 가치를 설정했기 때문에 모든 경험 이전에 역사를 거부한 것이다. 당신은 당신의 개인적 숙명이며, 당신이 해답을 내린 불행과 불안을 고찰하면서, 지금 있는 그대로의 당신을 선택하고 만들어낸 것이다. 그것은 시간을 부정하려는 헛된 예지다.

그러나 전쟁이 나자 당신은 용감하게 저항운동에 참가했다. 당신은 명예도 화려함도 없는 가혹한 투쟁을 했다. 위험은 거의 열광적은 아니었고, 한심하게도 인간은 타락하고 천해질 위험성이 있었다. 항상 괴롭고 고립해 있는 수가 많은 그런 노력은 "필연적으로" 하나의 "의무"처럼 보였다. 그래서 당신과 "역사"의 최초의 접촉이 당신에게는 "희생"이라는 모습을 지녔다. 어디선가 당신은 그런 말을 쓰고 있으며, 또 "신비주의에서 희생을 떼어내는 뉘앙스를 위해" 싸웠다고

---

13 세낭쿠르의 작중인물.

말하고 있다. 잘 알아두어야 할 것은 "당신과 '역사'의 최초의 접촉"
이라지만, 나에겐 당신과는 다른 더 훌륭한 접촉이 있었다고 말할 생
각은 없다. 그 당시 우리들 인텔리가 할 수 있었던 접촉은 모두 같은
것이었다. 그것을 "당신의"라고 한 것은, 당신이 우리들 가운데 많은
사람들보다(그리고 나 자신보다) 더 깊이, 더 전체적으로 그것을 경험
했기 때문이다. 그래도 역시 그 투쟁의 여러 가지 사정 때문에 사람
들은 간혹 "역사"에 공헌하고, 그 권리를 얻은 다음에 참된 의무로
돌아가야만 한다는 생각이 당신의 머리에 박혔던 것이다. 당신은 독
일 사람들이 당신의 하늘에 대한 투쟁에서 당신을 떼어내어 인간들
의 일시적 투쟁에 강제로 참가시켰다는 것을 나무랐다. 몇 년 전부터
당신들은 "나"를 "'역사' 속에 들어가게 하려 하고 있다⋯⋯." 그리
고 더 나아가 "당신들은 할 일을 했다. '우리는 역사 속에 들어가고
말았다.' 그리고 5년이란 세월을 새소리조차도 즐길 틈이 없었다."
〔《독일인에게 보내는 편지》, ' '는 필자〕 "역사"란 전쟁이란 뜻이었다. 당신
에겐 그것이 "남의 미친 장난"이었다. 전쟁은 창조함이 없이 파괴한
다. 풀이 자라는 것을 방해하고, 새가 울거나 사람들이 사랑하는 것
을 방해한다. 사실 외적 상황이 당신의 견해를 확증하는 것처럼 보일
수가 있었다. 당신은 "평화리"에 우리 운명의 부정의에 대해 영원한
투쟁을 하고 있었다. 그리고 당신 눈에는 나치가 그 부정의에 참가하
고 있었던 것처럼 보인 것이다. 세계의 맹목적인 힘과 합세해서 그들
은 인간을 파괴하려고 노력했다. 당신이 쓰고 있듯이 "인간의 '관념'
을 구제하기 위해"〔《독일인에게 보내는 편지》, ' '는 필자〕 당신은 싸운 것
이다. 간단하게 말하면 당신은 마르크스의 말대로 "'역사'를 만든다"

170

는 것은 생각지도 않고 역사가 만들어지는 것을 방해하려고 생각했
다. 그 증거로 전후에 그는 "현상" 복귀만을 생각했다. "우리의 조건
은 여전히 절망적이었다." 연합군의 승리는 당신에게 "우리들 가운
데 서너 명이 더 나은 죽음을 하는 데 도움이 된 것 말고는 아무런 효
과도 없는 그런 두세 가지 뉘앙스를 얻었을" 뿐인 데 의미가 있는 것
처럼 생각되었다. 역사적 5년간을 보낸 다음 당신은(당신도 다른 사람
도 모두) 인간이 행복을 끌어내어야 할 절망으로 되돌아가, 인간이
"그 견디기 힘든 숙명에 대해서" 행하는 절망적인 투쟁을 다시 시작
함으로써 "우리가 수많은 부정의에 이바지하지 않았었다는 증거를
보이는"(과연 누구의 눈에?) 것이 된다고 생각했다. 그러한 당신을 우
리는 얼마나 좋아했던가. 우리도 물론 "역사"의 신입생이었다. 그리
고 1940년의 전쟁이 그 전의 몇 년 전과 마찬가지로 역사의 하나의
형태에 불과했었음을 이해하지 못하고, 죽지 못해 역사에 복종했던
것이다. 우리는 당신에게 말로의 말을 적용했다. 즉 "승리는 전쟁을
부득이 행한 자에게 돌아가기를" 하고 말이다. 그리고 우리도 그 말
을 되풀이하면서 어딘지 우리 자신들을 가엾게 느꼈다. 그동안 우리
는 영문도 모르고 당신처럼 불안해했다. 문화는 막 사라지려 할 때
더 풍성한 작품을 산출하는 수가 있다. 그 작품들은 낡은 가치와, 그
가치를 성숙케 하면서 그 가치를 죽여버리는 듯이 보이는 새 가치의
치명적 결혼에서 생겨난다. 당신이 시도한 총합 중에서 행복과 같은
뜻으로 우리의 낡은 휴머니즘에서 생긴 것인 반항과 절망이 끼어든
것이다. 그것들은 외부에서 왔다. 외부에서는 미지의 사람들이 우리
의 정신적 축제를 증오의 눈초리로 바라보고 있었다. 당신은 우리의

문화적 유산을 보려고 그들에게서 그런 눈초리를 빌었다. 그들의 단순하고 뚜렷한 존재가 우리의 조용한 기쁨을 의심한 것이다. 숙명에 대한 도전, 부조리에 대한 반항, 그것들은 모두 당신에게서 왔든가 당신에게서 전파되었음이 분명하다. 그러나 30, 40년 전이었다면 당신은 그런 나쁜 방법을 사용하지 않아도 되었을 것이고, 당신은 심미가들이나 "교회" 측에 끼였을 것이다. 당신의 "반항"은 저 막연한 대중에게서 주입되었기 때문에 곧바로 중요성을 지녔었다. 당신은 반항이 사라져가는 하늘을 향해 반항을 돌릴 틈이 거의 없었다. 그리고 당신이 휘두르는 도덕적 요구는 당신 주위에 솟아난 실제적 요구이며, 당신은 그것을 사로잡아서 이상화한 데 불과했다. 당신이 실현한 균형은 오직 하나의 인간에게 단 한순간, 단 한 번 생길 수 있는 것에 불과했다. 독일인에 대한 공통적인 투쟁이 당신 눈에도 우리 눈에도, 비인간적인 숙명에 대한 모든 사람의 결합을 상징하는 것처럼 보이는 행운을 당신에게 가져온 것이다. 부정의를 택함으로써 독일인은 저절로 "자연의" 맹목적인 힘에 가담하고 말았다. 그리고 당신은 《페스트》에서 누구나 그 수수께끼를 알아차리게끔 세균으로 독일인의 역할을 하게 할 수 있었다. 요는 당신은 몇 년 동안 여러 계급의 연대성의 증거이자 상징으로 불리는 존재가 될 수 있었다. 그것이 또 저항운동의 외관이며, 당신이 초기 작품에서 "인간은 견디기 어려운 숙명과 싸우려고 그 연대성을 재발견한다"고 말하고 있는 바도 그것이다.

그처럼 여러 상황이 겹치어 쉽지 않은 일치가 있었기에, 하나의 인생이 참된 모습을 나타냈다. 그래서 당신은 "자연"에 대한 인간의 투쟁이 역시 오래되고 더 무자비한 다른 투쟁, 즉 인간의 인간에 대한 투쟁의 원인이며 동시에 결과라는 사실을 외면해버렸다. 당신은 죽음에 반항했지만 도시를 둘러싼 철벽 속에서는 다른 사람들이 사망률을 증가시키는 사회적 조건과 싸우고 있었다. 어린이가 하나 죽으면 당신은 이승의 부조리로 나무라고, 또 신의 얼굴에 침을 뱉고자 당신이 만든 눈멀고 귀먹은 신을 나무란다. 그런데 그 어린이의 아버지는 비록 실업자든 노동자든 인간들을 나무라는 것이었다. 그는 우리의 부조리한 조건이 파시 가(街)와 비앙쿠르 가[14]에서는 똑같지 않다는 것을 잘 알고 있었다. 빈민가 아이들은 부촌 아이들이 죽는 것보다 배나 빨리 죽는다. 수입 배분을 바꾸면 그들을 구제할 수 있을 것이다.〔전적으로 정확한 건 아니다. 어떤 어린이들은 무슨 짓을 해도 죽게 되어 있다〕빈민들 사이에서는 사망자 반은 세균이 집행인이고, 그것에 의해 사형에 처해진 것처럼 보인다. 당신은 당신 자신 속에, 당신 자신에 의해 "도덕적" 긴장을 사용해 모든 사람의 행복을 실현하기를 바랐다. 우리가 발견하기 시작한 음울한 대중은 조금이라도 불행해지지 않으려고 우리의 행복을 체념할 것을 요구했다. 독일인 따위는 갑자기 문제가 되지 않게 되었다. 단 한 번도 문제가 되지 않았던 것 같다. 저항하는 방법은 하나밖에 없다고 우리는 믿고 있었지만 저항운동을 "보는 데"는 두 가지 방법이 있음을 알았다. 그리고 당신이 역시 가까운 과거의 인간과 아마도 가까운 미래의 인간까지도 구현하는 듯이 생각되고 있었을 때, 당신의 단념적인 반항 속에 그들의 너무나도 현실적인 분노를 발견하지 못한 1천만 명의 프랑스인에게 당

---

14 전자는 파리 상류계급의 주택가, 후자는 하층계급이 모인 지역이다.

신은 이미 특권자가 되어 있었다. 당신의 죽음과 삶과 대지와 신과 반항과 부와 가난과 사랑 따위는 왕후들 노름이라고 말하는 자가 있다. 아니, 서커스 노름이라고 말하는 자도 있을 것이다. 당신은 이렇게 쓴 일이 있다. "고뇌보다도 비극적인 것은 행복한 사람의 생애다" 라고. 그리고 또 "절망이 어느 정도 계속되면 기쁨을 낳을 수 있다" 고. 그리고 또 "이승의 휘황함은, 빈곤의 끝은 항상 세계의 사치와 부에 연결되어 있음을 알고 있는 만인에 의한 '증명'이 아닌가 하고 생각하지 않을 수 없었다"고.〔이상의 세 인용문은 《혼례》에서 인용했다〕 그리고 분명히, 당신과 똑같이 특권자인 나는 당신이 말하고자 하는 바를 잘 알 수 있다. 당신은 그런 말을 할 자격이 있다고 생각한다. 당신은 어떤 유의 죽음이나 어떤 유의 무소유에 훨씬 많은 사람들보다도 접근해본 적이 있었던 모양이다. 당신은 비록 비참하지는 않아도 참다운 빈곤을 맛본 일이 있음에 틀림없다. 그 문장들도 당신이 쓰면 모리악 씨나 몽테를랑 씨의 책 속에서와 "다른" 의미를 지니게 된다. 당신이 쓰면 자연스럽게 보였던 것이다. 그러나 중요한 것은, "이제는 그렇게 보이지 않는다"는 사실이다. 빈곤의 바닥에서 사치를 발견하려면, 안락하지는 않아도 적어도 교양이라는 계량할 수 없는 공평치 못한 부가 필요하다는 것을 사람은 "알고 있다." 당신 생활의 상황들이 아무리 고뇌에 차 있더라도, 개인적인 구원은 모든 사람에게 접근할 수 있는 것임을 증명하기 위해 당신은 선택된 인간으로 여겨진다. 위협과 증오의 사상이 모든 사람들 마음속에 번지는 이유는 그것이 몇 사람에게만 가능하기 때문이다. 증오의 사상, 그러나 그것은 어쩔 수가 없다. 그것은 무엇에나 달려든다. 당신 자신에게도, 즉 독일인까지도 증오하기를 원하지 않았던 당신에게도, 당신의 책 속에서 볼 수 있는 그런 신에 대한 증오가 있다. 당신은 무신론자라기보다는 "반유신론자"였다고도 할 수 있다. 피압박자는 가치가 있어 보이는 것은 모조리 타인에 대한 증오 속에 넣어버린다. 그리고 동지에 대한 우정도 적에 대한 증오를 통해서 전달된다. 당신의 저서도, 당신의 예도 그에게는 아무 소용이 없다. 당신은 사는 기술, 즉 "인생학"을 가르친다. 당신은 육체의 재발견을 가르친다. 그러나 그의 육체를 밤에 재발견할 때—하루 종일 육체를 도둑맞은 다음—이미 그것에 충만해 있고 욕보이고 있는 것은 거창한 빈곤뿐이다. 그 사람은 다른 인간들에 의해 "만들어져" 있다. 그의 최대의 적은 인간이다. 공장이나 조선소에서, 유별난 놈과 마주쳐서 역시 인간에 관한 말을 걸어온다 해도, 그가 쓸모 있는 인간이 되도록 형무소에서 두들겨 고친 자는 역시 인간들이니 말이다. 앞으로 당신이 해야 할 일은 무엇일까. 압박된 대중의 요구를 만족시키면서 당신의 성실함을 약간이라도 남겨놓기 위해 부분적으로 당신을 개조하는 일이다. 그들의 대표자가 늘 그렇듯이 당신에게 욕지거리를 하지 않았으면 아마 당신도 그랬을 것이다. 당신은 갑자기 당신 내부에서 행해진 전환을 중지했다. 당신은 새로운 도전으로 모든 사람의 면전에서 죽음을 앞둔 인간의 결합과 계급들의 연대성을 나타내려고 애썼다. 그러나 여러 계급은 이미 당신의 목전에서 그들의 투쟁을 다시 시작하고 있다. 그래서 얼마 동안은 "모범적 현실"이었던 것이 어떤 "이상"의 전적으로 허망한 시인이 되고 말았다. 그 허위의 연대성이 당신 마음속에서조차 투쟁으로 변했으니만큼 더욱더 그렇게 되었다. 당신은 "역사"가

나쁘다고 단정하고, 역사의 흐름을 해석함으로써 다시 거기에서 부조리성을 발견하는 일만 즐겼다. 결국 당신은 당신의 처음 태도를 다시 채택한 데 불과하다. 당신은 말로나 카루주나 기타 많은 사람들에게 "인간의 신격화"라는 정체불명의 관념을 빌려와 인류를 처벌하면서 인류 편에 서 있지만 마지막 아방세라주인처럼 그 열의 밖에 있다. 사건을 먹고 살고 있는 한 현실적이고 생생했던 당신의 인격은 신기루로 변하고 말았다. 1944년에는 당신의 인격은 미래였다. 1952년에는 그것은 과거였다. 당신이 가장 참을 수 없는 부정의로 생각하는 것은 모두 당신 외부에서 온 것이지, 당신 자신은 변한 것이 없다. 당신에게는 세계가 전과 같은 부를 제시하는 것처럼 보이는데 인간들이 그것을 보지 않으려 할 뿐인 것처럼 생각되는 모양이다. 그러나 손을 내밀어보라. 그러면 모든 것이 사라져버리는지 아닌지 알 수 있을 것이다. 인간과 자연을 결부시키는 관계가 변했기 때문에 "자연"의 의미까지도 변해버린 것이다. 당신에게는 추억과 점점 더 추상화되는 말밖에 남은 것이 없다. 우리들 사이에서 당신은 이미 반밖에는 살아 있지 않다. 당신은 우리와 아주 떨어져서 어딘지 사막으로 은퇴해버려, 거기서 인간의 드라마가 되는 것을 발견한 듯한 기분에 잠겨 있다. 그러나 그것은 이미 당신의 드라마도 아니다. 즉 그것은 오직 기술 문명의 저변에 머물러 있는 사회에 불과하다. 어떤 의미에서 당신이 그렇게 된 것은 정말로 부당하다. 그러나 한편으로 그것은 전적으로 정당하기도 하다. 당신이 당신 자신이기를 원한다면, 당신이 변해야만 했다. 그런데 당신은 변하기를 두려워했다. 당신이 보기에 내가 잔인한 인간으로 보이더라도 겁낼 필요가 없다. 나는 나 자신에

176

관해서라도 이내 똑같은 식으로 이야기할 것이다. 당신은 나를 공격하려 해봤자 소용이 없을 것이다. 그러나 나를 믿으라. 나도 조심스레 그 모든 일을 위해 노력하겠다. 왜냐하면 당신은 정말 시원치 않은 인간이지만, 그래도 사물의 형편상 나의 "이웃"이기 때문이다.

　당신처럼 나도 "역사"에 참여하고 있지만 나는 역사를 보는 눈이 당신과는 다르다. "지옥"으로부터 역사를 보는 자에게는 아마도 어리석고 무서운 모습일 것이다. 그들과 역사를 만드는 사람들 사이에는 하나도 공통되는 것이 없기 때문이다. 개미나 꿀벌의 역사가 있다면, 아마도 우리는 그 역사를 커다란 죄악의, 풍자의 암살의, 우스꽝스럽고 불길한 연속으로 볼 것이다. 그러나 만약 우리가 개미였다면 아마 다른 판단을 내릴 것이다. 나는 《독일인에게 보내는 편지》를 다시 읽기 전까지는 "'역사'에 의미가 있는가 아니면 없는가다……"라는 당신의 딜레마를 이해하지 못했다. 그러나 그 책에서 당신이 나치 병사들에게 말하고 있는 "몇 년 전부터 당신들은 나를 '역사' 속에 들어가게 하려 하고 있다"는 구절을 발견하고 아주 명료해졌다. 나는 "어림도 없다"고 생각했다. "그 사람은 '밖'에 있다고 생각하고 있으니까 속으로 들어가기 전에 이것저것 조건을 제시하는 것도 당연하다." 발가락을 물에 담그면서 "뜨거울까?" 하는 여자아이와 똑같이 당신은 겁을 먹고 "역사"를 보고, 손가락을 집어넣었다가 급히 꺼내어 "의미가 있을까?"라고 생각한다. 당신은 1941년에는 망설이지 않았지만 그것은 사람들이 희생을 치를 것을 요구했기 때문이다. 그것은 오직 히틀러의 광기가 세계를 파괴하는 것을 방해하기 위해서였다. 그 세계에서는 아직 몇몇 사람에겐 고독한 열광이 가능했기에 당신은 당신 장래의 열광의 대가를 치르기를 승낙했던 것이다. 현재는 사정이 다르다. "현상을 유지"하는 것이 문제가 아니고, 상황을 바꿔야 한다. 그런데 당신은 이미 가장 명확한 보증이 존재하는 것밖에는 받아들이지 않을 것이다. 그리고 "역사"가 피와 흙투성이의 못이었다면 나였더라도 당신처럼 할 것 같다. 거기에 뛰어들기 전에 그것을 세세히 바라볼 것이다. 그러나 이미 내가 그 속에 있다면, 내가 볼 때 당신의 불행 자체가 당신의 역사성의 증거가 된다면 어떻게 될 것인가. 또 누가 당신에게 다음과 같은 마르크스의 말로 대답한다고 해보자. "'역사'는 아무것도 하지 않는다……. 모든 일을 하는 것은 인간이며, 현실의 산 인간이며, '역사'는 고유의 목적을 추구하는 인간의 활동성에 지나지 않는다"라고 말이다. 만약 그것이 정말이라면 역사와 떨어져 있다고 생각하고 있는 자는 동시대인과 동일한 목적을 갖지 않게 되어 오직 인간적 혼란의 부조리밖에는 느끼지 않을 것이다. 그러나 그 혼란에 대해 반대 의사를 표시해도 그것 때문에 그의 뜻에 반해서 그는 역사적 연쇄 속으로 들어가버릴 것이다. 왜냐하면 그는 본의 아니게 양진영 속에서 사상적 수세에 몰린 자(즉 그것 때문에 문화가 빈사 상태에 빠지는데)에게 상대방을 실망시킬 만한 논거를 제공하기 때문이다. 반대로 구체적인 인간의 목적에 집착하는 자는 친구를 선택하도록 강요당할 것이다. 내란 때문에 엉망이 된 사회에서는 모든 사람의 목적을 받아들일 수도, 그리고 모든 목적을 거절할 수도 없기 때문이다. 그러나 그가 선택하는 순간부터 모든 것은 의미를 지니기 시작한다. 그는 적이 반항하고 투쟁하는 이유를 알고 있다. 왜냐하면 "역사"가 이해되는 것은 역사적 행동에 의하기 때문이다. "역사"에 의미가 있는가, "역사"에 목적이 있는가 하고 당신은 묻는다. 나로서는 그러한 질문이 무의미하다. 왜냐하면 "역사"는 그것을 만드는 인간의 바깥에서는 추상적인 부동의 개념에 불과해서 거기에 목적이 있다든가 없다든가 할 수가 없다. 그리고 문제는 그 목적을 "아는" 일이 아니고, 목적을 "부여"하는 일이다. 게다가 아무도 "역사만을" 위해서 행동하지는 않는다. 실제로는 인간은 원대한 희망으로 조명된 짧은 기간의 시도 속에 얽매어 있다. 그리고 그 시도에는 부조리한 것은 하나도 없다. 여기에는 식민지인에 대해서 반항하는 튀니지인들이 있고, 저쪽에는 요구나 연대를 위해서 파업을 하는 광부가 있다. 사람은 "역사"를 초월할 가치가 있는가 없는가 따위는 논하지 않을 것이다. 다만 "그것이 있다면" 그 가치는 원칙적으로 역사적인 인간 행동을 통해서 나타나는 것이라는 사실만을 알고 있다. 그러한 모순은 인간에게는 본질적인 것이다. 인간은 영원한 것을 추구하기 위해 역사적이 되어 개별적인 결과를 행하는 구체적인 행위 속에서 보편적인 가치를 발견한다. 만약 당신이 그 세계가 부정의하다고 말하면 당신은 진 것이다. 당신은 이미 외부에서 정의가 없는 세계와 내용이 없는 "정의"를 비교하고 있는 셈이 된다. 그런데 당신은 당신의 시도를 조정하고자 당신 친구들 사이에서 분담을 하기 위해, 규율을 따르기 위해 또는 규율을 적용하기 위해, 노력할 때마다 "정의"를 발견할 것이다. 마르크스는 "역사"에 종말이 있다고 말한 적이 없다. 어떻게 그런 말을 할 수 있겠는가? 그러면 인간에게서 목적이 없어진다는 그런 결과가 된다. 그는 오직 전사(前史)의 종말을 말했을 뿐이다. 즉 "역사" 그 자체 속에서 도달되고 모든 목적처럼 추월당하는 목적을 말했을 뿐이다. "역사"에 의미가 있는지 없는지, 또 우리가 역사에 참가하는지 않는지를 아는 것은 문제가 아니다. 그러나 온몸이 그 속에 들어가 있는 한은 역사에 의미를 요구하는 구체적인 행동에 대해서 우리는 아무리 약하더라도 협력을 아끼지 않고 역사에 최선이라고 생각되는 의미를 "부여하는" 것이 중요하다.

"테러"는 추상적인 폭력이다. 당신이 물리친 "역사"가 이번에는 당신을 물리치고 말았을 때, 당신은 테러리스트가 되고, 폭력적이 되었다. 당신은 이미 반항자의 추상적 개념에 불과하기 때문이다. 인간에 대한 당신의 불신은, 모든 피고는 "무엇보다도 먼저" 죄인이라고 짐작하게 한다. 그래서 장송에 대한 당신의 검찰적 방법이 생긴 것이다. 당신의 모럴은 우선 도덕주의로 변하고 말았다. 오늘날 그것은 이미 문학에 불과하다. 내일이면 아마 그것은 배덕이 될지도 모른다. 당신과 내가 어떻게 될지는 모른다. 서로 같은 진영에 속해 있을지도 모르고, 그렇지 않을지도 모른다. 시대는 엄격하고 혼란하다. 아무튼 내가 생각하는 바를 당신에게 말할 수 있었다는 것은 잘된 일이다. 혹시 나에게 대답하겠다면 당신을 위해 이 잡지를 개방하겠다. 그러나 나는 더는 거기에 답하지 않을 것이다. 나는 당신이 나에게 있어서 일찍이 어떠했던가와 현재 어떠한가를 이야기했다. 거기에 대해서 당신이 말하고, 해야 할 것이 무엇이든 간에 나는 당신과 싸우는 것을 거부한다. 우리의 침묵이 이 논쟁을 잊게 해주기를 나는 기대한다.

모든 것을 말하겠다

장송이 카뮈에게

《현대》지 82호(1952년 8월)

"객관적 비평은 나에게는 최고의 것이다. 어떤 작품이 나쁘다든가 어떤 철학이 인간의 숙명에 좋지 않다든가 하는 비평을 나는 솔직히 인정한다. 작가는 의당 자기 작품에 책임을 져야 한다. 그러한 비평은 작가를 반성시키며 또 우리는 누구나 반성이 엄청나게 필요하다."
— 알베르 카뮈, 《페시미즘과 용기》에서

"사람이 극을 상연하거나 책을 출판하는 것은 비평받는 기회를 갖는 것을 의미한다. 그는 시대의 비판을 받는다. 무슨 소리를 듣든 그는 탐구해야 할 것이다……."
— 알베르 카뮈, 《가브리엘 마르셀에게 답한다. "왜 스페인을?"》에서

알베르 카뮈여, 나의 논문에 무척 신경을 쓰면서도 당신의 서한은 가까스로 묵살하고 말았지만 사실상 당신은 나에 대해서 아무것도 쓰지 않았다. 바로 그렇기 때문에 나는 회답을 쓴다. 나의 논문은 사실 불충분했는데—그 결함에 당신이 놀란 것만큼이나—당신은 그것을 사르트르 탓으로 돌리고 있으므로 적어도 당장에 나는 그 최악의 것에 책임을 지지 않을 수 없다. 한편 당신과 나 사이에는 어떤 유의 오해가 있는 듯하다. 그 책임의 일단이 나에게 있는 것 같아서 확실한

결말을 짓고 싶다. 내가 기술한 것에 명석함이 결여되었기 때문일 것이다. 그러나 그것이 불치의 병은 아니다. 나는 여기서 더는 당신을 속이지 않도록 노력하겠다.

　내가 "난처한 지경"에 빠져 있다고 당신이 생각한 바로 그 난처함인데, 나는 어떤 페이지 하단의 주(註)가 내 눈을 뜨게 해서, 어떤 오해 때문에 당신이 내 논문 속에서 나의 그 난처함을 발견했는지 알 수 있었다. 당신 말을 빌리면 나의 논문에는 난처함이 "이상하게도 많다." 그리고 분명히 당신은 애매한 표현을 몇 가지 제시한다. 그러나 알베르 카뮈여, "확실하지 않다"든가, "생각하지 않을 수 없다"든가, 또는 "그 해석은 수많은 인용을 함으로써 확인할 수 있다고 생각되므로, 솔직히 말해서 나는 그 해석을 버릴 수가 없다……" 따위 표현을 읽고, 나는 당신이 어째서 당신 자신이 즐겨 사용하는 방법을 깨닫지 못했는지 어이가 없다. 예를 들면 "그 해석이 옳다고 한다면……"이라고 쓰면서 당신은 실제로 그것이 옳고 그른가를 의심하는 걸까. "곤란하다고 생각된다"고 말할 때, 당신은 "불가능"하다고 말하고 있는 셈이라고 내가 생각한다면 나의 잘못일까. 마침 이런 문장이 있다. "요컨대 나의 해석은 거기에 대해 '진실함직한 것'이 있다고 판단할 '수 있다.' 당신의 논문은 어떤 교리에 동의하면서 거기에 따르는 정책에 관해서는 함구하고 있는 '듯하다.'" 그러한 겸양은 겉치레뿐이고, 당신이 확신에 차 있다는 것을 모르고 지나가려면 나는 어떻게 하면 되겠는가. 게다가 다음과 같은 한 구절을 쓴 당신은 확신에 가득 차 있다. "다만 그러한 '사실의 모순'은 더 심각한 이율배반을 폭로한다는 것을 알아둘 필요가 있다. 이제 나는 그것에 대해

이야기하겠는데……." 그 문제는 그쯤 해두자. 그것보다도 《페스트》
에 관한 내 고찰의 의미를 당신으로 하여금 더 잘 이해하도록 하지
못한 것은 내 잘못이라고 생각한다. 나레이터가 의사 리외라는 것을
내가 부정했던가. 나는 다만 나레이터는—당신 자신이 단언하듯이
"삼인칭으로 쓰여진 객관적 기록 형식"을 택했기 때문에—"그 와중"
에 있지 않은 인간 같은 어조로, 따라서 높은 곳에서 온 인간의 조건
을 묘사한 것이라고 말했을 뿐이다. 즉 평면화되고, 부조리에 휩쓸리
고, 나레이터와의 사이에 생긴 거리로 인해 "처벌된" 인간의 조건이
다. 의사 리외는 분명 "사람들 속에 있으면서" "가엾은 사람들과 마
찬가지로 가엾고" 그들의 고뇌를 맛보고 싶다고 생각한다. 그런데
기록자인 리외는 그 고뇌를 절대적인 것으로 만들어버린다. 그 악에
대해서는 명석한 인간은 "연민 때문에 치를 떨고", "동정"하는 일 말
고는 속수무책이다. 스스로 "불행한 사람들과 똑같이 빈곤하다"는 것
을 깨닫고, "사람들과 불행을 같이한다"는 것 말고는 별도리가 없다.
그래서 리외는 "페스트균은 결코 죽거나 전멸하는 일 없이…… 아마
도 언젠가 인간에게 '불행과 교훈'을 가져다주려고, 페스트가 쥐들을
잠에서 깨워 어느 행복한 도시에서 죽도록 보낼 것"임을 아는 것이
다. 그러한 사정에서 인간의 질병에 의해 병적인 인간의 조건을 상징
하는 책략으로 볼 때 그 기록자에게는 초월적인 시선이 있다고 꿰뚫
어 보는 일과, 리외의 실제적인 행동의 성격은 적십자의 모럴이라는
사실 사이에 조금의 불일치도 찾아볼 수 없다. 나는 또 《페스트》 작
중인물의 행동이 "오직 방관함"에 그친다는 말을 한 기억이 없다. 다
만 그들의 행위와 그 결과에 대해서 기록자의 관점을 취하기에, 그들

에게는 행위가 헛된 소동의 꼴로밖에는 보이지 않는다고 말했을 뿐이다. 그러나 아마 당신은 세계의 현 상태에서 "적십자 활동"이 "적십자 모럴"의 초극을 요구한다는 사실을 돌이켜볼 여유가 없었던 듯하다. 사실 적십자는 한편으로는 여러 가지 형태의 활동과 관련된 상당히 복잡한 조직을 예상하고 있으며, 한편으로는 조금이라도 명확한 의식을 갖는 것을 예상하는 것처럼 보인다. 즉 적십자는 사람들이 자신들의 시도를 처음부터 실패하는 것이라고 생각지 않는 그런 세계를 예상하는 것처럼 보인다. 그러므로 내가 "적십자 모럴"이라고 부른 것은 모든 시도의 유효성을 허망한 것이라고 생각하면서도 역시 그런 종류의 활동을 택하기를 주장하는 태도에 불과하다. 장 앙리 뒤낭의 추억도, 그의 후계자의 명예도, 요컨대 당신이야말로 나와 대립해서 옹호했어야 했음을 이해했을 것이다.

그와 마찬가지로 나의 논문은 당신이 두려워하는 듯이 보이는 것처럼 당신 책에는 "이미 구름 속으로 날아오르는 '경향이 있었다.' 《반항인》은 오직…… 그 죄 많고 막을 수 없는 승천을 축복하는 데 불과하다"는 것을 전혀 "증명"하고 있지 않다. 반대로 나는 《반항인》을 《페스트》와 동일 평면상에, 《페스트》를 《시지프의 신화》와 동일 평면상에 놓았던 것이다. 형이상학적 전망은 사실이지 아무래도 공통되며, 그것으로 인해 인간에게 어떤 유의 절대적 폭력이 가해져서—시지프의 고독 속에서든 리외의 참여 속에서든 그들은 사막 아니면 동지 속에 파묻혀서—인간은 악과 대결하는 최대의 절망 속으로 쫓겨 들어온 것이다.

당신 편지 속 같은 구절에 이번에는 미묘한 모호함이 있음을 유감스럽게 생각지 않을 수 없는 점이 있다. 당신이 수치라고 부르고 있는 것 말이다. "외설"은 우리가 볼 때 "사랑의 유일의 증거"가 될지도 모른다고 당신이 암시하고 있는 교묘한 섬세함에 대해 언급해보자. 사실 나의 비평은 과히 날카롭지 못했다. 당신이 그 정도 안이함에 의지하리라고는 나는 상상도 하지 못했다. 《페스트》의 작가가 지녔다고 당신이 지적하고 있는 "수치"에 대해서는 서로 어휘를 다른 의미로 해석하고 있음에 틀림없다. 나로서는 사실 수치를 과시당하는 것을 참을 수 없다. 거의 용납되지 않는 그 무엇을 느낀다. 따라서 《반항인》은 항상 지나치게 고상한 투로, 내용보다는 먼저 형식을 휘두르기만 하는 거만한 결의와 외곬의 과장벽으로 오히려 수치에 일격을 가하는 것처럼 생각된다. 분명히 말하겠다. 상당히 과장된 방법으로 감정을(인간에 대한 비통한 애정까지도 포함해서) 표현하면서 무대를 묘사하는, 그 "무대에 올려진" 사상은 너무나도 화려하게 장식되어 있어, 다소 과장된 사상은 분명히 수치라는 관념보다는 차라리 신파극이란 관념 쪽으로 나를 이끌어간다. 끝의 40면만으로도 열렬하게 서정을 휘두르는데, 그것은 묘하게도 《독일인에게 보내는 편지》의 끝머리를 상기시킨다. 그러나 그것 역시 분명히 나의 전체적 인상을 허물어뜨릴 만한 것은 못 된다. 그리고 실상 문체라는 것은 반드시 자신을 어느 정도 선택해서 표명하는 것인 이상 나는 그것이 홍조라고 생각지 않을 수가 없다. 즉 본래의 뜻에서 불길한 징조다.

이것만으로도 당신 보기에 내가 전보다는 훨씬 명확해졌다고 생각된다. 아무튼 나는 전보다 훨씬 속이 편하고, 무거운 불합리감을 모면한 느낌이다. 내가 당신의 사상을 캐낸다고 말하면서 당신은 나를 나무라지만, 나는 자신의 사상을 줏대 없는 것으로 만들었던 것을 후회할 정도다. 적어도 줏대 없다는 비난은 이제 받지 않아도 될 것이다.

급히 다음 문제로 넘어가고 싶다. 가소롭게도 당신은 좌익 사람들이 잠꼬대니 횡설수설하는 글을 쓰는 것을 의무로 여긴다고 생각하는 것을 정말 내 탓으로 돌리고 있으니만큼 이에 대해 언급하는 것이 좋겠다. 나는 단지 "미문"이 우익적이라고는 반드시 생각하진 않아도, 작자를 "미문 아니면 잠꼬대"의 틈새로 몰아넣으려는 사고는 당치도 않다고 생각한다는 사실을 분명히 말해둔다.

그러나 중요한 문제로 넘어가자. 당신은 내 논문에서 "철저한 토론의 거부와 즉시 참된 논쟁을 하지 않으면 표명되기 어려운 주장을 노골화하는 헛된 의지"밖에는 볼 수 없었다고 말한다. 아마도 당신은 되도록이면 나의 불성실함을 계속 되풀이해서 확인하면서 15면에 걸쳐 서론을 늘어놓고, 그러한 비난을 내가 읽기 쉽게 해준 것이리라. 그래도 당신이 대체 빈정대는지 아닌지 의아하다는 점이 나는 역시 불쾌하다. 고백하자면 나는 당신의 책을 연구하려고 무척 애먹었을 때의 느낌이 오히려 남아 있기 때문에 그러하다……. 게다가 당신의 주장을 캐내려고 하는 나의 의지가 "헛되"다고 당신이 말하는 것은 대체 무슨 말을 하기 위해서인가. 나의 악의와 무능이 뻔해졌기 때문에, 독자로 하여금 나의 비평을 받아들이지 않도록 하기 위해서인가. 아니면 정당한 판단이 내려지도록, 당신이 한마디 쏘아붙이면 충분하다는 것인가. 그러나 전자일 경우 어째서 당신은 나의 분석을 그토록 들먹거릴 필요를 느꼈는지 잘 모르겠다. 후자일 경우 당신의 대꾸가 허술한 데 나는 놀라지 않을 수 없다. 당신의 대작인 《반항인》에 그처럼 허술한 부록을 붙였다 해서 더 잘 설득할 수 있게 되리라고는 생각되지 않기 때문이다.

그래서 당신은 자기 상상의 변호를 시도했다. 그러나 그것이 당신의 자유라는 것이 애초부터 명백하지 않았던가? 그것은 틀림없이 당신에게 미리 제안되었던 일이다. 그런데 내 논문에 대한 답변 속에서 내가 당신의 입을 틀어막기 위해서 썼다는 둥 하는 말을 왜 하는 걸까. 그러나 그것은 매우 간단하다. 당신은 책 한 권을 세상에 내놓았다. 내가 당신의 주제를 비평한다. 당신은 나의 비평태도를 비평한다……. 따라서 당신은 결국 나와 대화를 나누는 셈이다. 당신은 확실히 "그 논문을 읽고 원서를 읽을 생각이 없어지거나, 그럴 새가 없거나 해서, 그것만으로 충분히 알았다고 생각하는 사람들"을 고려한다. 그러나 당신은 1951년 11월에 원서를 발표했고, 나의 논문은 1952년 5월에야 겨우 발표되었다. 그때는 아직 당신의 책을 읽지 않은 사람들에게 있어서, 내 비평의 약점과 그 뻔한 뻔뻔스러움과 부단한 혼란과 모순과 불손함 따위는 오히려 사라져가고 있는 당신에 대한 호기심을 자극하게 된다고 당신은 생각하지 않는가. 하여간 당신 자신이 이 잡지에까지 등장한 것이므로, 틀림없이…… 앞으로 역시 원서를 읽을 생각이 없다고 버티는 사람이 있다고 해서, 그 사람 잘못은 아닐 것이다.

가끔 내가 풍자를 사용한 것이 잘못일까? 그러나 당신은 너무나 억압적으로 말한다! 신탁(神託)의 들러리 노릇을 하는 일에는 나는 극히 익숙지 못하다. 나는 언제나 메시지에 감동할 위험이 있다. 그래서 되도록 조심해야만 한다. 게다가 그다지 진지하게 보이지도 않는 논리를 무척 진지한 체하는 태도로 논하는 것을 보면 참을 수가 없다. 요는 시작이 있었기 때문에 이런 결과가 된 것이다. 그 점에서 그 후 경과가 당신 마음에 거슬린다면, 그것은 당신 자신이 그 장본인이 된 것이 경솔했던 까닭이다. 여하간 당신의 편지에는 분명히 불쾌감과 어떤 유의 원한이 있다. 그러나 당신에게는 대화 욕구나, 또는 대화에 대한 단순한 동경마저 상상케 하는 것이 전혀 없다. 그래서 내가 당신의 주제를 논하지 않는다고 당신이 나무라지만 결국 그것을 문제 삼지 않는 것은 당신 자신이 아닌가 생각될 정도다. 내가 그 외의 무슨 짓을 했단 말인가? 당신은 당신의 사상을 들추어냈다고 비난한다. 과연 나는 그 일을 했다! 그 회답의 어떤 것을 부정하고, 당신의 사상이 게을리한 점에서 그 검토를 시도했기 때문이다. 나는 그 사상을 요약하거나 주석을 붙여야만 했던가? 당신 말대로 그것을 "표명"했어야 했을 것이다. 그런데 바로 내가 그렇게 했다 해도!…… 그것을 "내 식"으로 하지 않고, 달리 어떤 방법이 있단 말인가? 그 방식이 나쁘다고 당신은 말할지도 모른다. 물론 그것이 내 방식이기 때문이다. 대체 당신 사상을 비평하기 위해 내가 그 전체를 시인하고, 당신이 계속 내놓는 방식을 모조리 옳다고 생각해야만 한단 말인가. 그렇다면 당신의 사상을 파악할 수도 이해할 수도 없다. 당신은 내가 한 이해의 방식을 싫어한다. 나도 달갑지는 않지만, 좋아서 이렇게 된 것은 아니다. 한마디로 말해서 달리 도리가 없었다. 남이 당신의 사상에 대해 언급해서, 그것을 즉시 그의 사상의 척도로 삼지 않는 것이 당신은 못마땅한가? 당신 주제의 의미와 효과를 이해하기 위해, 당신 특유의 비평의 척도를 사용하기를 내가 거절했을 경우, 그것을 "작전"이라고 말하고 싶다면 그렇게 말해도 좋다. 사실 작전의 하나기 때문이다. 그러나 그것을 무슨 비열한 술책처럼 다루면 곤란하다. 항상 무엇을 의심하고 덤비는 방식은 경찰식인 생각이다. 그것은 절대로 술책이 아니고 "비평"—어떤 사상을 다른 사상으로 검토하는 일—을 뒷받침하는 행위 자체다.

그러한 검토가 당신으로서는 심문이나 고문처럼 생각된 것이다. 그러나 나는 그것이야말로 고찰의 조건이며, 어떤 주제에 제시된 사상을 수동적으로 받아들이지 않기 위한 유일한 방법이라고 생각한다. 내가 당신의 책을 읽으려 하는 게 내가 당신처럼 생각하는 법을 배우기 위함이라고 생각하는가? 그러나 나는 《반항인》은 현대의 역사와 여러 문제를 비상한 조명으로 비추는, 어떤 유의 도덕적 태도를 말하고 또 주장한다는 평을 들은 바 있었다. 그 전체 내용은 이미 여러 잡지에 발표된 단편적 내용보다 훨씬 흥미롭다고 단언하는 사람도 있었다. 그리고 이 신문 잡지, 저 신문 잡지에서 그 책은 지난 반세기 동안 최대의 수확이라는 평을 읽었다. 그래서 나는 허심탄회하게 당신 책을 검토해보고 싶어졌다. 즉 나 자신을 그 책에 부딪치게 해보고 싶다고 생각했다. 나의 관심사나 어려움이나 문제들을 거기에 부딪치게 해서 실제로 더 명백한 전망이나 사건들의 위치, 그리고 나 자신의 위치를 더 잘 파악하는 방법을 발견하고 싶다는 희망을 품는 것이다. 만약 지금 그러한 전망이 꿈처럼 근거가 없고, 특히 그것 때문에 오히려 뻔한 일이 애매해졌다면, 나의 맨처음 질문에 대해서 처음부터 근본적으로 선택이 잘못되었기 때문에 그 방법이 허물어진다면, 끝으로 당신의 사상이 나에게 도움이 되기는커녕 고립과 자기 봉쇄와 무익한 권위적 태도를 취하도록 권해서 차라리 나를 마비시킨다고밖에는 생각되지 않는다면 내가 그런 직업을 했다고 해서 당신이 놀랄 건 없을 것이다. 당신은 내가 오해한다고 생각하는 걸까. 그럴 수 있다면 그 이유를 설명해주기 바란다. 그러나 제발 협박하려 하지 말고 나를 설복하는 방법으로 해주기 바란다. 당신의 오만한 고고함을 버리기 바란다. 그리고 잠시 우리들 사이로 내려오기 위해 일찍이 당신이 가장한 바 있는 차가운 격식을 버리고 조금 가벼운 복장을 하고 와주길 바란다. 그렇다. 당신이 한 번 더 수고해주길 바란다. 나는 당신에게 또 할 말이 있다. 그러나 당신의 차가운 조상(彫像)은, 다시 한번 그것을 악의로 받아들일지도 모르지만 말이다.

당신이 역사 속에 "악"을, 역사 속에 "선"을 놓았다는 것을 나는 비난했다. "파렴치한 방식"이라고 당신은 답하고 있다. 그리고 나의 글로 나를 되돌아가게 하고, 그 몇몇을 인용하고서 당신은 "역사를 무시하도록 인간에게 강요하기를 극력" 강조하고 있었다. 내가 그것들을 읽으려 하지 않은 것을 나무라는 대신 오히려 내가 그것을 읽은 다음에도, 왜 나의 해석을 정정할 필요를 느끼지 않았는가를 당신은 이해하려 하지 않는가? 그건 뻔한 일이라고 당신은 말할 것이다. 나의 비평가는 대뜸 악의를 택했다고 말이다. 게다가 당신의 편지는 이론까지 짜놓고 내게 당신에 대한 악의적 욕구가 있다고 설명한다. 그것이 어림도 없는 일이란 건 뻔하다. 그러나 그건 나중에 언급하기로 하자. 역사에 속하고 있는 것을 위해서 안됐지만 나는 당신 논거에 알아들을 수 없는 "견강부회(牽强附會) 방식"을 적용할 필요가 없었다. 내가 거짓말쟁이가 아니라 카뮈여, 오히려 당신이 속인 것이고, 지금도 계속 속이고 있는 것 아닌가. 말하자면 당신은 양다리를 걸치고 있기 때문이다. 거듭 말하겠는데, 당신은 "되도록이면" 역사에 "거역해서" 일어서기를 택하면서, 역시 여기저기서 그러한 대립을 사실상의 대립으로 보고 역사의 거부를 역사의 가정으로 간주하려 한 것이다. 그러나 그런 방법에 당신이 만족하지 않았다고 보아야 하겠다. 당신은 이미 여기저기서 당신의 심오한 선택을, 원리의 피상적인 표명으로 벌충하는 것에 만족치 않고, 이번에는 "책 전체를 그 진행과, 분석과, 게다가…… 그 깊은 정열조차도" 어떤 선택에 반대하는 것처럼 보일 필요가 있었던 걸까? 물론 그럴 필요는 없다. 당신 자신도 그런 것을 믿고 있었다고는 생각하지 않는다. 그러나 당신은 단지 옷을 입혀놓고, 애매한 "허울 좋은" 태도가 벗겨지는 것에는 사실상 반대한다. 그때에 거짓말쟁이란 옷을 벗기는 사람을 말하는 걸까?

　"나의 논문에 대해" 당신이 결국 "확인"해야 한다는 "진실", 즉 당신 책이 "역사를 부정하는 것이 아니고…… 오직 역사를 절대시하려는 태도를 비판하는 것이다"에 대해서 당신이 그러한 결론을 내리려고 별의별 수고를 한 것은 딱한 일이다. 왜냐하면 나의 논문도 그 점에는 반대하지 않고 있기 때문이다. 나는 당신 책이 역사를 부정하고 있다고는 쓰지 않았다. 나도 당신처럼, 그런 것은 "무의미"한 부정이라고 생각한다. 나는 이렇게 말했었다. 여러 혁명의 역사를 다시 고쳐 쓸 때의 당신의 역사관은 있는 그대로의(사람들이 체험한) 역사를 배제하고 인간의 조건에 대한 반항과 인간을 신격화하는 "혁명적" 시도 사이의 어떤 유의 형이상학적 투쟁으로 바뀌놓게 되었다는 사실,

당신이 역사에서 벗어나려 한 것은 바로 역사 속에서였다는 사실, 역사에 대한 당신의 반대는 더 정확하게 말하면 "역사의 실제적 요구에 반대해서" 행해졌다는 사실, 끝으로 당신이 주장하고 있는 태도는 "역사를 유지하는" 데 있으며, 다시 말하면 역사 앞에서 스스로를 유지하고 거기에 대해 아무것도 시도하지 않도록 하는 것 등이었다. 그 뿐만 아니라, 당신은 "역사를 조절할" 속셈이라고 내가 말한 일도 있다. 알다시피 분명히 나는 당신 태도가 역사에 대해서 위와 같은 영향을 미치는 것을 부정했을 뿐이다. 그 점에서 당신의 독단적인 긍정에 만족할 수 없다고 해서 내가 거짓말쟁이가 된단 말인가? 예를 들어 당신이 아래와 같이 쓰고 있는 것을 보고 만족하다고 말하면 오히려 나는 거짓말쟁이가 되든가, 적어도 그야말로 빈약한 지적 욕구밖에는 나타내지 않는 결과가 된다고 생각된다. "하기야 반항자는 '주위의' 역사를 부정하지 않는다. '역사 속에서' 자신을 확립하려 한다. 그러나 예술가가 현실을 대하듯이, 반항자는 '역사 앞에서 피하려 하지 않고 그것을 물리친다.'" 왜냐하면 솔직히 말해 당신의 주인공의 자세는 도무지 알 수가 없다. 재주를 부리고 있는 것 같지도 않고…… 그러나 당신은 내가 무능하다는 것을 이미 지적한다.

당신이 1789년 부르주아적 혁명에 관해서 내가 당신의 이중의 혁명비판의 한 측면을 고의로 말살했다고 비난할 때, 나는 당신의 두 번째 설명을 이용하는 데 거의 똑같은 어려움을 느낀다. 그랬다가는 완전한 거짓이 된다. 왜냐하면 나는 당신이 "형식적 미덕이 좋다"고 생각하고 있지는 않으며, 거기에 대한 당신의 가장 심한 말을 인용해 놓았다. 당신이 미덕에 대해서 "신랄한 말"을 퍼붓고 있는 점을 나는 분명히 지적해놓았으며 끝으로 당신의 부르주아적 위선의 횡포에 대해 한 면 이상을 소비했으니 말이다. 그러나 특히 알 수 없는 것은 19세기 역사의 경위에 대한 당신 자신의 해석을 돋보이게 하기 위해, 그때 내가 쓴 것을 되돌아보라고 당신이 왜 지금 와서 권하는가 하는 문제다. 원한다면 먼저 나의 원문을 그대로 인용하기로 하자. 말하자면 당신은 그것을 요약하고 있다. 그것은 당신 자유지만 그걸 괄호에 넣어 강조한다면 좀 문제가 되는 방법이다. "영원의 원리들이나 육체화되지 않는 가치들, 그리고 형식적 미덕이 의문시되고, 또 이성이 '작용하기 시작해서' 순수추상이 아니게 되어 정복되어버릴 때부터 허무주의가 등장하고 독재자가 기승을 부린다." 그러한 강조가 이번에는 당신 눈에 악의에다 무능이 겹쳐 생긴 것으로 보였던 것이다. 그것도 당신 자유지만 말이다……. 적어도 그것은 당신 책 속에서만도 나타난다는 것을 나는 증명할 수 있다. 자기 책에 대해서 당신의 편지는 거기서도 역시, 오직 악의를 돕는 데 이용된다.

　①《반항인》을 읽으면 이렇게 쓰여 있다. "영원의 원리들이 형식적 미덕과 동시에 의문시되고, 모든 가치를 잃어버릴 때부터 이성은 오직 자신의 성과만을 생각하고 작용하기 시작한다. 이성은 일찍이 있었던 것을 모두 부정하고, 장차 있어야 할 것은 모두 긍정하면서 지배하려고 한다. 이성이 정복할 것이다. 러시아의 공산주의자는 모든 형식적 미덕을 맹렬히 비난하여 최고의 원리를 부정하고, 19세기의 반항적 업적을 완성시킨다……. 역사의 지배가 시작되고, 인간은 그 역사와만 일치해서 참된 반항을 외면하고, 그 후 20세기 허무주의 혁명에 공헌하는…… 신에 속해 있었던 모든 것이 앞으로는 독재자

에게 환원되게 된다." 내가 당신의 글을 요약하는 "체"를 했다고 당신은 말한다. 그럼 정말 요약하려면 어떻게 하면 되는가.

② 사실 당신은 당신의 사상을 재차 다루면서, 스스로 처음 방향을 다소 왜곡하는 것처럼 보인다. 그러나 내가 당신 자신에 대해 변호해주겠다. 특히 당신의 편지가 주장하는 것처럼, 허무주의가 당신에게 "육체화되지 않는, 형식적인 가치들"과 "일치한다"는 건 전혀 옳지 않다. 당신의 책에서는 오히려 그것은 여러 가지 가치들의 비육체화의 결과라고 말한다. 앞서 말한 것처럼, 그 결과가 이루어지기까지는 1세기 이상이 걸렸다. 그와 마찬가지로 당신 책에서는 허무주의와 공포정치에 대해 똑같은 증명을 해 보이면서 여러 가치들이 역사 위에 있는 경우와, 그것들이 완전히 역사와 동일화되어 있는 경우가 대칭을 이룬다고는 생각할 수 없다. 사실상 그렇다면, 분명히 러시아 공산주의가 "최고 원리"를 부정했을 때의 "모든 형식적 미덕에 대한 맹렬한 비판"은 그다지 중요시할 수 없게 될 것이다.

당신이 앞의 두 가지 경우를 동시에 생각하지 "않을 수 없었다"는 것은 이해가 간다. 그러나 틀림없이 당신은 그럴 수가 없었을 것이다. 물론 원칙적으로는 둘 다 비난을 받는다. 1789년과 1917년 혁명은 당신의 눈에는 다 같이 유죄로 보인다. 그러나 실제 문제가 되면 당신 관점에서 볼 때 반항의 스탈린적 편향과 부르주아적 편향에 공통점이 없다는 건 보통 문제가 아니다. 솔직히 말해서 그것은 당신이 역사를 서로 다른 두 가지 관점에서 보고 있기 때문이다.

한편 역사란 당신에게는 역사적 상황의 전체기 때문에, 개개의 상황을 서로 구별하는 것이라고는 아무것도 없다. 그 전체에는 현실적인 내용이 전혀 포함되어 있지 않다. 아마도 오히려 모든 것이 무효가 되어, 무용지물이 되어버리는 내용뿐이다. 결국 모든 역사적 현상은 인간이 역사 속에 잠겨 있는 생활을 강요당한다는 것을 상기시키기 위해 존재하는 데 불과하다. 그리고 그 생활은 모든 유지가 집단적 전개를 내포한 세계에 의해서 부여된다. 첫 번째 관점에 따르면 역사란 당신이 인간의 조건과 동일시하는 절대 "악"의 특수한 형태에 불과하다. 거기서는 부정의는 일체 견디기 어려운 것이지만 인간이 살아 있다는 것만으로 그 희생이 되고 있는 원초적 부정에 비하면, 아무튼 제2의적인 것에 불과하다. 사람은 그 고뇌를 완화하려 할 수는 있으나 더 옳은 세계를 위한 고통이 적은 인간 생활을 위한 투쟁의 올가미에 걸리는 일은 없다. 왜냐하면 세계의 부정의이며, 앞으로도 역시 부정의일 것이고, 인생은 고뇌와 불행의 낙인이 계속 찍히고 있기 때문이다. 본질적으로 비시간적인, 그처럼 주어진 역사는 제2의적으로밖에는 "시간화되"지 않는다. 혼돈스러운 부조리의 역사란 순수 우연의 영역이며, 특히 우발 사건의 무대이며, 유지에 새겨진 절대 "악"이며, 인간에게 가해지는 항구적 "모욕"이 구체화되는 시간적인 변화의 전체이다. 그런데 그것은 바로 《페스트》에 쓰여 있는 관념이다. 그리고 당신이 나의 분석 가운데 어떤 점에 반대해서, 당신의 사상이 "현대" 역사에 무관심하지 않다는 것을 증명하고자 그 소설을 인용하고 있는 것은 제법 시사적이라 본다.

그 대신 두 번째 관점이 지배하기 시작하면, 역사는 갑자기 의미를 갖게 되며, 하나의 방향이 명백해진다. 즉 "역사의 흐름"이 존재하는 것이다. 그런데 틀림없이 그 흐름이 당신 마음에 들지 않는다. "부정이 축적된 옥토"가 존재하기 때문이다. 그러나 최초의 "악"은 거기에서, 말하자면 항상 되풀이된다. 역사는 "지옥"이 되고, 그 지옥은 인간적 부정을 인정하지 않는다. 그 결과 "어떤 사람들의" 범죄적 과오가 생긴다. 그 "공포"는 "광기"이며, 그것은 "도발"된 것이다. "현대에 끔찍한 용모를 부여한" 것은 허무주의의 열광이다. 당신의 제2의 역사관에 따르면 오늘날 인류를 덮치고 있는 위협의 증가에 대한 책임은 혁명가가 져야 한다고 돼 있다. 어떤 의미에선 당신 말이 옳다. 러시아혁명까지는 자기 생활이 위협받는다고 느끼는 건 무산계급뿐이었는데, 지금은 그 위협이 부르주아계급에도 덮치기 시작했다. 이제까지 세계 속에서 작용하던 폭력은 일방적이었다. 앞으로는 다른 폭력이 거기에 호응한다. 당연히 예상될 수 있듯이, 여하간 생활이 안락해질 것 같지는 않다. 그러나 요컨대 카뮈여, 혁명이라는 것은 인간에 의해, 즉 인간으로서 존재하는 권리—이럭저럭 연대책임을 지고—를 쟁취하려고 노력하는 보통 인간이 성취하는 것이며, "특히" 그들에 의해 성취되는 것이다. 아마 그가 사용한 방법으로 보아, 그리고 그들에게 가해진 상황으로 보아 이제까지는 최선의 결과를 거의 얻지 못했었다. 현실의 인간이 현실 구조에 대해 실제로 반항할 때, 순수 반항의 이상적 조건들은 결집되지 않을 것이다. 그렇다면 무행동일 수밖에는 없다고 당신은 생각한다! 미리 부탁하는데 당신이 그런 말을 "쓴" 기억이 없다고 항의할 필요는 없다. 얼마든지 있을 수 있는 일이니 말이다. 거기에 대해서 당신의 말을 나는 믿겠다. 나로서는 당신이 그렇게 "생각"한 것만으로 충분하기 때문이다. 그 점에서 나는 정말이지 추호도 의심하지 않고 있다. 무행동의 주제는 당신 책의 주축을 이루어 명백한 오직 하나의 통일을 이루며, 당신의 서한도 그것과 모순되지 않는다. 마찬가지로 "두 가지 무효성, 즉 무행동에 의한 무효성과 파괴에 의한 무효성"이 있다고 당신이 쓴 데 대해서 찬사를 보내고 싶다. 유감스럽게도 당신이 택한 "유효성"과 바로 순수한 무행동과의 태도 사이에 당신이 생각하고 있는 듯한 차이를 두는 일을 나는 할 수 없었다. 그뿐만이 아니다. 당신이 참된 유효성이라고 생각한 것은 무행동의 선택 그 자체 속에 있다. 그리고 당신이 볼 때 무행동도 "두 종류의 무효성"의 하나이므로, 결국 당신의 효과성의 유일한 보증은 무효성에 있다는 결론이 되는 게 아닐까? 그것은 바로 당신 스스로가 말하고 있는 사실이다. 당신은 한편으로는 "재생을 맹세해야 한다"고 쓰면서, 한편으로는 "부단히 되풀이되는 모순과 고뇌와 패배와 불굴의 긍지로 욕을 본 반항은, 그 고뇌와 희망의 내용을 그 자연(인간성)에 부여해야 한다"고 쓰고 있다.

게다가 그것도 상당히 오래전 이야기다. 명백히 무행동이어야 한다고는 생각하지 않았었던 레지스탕스의 화려한 시기에는 당신은 인류의 장래에 관해 어딘지 색다른 견해를 보여주고 있었다. 사실 당신은 인류가 "견디기 어려운 숙명과 투쟁을 시작하기 위해, 연대책임을 재발견하기"를 바랐다. 그리고 "재생을 되풀이하는 피로할 줄 모르는 용기"(《독일인에게 보내는 편지》 p. 71, 79, 갈리마르(1945년)]를 찬양했다. 그것은 확실히 훌륭한 일이다. 그런데 당신이 바로 그다음에 아래와 같이 쓰고 있는 것을 보고 나는 서글프지 않을 수 없다. "분명 그 때문에 우리가 세계를 향해서 한 고발이 가벼워지는 것은 아니다. 우리는 저 새로운 '과학'에 너무나 비싼 희생을 치렀기 때문에 인간의 조건은 역시 절망적으로 생각된다. 새벽에 살해된 몇십만 명의 사람들, 감옥의 무서운 벽, 자신이 낳은 몇백만 어린이의 시체로 아롱지는 유럽의 땅, 그 모든 것은 두세 가지 뉘앙스를 얻기 위해 치른 희생이다. 게다가 그 뉘앙스란 우리들 가운데 몇몇이 멋있게 죽는 데 도움이 되는 효과밖에 없는 것이었을지도 모르는 일이다. 진정 그것은 절망적이다." 때로 절망이 용기가 되는 것은 좋다. 그러나 "피로할 줄 모른"다고 생각되는 용기가 "재생을 되풀이하는" 용기일지도 모르는 것이 되면, 나는 당신을 따라가기가 갑자기 괴로워진다. 그러려면 당신이 그 "재생"과 "견디기 어려운 숙명"과의 인간의 투쟁의 내용을 설명하고, 곤란을 제거해주지 않으면 안된다. "정말 그것은 절망적이다. 그러나 우리가 그 정도의 부정의의 값어치가 없다는 것을 증명해야 한다. 그것은 우리가 결정한 일이며, 그것은 내일부터 시작할 것이다."〔전게서 p. 80〕 그 말들은 분명히 힘차고 슬기롭고 용감하다고 할 수 있는데, 의외로 무의미하지 않나 하고 생각하기 시작하면 역시 그 빛이 다소 흐려진다. 그 인간적 조건은 "어떤 정의"에서 보아 "그처럼 부정의"에 시달리고 있어 보이는가? 그리고 그 "증명"은 "누구"에 대해 하는 것일까?

　이 모든 것의 관건이 되는 것을 내가 어디서 얻었다고 생각하는가를 당신에게 이야기하겠다. 그것은 "당신이 인간보다 훨씬 신의 일에 마음이 쏠리고 있다"는 사실이다. 당신이 신은 존재하지 않는다고 공언하고 있는 것을 잘 알고 있다. 그러나 당신은 그것을 지나치게 강조해서, 항상 신에게 비난을 퍼붓는다. 당신은 신에게 속지 않으려고 지나치게 걱정하는 모양이다. 그래서 당신은 신이 죽은 것을 원망하는 동시에, 신 속에 무슨 악마가 살고 있는 것을 두려워하고 있는 것처럼 보인다. 당신은 독일인 친구에게 이렇게 쓰고 있다. "우리는 함께 오랫동안 세계에 최고의 이유가 없으며, '우리는 절망에 빠져 있다'고 믿고 있었다. 나는 지금도 어떤 의미에서는 그렇게 믿고 있다."〔전게서 p. 69. ' '는 필자〕그처럼 주목할 만한 말이 정신을 대번에 만족시킬 수 있는 "정의의" 세계를 창조"해야" 했던 신, 즉 "당신에 대해서" 그랬어야 했던 신에 대한 것과 동일한 원한을 나타내는 것이 아닐지. 그 선량한 신이 당신을 속이고, 간악한 "악령"으로 변한 것이다. 혹은 더 간단하게 말해서 신이 당신을 버리고, 당신 따위는 생각해주지도 않고 제멋대로 죽어버린 것이다. 그러나 당신이 어떤 식으로 다음과 같은 믿을 수 없는 객기를 부리고 있는가를 보아둘 필요가 있다. "하늘은 당신들의 흉측한 승리에는 별로 관심이 없었듯이 당신들의 당연한 패배에도 무관심한 것이다. '오늘날에도 나는 하늘에 무엇 하나 기대하지 않고 있다.'"〔전게서 p. 81〕

의심의 여지가 없는 점은, 한마디로 말해서 당신은 정의에 대해서 상당히 이상한 요구를 하고 있다는 사실이다. 그러나 그 요구는 신에 반대해서 행해진다. 인간의 명예와, 당신이 상상하고 있는 것을 손상시키는 형이상학적 모욕과 대결시키는 투쟁만이 흥미를 가질 가치가 있는 것처럼 생각된다.

인간에 관한 한 당신은 차라리 인간을 묵살하려고 노력한다. 온갖 힘을 쏟아서 이럭저럭 당신은 인간을 무시하는 데 성공하고 있다. 신에 대한 태도와, 인간에 대한 태도에는 밀접한 연계가 있다. 예컨대 당신이 묘사한 음울한 혁명의 도식에서 그것을 볼 수 있다. 거기에서 민중은 "우연히" 모습을 나타낼 뿐이다. 당신으로서는 그들이 최초의 희생자인 것을 나타낼 필요가 있을 뿐이다. 당신 책에서는 "혁명가"는 모두가 "주모자"다. 하기야 그것은 많은 다른 사람들과도 공통되는 사고다. 그러나 당신은 그 사고방식을 더욱 극단화해서 독특한 것으로 만든다. 사실 그 주모자들은 "관념론자"이며, 언젠가 루소며 헤겔이며 마르크스의 저서들을 뒤적거린 끝에 하나의 관념을 갖게 된 사람들이다. 그리고 그 관념은 까닭을 알 수 없지만 하나의 고정관념이 되어버렸다. 그리고 그들의 착란이 시작되었다. 그 후 엄청난 경련이 행위로 변했다. 그 "열광자"들의 광기에 찬 의도는 세계 정복을 통해 인간의 신성(神性)을 수립하는 데 있다는 것이 명백해진다면 그러한 결과도 당연하다 하겠다. 역사에 관해서도, 당신 자신의 생활에 관해서도 마찬가지다. 당신에게 역사는 "신과의 연계"에서만 나타난다. 처음에 역사의 흐름에서 인간과 인간적인 동기를 일소해버렸기 때문에 역사의 흐름은 비인간적이라는 결론을 내리는 데 별로 힘이 들지 않았다. 그러나 당신이 역사의 비인간성을 개탄한다 해도, 당신으로서는 그것이 역사 속에서 개죽음을 하는 인간을 위해서가 아니다. 차라리 역사의 흐름이 당신과 세계의 관계를 흩트려놓고, 당신 드라마의 최고의 엄혹성을 흔들어놓고, 당신 사상의 존귀한 고양성을 계속 부정하기 때문이다. 즉 그것은 문제를 회피하지 않으려는 배려 때문에 문제를 대번에 절대화하고, 그렇기 때문에 해결을 불가능하게 해버리는 사상이다. 당신의 역할은 오만하고 완벽하게 아름다움으로써—아무런 이유도 없이 위엄을 지키려 함으로써 세계와 자기 자신의 조건을 대결시키는 "정의의 사람들"의 역할인데—고요한 정경과 상징적인 주역을 요구한다. 군중의 움직임과 매일매일의 현실의 간섭, 압박자의 암묵의 폭력 그리고 거기에 대항하는 인간적인 것의 격렬한 요구(인간을 위해 그 완전한 성패 여하에 따라서도 청산될 수 없는 사업), 그런 것이 당신의 거창한 연설을 그르친다. 전 세계에서의 혁명적 사업의 현실과 직면해서 당신은 가장 긴요한 일로서 혁명을, 분명히 당신 자신의 신에 대한 집념을 가지고 해석하고 있는 상징적 태도로 변형해야만 한다. 그러나 그래도 당신은 만족하지 않는다. 그런 형태의 혁명적 사업 역시 당신에게는 벅차서, 거기서 당신 자신의 태도는 여전히 부정되어버린다. 당신은 그것을 다만 종류가 다른 광기 어린 것이라고 규정했을 뿐이다. 이번에는 그것을 되찾아서 단연 그것을 당신 자신의 세계관, 즉 당신의 세계에 병합해야 한다. 그리하여 그것을 당신의 극기적 명석성을 행사하는 새 기회로 삼았다. 비록 처벌할 기회가 있어도 당신은 적어도 맹목적으로 처벌하는 자들과는 다르다는 식으로 표명한다. 그래서 이번에는 혁명이 소수의 선택된 자를 위해서는 승화하는 도구가 되고, 많은 선량(選良)에게는 굴욕의 도구로 바뀌어버린다. "가난한 자의 울부짖음 때문에 배부른 자가 잠 못 이루는 현대야말로 축복받을지어다! 메스트르는 일찍이 '혁명이 왕자를 향해서 행한 가공할 설교'에 대해 이야기한 바 있다. 혁명은 오늘날에도 역시 그 사실을 더 절실하게, 현대의 명예가 손상된 선량에 설교하고 있다."

그러나 현대는 어떤 상태인가? 당신의 책 자체가, 직접적이든 암암리든 간에(그 사실은 나의 비평에서 지적한 바 있는데) 몇 번이고 현재의 부르주아사회가 폭력에 의해 유지되고 있으며, 거기에 대한 폭력에 의하지 않는 항의의 형식은 본질적으로 불충분하고 이미 시대착오임을 증명한다. 당신이 단 한 번이라도 혁명을 현재의 사회의 실상을 수정하는 데 필요치 않은 것이라고 말하리라고는 믿을 수 없다. 당신의 주제는 인류는 모두 역사에 몸을 내맡기기 때문에, 혁명도 죽어야 하는 것이라고 말하는 데 불과하다. 요컨대 당신은 도처에서, 모든 혁명의 기원에서 당신이 보기에 반항의 본질 그 자체인 구체적 가치를 발견하는 모양이다. 그래서 기원으로 돌아가면, 혁명에도 당신이 말하는 이른바 구원받을 기회가 있을는지도 모른다. 그러나 그렇지 않다. 당신이 혁명을 구원하는 것은(물론 당신이 그럴 수 있다 치고) 혁명의 존속을 교묘하게 방해하고 있기 때문이다. 비록 당신이 아무리 혁명의 기원을 좋아한다 해도, 그것은 혁명이 영원히 당신 뜻대로의 지점에 머무르는 것을 의미하기 때문이다. 즉 당신이 말하는 "반항"은 바로 모든 실제적인 일을 떠나는 것을 명예로 삼고, 항상 제로 상태로 돌아감으로써 자신을 무한히 순수하게 해놓는 일이다. 결국 당신이 말하는 혁명이라는 것은 전반적으로 그리고 거의 직접적으로 실패하지 않으며(파리코뮌) 가치도 없고 반항적도 아니라고 생각하고 있다. 혁명의 와중에 반항의 특수한 요구를 견지하는 따위의 혁명가는 당신이 보기에는 미친 사람으로 생각될 뿐이다. 그런 것을 요구하지 않아도, 가엾은 혁명가는 광기에서 깨면 경찰 수중에 잡힐 뿐이다. 그래서 혁명은 부르주아사회의 인간화에는 필요하지만 혁명으로 세워지는 유일한 사회는 완전히 비인간적 사회다. 해결법은 확실히 하나뿐이다. "실제 상황을 승인"하는 일이다. 분명 당신은 지체함이 없이 그 승인은 동의는 아니라고 말하면서 "역사적 부정의와 인간의

202

빈곤을 시인"해서는 안 된다고 잘라 말한다. 당연한 일이다. 그러나 그것도 역시 당신이 우리를 문제의 훈련에 적용시키는 기회로 삼는다. 즉 사정은 명백하다. 당신은 거절에 의해서만 승인한다. 그리고 당신은 반대되는 것의 시인은 삼가면서 한편으로 투쟁의 개시도 허락하지 않는다.

바로 그것이 당신이 그렇게도 고민한 결과다. 그것은 극기적인 영주의 정의며, 시대착오적인 절대적 정의관이라는 사실이다. 하여간 인간이 움직이는 상대적 세계에 정의를 도입하려고 애쓰면서, 정의에 반대되는 일까지도 하는 절대 정의다. 부정의가 심해지지 않도록 배려하고, 상상 속 부정의에까지 항의하면서 실제적 부정의를 유지하려는 그 고상한 욕구는 절대순수에 사로잡혀 있다는 점에 그 특징이 있는 게 아닐까? "정의의 사람들"이란 "순수인"을 말하며, 순수를 맹세한 인간이다. 동시에 그는 순진한 인간 아니면 거짓말쟁이다. 왜냐하면 자신이 존재한다는 것만으로 이미 위험이며, 언제고 모든 점에서 위험을 겪지 않고 계속 존재할 수 없는 세계에서 타협은 일체 하지 않겠다고 공언하는 것은 오히려 무의미하니 말이다. 인간을 처형자와 희생자와 기타 세 가지 종류로 분류해보면, 기타 인간이란 어떤 의미에서 당연히 처형자의 "공범"이다. 그리고 다행히 희생자가 되지 않고 견디는 신사라면, 처형자 역할보다는 공범자 역할을 즐겨함에 틀림없다. 그러니만큼 그가 순수의 깃발을 휘두르는 것은 용납되지 못한다. 게다가 그 세 가지 분류 역시 잘 생각해보면 유효한지 어떤지 매우 의심스럽다. 사실상의 공범이 되는 경우 공범자가 어떤 태도를 하는가를 고려하지 않고 있기 때문이다. 그 점에서 당신 자신은 내가 옳다는 것을 인정해주고 있다. 분명히 체념한 공범자와 반항적 공범자가 있다. 그러나 이렇게 명확히 구분해도 아직 상당한 불안이 남는다. 예컨대 당신 자신의 경우 따위는 전혀 안심이 안 된다. 사실 당신은 "반항적" 공범자이기를 택했다. 오직 당신은 "당신의 반항까지 택한" 것이다. 즉 그 대상을 선택한 것이다. 그 결과 적어도 얼른 보기에는 단순한 동의를 보이지 않으며, 수동적 반항에 머물러 있을 수 있다. 어떤 행위에 만족하고 바로 예상되는 "인간 조건"에 반대해서 처신해야 한다고 어떻게 인간에게 요구할 수 있단 말인가? 여기에 관련해서 그 선택 때문에 당신의 항의는 절대적인 것이 되어, 당신은 제2의 이점을 얻는다. 항의가 실제적이 아닌 만큼 더욱 강경해 보인다. 왜냐하면 "절대"는 패배의식과 비교해서 항상 불변하는 매력이 있기 때문이다. 제3의 이점. 일반적으로 인간을 더 보잘것없는 희생자로 하여, 당신은 대번에 공범자임을 단념해버린다. 게다가 끝으로 당신의 많은 희생자와 혼동하는 위험을 회피했다. 실제로 죽을 때까지 가공할 도전을 계속하는 한 신성한 "부재" 앞에서 희생적 상대를 과시할 수 있는 희생자만이 구제된다. 요컨대 당신은 패배를 선택하고 그 모범을 보여주었다.

　1940년에 프랑스는 패배했다. 말할 필요도 없이, 그것은 프랑스의 지나친 순수 때문이었다. "우리는 깨끗한 손으로 희생자와 확신을 갖는 자의 깨끗함을 가지고 그 전쟁에 참가했다." 좋다. 그런데 1943년 7월에 이번에는 승리가 엄연히 지평선에 나타난다. 당신은 그 시점을 어떻게 뛰어넘겠는가. 매우 간단하다. 당신은 당연히 프랑스인이 승자가 되려 할 때, 그들이 깨끗하지 않게 되었기 때문이라고는 말할 수 없다. 당신은 그들의 깨끗함을 승리의 원인이라 말하고, 그 결과라고도 말할 것이다. "우리는…… (그 전쟁에서) 깨끗한 손을 간직할 것이다. 그러나 이번에는 부정의와 우리 자신과 싸워서 얻은 대승리의 깨끗함이다." 프랑스인은 처음에 패배했기 때문에 바로 승리가 주어진다. "우리는 그 패배 자체의 덕으로" 그리고 "부정의를 느끼고" 그들의 깨끗함에 가해진 고뇌에서 "교훈을 끌어내었기 때문에 바로 승자가 될 것이다." 좋다. 제3공화국이란 인간 공동체의 이상이었다. 프랑스는 자신의 힘만을 믿고 단독으로 승리 쪽으로 밀고 간다. 그러나 프랑스가 부정의에서 끌어낸 "교훈"이란 무엇일까. 그것은 두 시기에 걸쳐서 전개된다. 제1기. "우리의 깨끗함에 대해 비싼 희생을 치를 것이다." "프랑스는 오랫동안 권력과 지배력을 잃었었기 때문에, 문화에 필요한 부분의 위엄을 재발견하고자 절망적인 인내와 세심한 반항이 장기간 필요하다고 생각한다. 그러나 프랑스는 그 일체를 깨끗한 대의명분 때문에 잃은 것이라고 생각된다." 제2기. "우리는 헛된 희생을 치를 것이다." 우리의 조건이 절망적이라고 생각되지 않도록 하기 위해 우리는 그 새로운 과학에 너무 비싼 희생을 치렀다. 결론. 깨끗함은 항상 박해당한다. 명백한 승리를 차지할 때까지 언제나 희생이 된다. 깨끗하다는 것은 영원히 패자라는 뜻이다. 깨끗한 자의 패배는 그 깨끗함의 증거다.

그러한 전망 끝에 당신은 당연히 인간에 대해 거의 만족하지 않게 된다. 그래서 그러한 어려운 시기에, 그리고 당신의 생명 자체가 위험해졌을 때 유럽의 운명을 생각하고 "유럽"이란 당신에게 무엇보다도 자연, 과거, 식물, 폐허의 유럽이었다는 것을 여기서 상기해주기 바란다. "그것은 고뇌와 역사로 만들어진 훌륭한 땅이다. 모든 꽃이며 돌, 언덕이며 풍경, 거기서는 인간의 시간과 세계의 시간이 낡은 나무와 기념 건축물을 뒤섞어놓았으며, 나의 추억은 그 겹치는 영상을 한데 녹여 나의 최대의 조국의 유일한 모습을 그려낸다. 서양의 모든 위대한 망령이나 30개 민족이 우리가 함께 있다고 생각하는 것만으로는 충분치 못했다. 대지를 따돌릴 수는 없었다."〔《혼례》p. 56, pp. 60~62〕

인간 자체에 대해서도, 그들이 석화(石化)되고 존재가 씻겨 내려져 당신이 바라는 대로 되었을 때, 다시 말해서 당신이 바라는 그대로의 인간에 불과한 것이 되었을 때, 당신은 인간을 더욱더 사랑한다. 바로 그렇기 때문에 당신은 인간을 "상징"의 형태 아래 사랑한다. 예컨대 "스페인 민족"은 당신 마음에 든다. 지중해 연안의 관능적인 혹서의 나라 스페인, 그 풍경의 거창함과 소박함, 슬기로운 반항 정신, 국민의 무정부주의, 거기에서라면 누구나 마음대로 행동할 수 있다. 그러므로 《계엄령》 이야기를 스페인으로 가져온 데 대해, 당신은 후에 다른 고장에서는 할 수 없었다고 암시하면서 변명한다. 당신은 가브리엘 마르셀에게 이렇게 썼다. "육체와 긍지를 가진 민족으로 하여금 대조적으로 독재제도의 오욕과 암흑을 말하게 할 필요가 있었기 때문에, 내가 스페인 민족을 택한 데 대해 예민한 사람이면 누구나 당연하다고 생각할 것이다. 나는 역시 《리더스 다이제스트》의 세계적인 애독자나, 《토요석간》이나 《일요 프랑스》의 독자를 택할 수 없었던 것이다"라고 말이다. 첫 번째 가정은 대수롭지 않으니 생략한다. 사실 그런 애독자는 도처에 있으니 아무 데도 없는 것과 같다. 제2의

가정은 다르다. 위 두 주간지의 독자가 어떤 것인지, 왜 다들 그런 신문을 읽게 되는지 똑똑히 알고 있을까? 당신은 프랑스 신문계의 가정에 더 정통한 줄 알았다. 적어도 발행부수가 얼마나 되는지는 짐작할 것이다. 그렇게 되면 많은 프랑스인을 한꺼번에 한 개인의 경멸에 내맡긴다고 생각하지 않는가. 당신은 배짱이 세야 한다. 게다가 그처럼 무자비한 선고와, 전전(戰前) 몇 년간에 걸친 프랑스적 깨끗함에 대한 당신의 열광적 찬사를 조절하려고 무슨 요술을 부리려 하는가? 같은 프랑스인이 전전에는 무엇을 읽었을까? 즉 그 후 당신은 이웃에 대해 과히 꿈을 가질 수 없게 된 모양이다. "…… 오늘날 어리석은 것은 왕이다……." 이렇게 당신은 《혼례》에서 썼다. 당신은 어리석게도 행복하지 않다고 고집부리는 그 사람들이 귀찮아진 것이다. 그들이 화면의 오점이 되고, 무대장치를 망쳐놓은 것이다. 벌써 당신은 그들의 가면을 벗겨버렸다. 그들은 단순히 "즐기기를 두려워"하고 있었던 것이다. 그러나 알제리인들만은 예외였다. 그들은 행복하다는 것을 알고 있다. 그리고 당신은 "태양과 바다에서 태어나, 활기에 차고, 맛이 있고, 단순함 속에서 위대함을 퍼내고, 하늘에 빛나는 웃음에 대해 친구처럼 웃는" 그런 족속과 당신의 세계에 대한 애정을 공유하는 것을 "의식하고, 자랑스럽게 생각하고" 있었다. 그러니 당신이 무슨 목적으로 알제리의 동지와 당신 서한에 쓰여 있는 것 같은 "차라리 유쾌하지 않은 전쟁"을 했는지 의아할 정도다. 그들의 심정에 대한 당신의 서술에서는 그 결과가 별로 명확하지 않다. 그러나 아마도 당신은 그 "유년 민족"에 대해 지아비같이 넘치는 듯한 연민의 정을 가지고 있겠지. 그들 사이에서는 영화관에서 주고받은 대화나, "봉봉과 박하사탕을 교환"한 것만으로 "간단히" 결혼이 되거나 전 생애를 서로 바치거나 한다.

나는 정신을 "갖지 않은 그 민족"의 어떤 점이 당신 마음에 들었는지를 잘 알겠다. 당신은 그 민족을 결코 귀찮게 생각하지 않았다. 당신은 역시 그것을 상징으로 삼아버렸다. 그렇다면 당신은 그들에게 무엇을 남겼는가? "어리석은 오락", "육체의 숭배", "소박한 견유주의", "천진한 허영" 따위다. 바로 그런 특징들 때문에 그 민족은 "엄격하게 비판받는다"고 당신은 가증스러운 관대함으로 부언한다. 그처럼 군데군데 식민주의적 민족관까지 등장하는 것은 우스운 일이다.

어차피 어떤 민족을 상징화해서 이럭저럭 함께 타협해보려는 것은 결국 헛된 이야기다. "해변가를 의기양양하게 걸어가는 미개인들", "육체와 긍지를 가진 민족" 운운해도, 아직 완전히 투명해지지 않은 민족도 상당히 있으며, 그야말로 많은 사람들이 실제로 그대로 있다. 게다가 요술이 실패할지도 모른다. (예컨대 알제리인은 민족운동으로 결속하든가, 혹시 "혁명가"가 될지도 모른다.) 그러므로 더 급격한 해결을 한꺼번에 노리는 편이 낫다. 순수에 대한 소망은 본질적으로 고독에 대한 소망을 내포한다는 것을 시인해야 한다. "인간이 된다는 것은 결코 쉬운 일이 아니다. 순수한 인간이 되는 것은 더 어렵다. 그러나 순수한 세계와 친밀감을 느끼고, 피의 고동이 두 시 태양의 격렬한 고동과 합치하는 영혼의 부분을 재발견하는 일이다. 친밀감이라고? 적절하게 말하면 '토지와 「인간성에서 해방된」 인간과의 애정에 넘치는 이해'다.〔《혼례》p. 83〕

이번에는 여기에 반항의 참된 고행이 등장한다. "피렌체! 나의 반항의 중심에 하나의 동의가 깃들어 있다는 것을 내가 깨달은 유럽의 한 고장이여. 눈물과 태양이 섞인 하늘 속에서 나는 대지에 동의하고 그 축제의 어두운 불길에 휩싸여서 타오르는 것을 배웠다. 사랑과 반항의 일치를 어떻게 축복해야 하는가? 대지여!" 당신은 제미라의 폐허에서 그것을 이해했다. "나는 세계와 멀어짐에 따라, 그리고 언제까지나 계속되는 하늘을 바라보는 대신, 살아 있는 인간의 숙명에 집착함에 따라 죽음을 두려워하기 시작한다." 당신은 피렌체의 시골에서 저 역사 없는 모럴을, 저 "모든 것이 이미 극복되어버린 예지"를 끌어낼 수 있었던 것과 똑같이 "'도리'란 '인간이 없는 자연'을 의미하는" 유일한 우주가 있다는 것을 배운 것이다.

그 후 당신은 어떤 형의 인간이 가장 귀찮은 존재가 아닌가 하는 것을 알았다. "인간의 척도는? 침묵과 죽은 돌. 다른 것은 모두 역사에 속한다." 게다가 "세계는 종말에 가서 반드시 역사를 정복하고 만다." 그리고 그 고행을 한결같이 "사는 정열"이라고도 불렀고 "자신의 망각"이라고도 불렀다. 하여간 그것 때문에 당신은 "우리를 희망에서 해방하고 우리를 역사에서 떼어놓게 해주는 교훈을" 받아들이게 된 것이다. 물론 그 교육이 도움이 된 일도 가끔 있기는 하다! 그래서 당신 서한으로 되돌아가기 전에 한 가지 예를 더 들어 얼마나 예외적으로 사상이 일관되어 있는지 제시하고 싶다. 그 책에서 당신은 이렇게도 썼다. "무효성이 나의 저항의 마이너스가 되는 면을 나는 알지 못한다. 그러나 그것이 플러스가 되는 점은 확실하게 느낄 수 있다."

"정의의 사람, 깨끗한 사람, 고독한 사람……" 내가 보기에 당신은 결국 그런 사람이다. 자신에게만 사로잡혀, 자신의 위엄, 위대함,

"인물"에 대해서만 미칠 지경으로 신경을 쓴다. 당신은 유감 속에 잠기어 원한에 차서 더는 "당신처럼" 절망하려고는 생각지 않는다. 아마도 전혀 절망한 체하지 않고, 다시금 죽음의 숙명을 지닌 불행과 압박되는 불행을 끝내 구별하려는 많은 사람들에게 화를 낸다. 게다가 그들은 행복이 바로 거기, 가까이 있다는 사실을 모른다. 태양 쪽으로 얼굴을 돌리고 창공과 친구가 되는 것을 납득하기만 하면 되는데…… 당신은 고독하다. 분명 우리 모두는 고독하다. 그러나 당신은 더더욱 "고독을 택한" 모양이다. "나에게는 고독의 습관이 있다……."〔《오브세르바투아르》지에 보내는 편지(1952년 6월 5일)〕 게다가 당신은 고독자의 태도, 오만함, 거만함을 갖추었다. 그리고 아마도 진리란 개인적인 일, 개인의 고귀함과 성실함이 결정적인 근거가 되는 명예로운 일이라고 생각하고 있기 때문에, 고독을 선택했음에 틀림없다. 그러나 그것만 가지고는 피에르의 명예와 폴의 명예를 누가 판단할 것인가. 당신은 성실하면 된다. 즉 성실의 의식을 갖고 있기만 하면 된다고 생각한다. 그런데 당신은 그 의식을 갖고 있다. 왜냐하면 "당신의 명예"가 최고의 재판관이 되어 재결을 내린다는 사실이다. 그렇게 되면 당신이야말로 "진리"이며, 항상 진(眞)의 무게를 따라 기우는 정확한 저울대다. 그런데 이번에는 당신은 역사에 덤벼든다. 그러면 저울대가 갑자기 흔들거린다. 불안정하게 동요하고, 돌연 큰 중량을 나타내고, 그 때문에 저울대는 휘청거린다. 거기서 당신은 침착하게 저울질할 수 있고 고상하게 도전할 수 있는 유일한 역사란 부동의 역사이고 역사의 부재라는 것을 발견한다. "당신의 정의"란 요컨대 정확히 정오에 위치하는 데 불과하다.

"만약 나에게 진리가 우익적으로 보인다면, 나는 우익이 될 것이다"라고 당신은 말한다. 두말할 것 없이 그것은 당신이 진리"이기" 때문이다. 그러나 그런 표현을 하게 되려면 적어도 그런 확신이 필요하다. 그리고 사실, 당신의 순수의식이 자리한 절대적인 높이에서는 좌익도 우익도 내용 없는 형식에 지나지 않으며, "꼭 한가운데"에서 보면 대칭적인, 추상적인 장소에 불과하다. 당신은 역사적 현실을, 실제 우익과 좌익 사이에서 행해지는 사실 속이나, 또 양자를 대항시키는 투쟁 속에서 추구하지 않고, 현실에 대한 당신 태도의 위대함에 대한 투쟁 속에서만 추구한다. 물론 그런 관점에서 보면, 유효한 투쟁은 비난받을 만한 것이 된다. 그리고 영원의 균형 말고는 구원이 없다. 태양은 옳다. 당신은 거기서 당신의 현명함을 취하니 당신 자신도 옳다. 그러나 인간들은 부정의하고, 미쳤다. 《반항인》끝머리에서 당신의 전체주의적인 모럴리즘이 최악의 인간을 상대할 때, 마침내 증오가 그 완전한 모습을 드러낸다. "탐욕스런 생김새를 나타내는 소유럽인들", "저주받을 유럽", "그 쩨쩨한 반역자의 냉소적인 무리는 오늘날 유럽의 모든 시장에서, 어떠한 굴종에도 몸을 바치는 한 주먹 노예가 되고 말았다" 따위……. 왜냐하면 당신의 "진리"에는 인간이 필요하지 않고, 인간적이 되기 때문이다. 즉 신권에 의해서처럼 한꺼번에 인간적이 되어버린다. 그것은 당신의 진리다. "따라서" 인간적인 것이다. 당신은 현실의 인간들과 더불어 현실과 대결하거나 협력해서 진리를 끌어내려 하지 않는다. 당신이 가슴에 진리를 품고 있는 것은 높은 곳, 인간보다 훨씬 높은 하늘에서 당신의 산뜻하고 위대한 영상들 앞에서 혼자 있을 때다. 그리고 당신은 어버이처럼, 엄한 애정 때문에 과장된 동작으로 인간들에게 진리를 베풀어준다. 당신은 "깨달은 인간의 관대함"(《반항인》 p. 377)을 택한 고로 인간들에게 그처럼 절망적인 덕—"거만한 연민"과 덮어놓고 인간을 나무라는 무서운 애정— 을 강요할 권리를 어떻게 거부하겠는가?

당신이 그 선택(거기에 따라 예상되는 현저한 특권 역시)을 말하고 있는 《반항인》의 같은 구절에는 "엄청난 관대함"(전게서 p. 375)이라고도 쓰여 있다. 그러나 그 두 가지 표현은 전혀 모순되지 않는다. 후자는 이승에서 현자이며 "깨달은 인간"으로서 사람들 앞에 나타나는 것이 당신으로서는 고상하게도 부조리하고, 위대하게도 불합리하다는 것을 제시하는 데 불과하다. 당신의 주관적 진리를 "어중간하게" 유효한 "보편적 예지"로 내놓으려 할 때, 당신은 그 예지가 광기이며, 거기서 비극적인 위대함을 찾아야 한다고 말한다. 당신은 당신의 "진리"가 의심의 여지 없이 접근이 어려운 것이며, 인간은 미쳤으니 진리가 미치지 않았다는 것을 알지 못하는 것이라고 암시해놓고 진리를 내놓는다. 왜냐하면 참된 "진리는" 당신에게는 완전히 순수한 것이어야만 하기 때문이다. 그래서 진리는 동시에 증명도 못하고 분배도 할 수 없는, 즉 받아들여질 수 없는 것이라야 한다. 진리의 완전한 형태란 보편적인 도전이다.

분명 당신은 그와 반대되는 이야기도 단언한다. 당신이 썼듯이 반항은 "개인을 고독에서 끌어내는 최후의 명증"이다. 그것은 "모든 인간의 으뜸의 가치를 쌓아올린다." 반항의 움직임이 시작되면 "집단적 의식을 갖는다." 그러면 당신의 데카르트식 표현인 "나는 반항한다. 고로 나는 존재한다"가 생겨난다. 솔직히 말해서 그 명증이 나에게는 명증이 될 수 없다. 예컨대 내가 인간의 조건에 반항한다고 하자. 특히 내가 존재하는 세계에서 타인이 존재하는 것을 부조리하고 부당하다고 하는 사실이 그 인간 조건에는 포함되어 있다. 그들의 존재가 내 일에 방해가 될 것 같다고 판단한다면, 나는 타인에게 반항하면서, 어떻게 그들에게 "으뜸가는 가치"를 쌓아올려줄 수 있단 말인가? 반대로 당신은 훨씬 뒤에 교묘히—그러나 그것은 로트레아몽에 관해서인데—"반역자의 영원한 알리바이, 즉 인간애"를 제시할 생각을 했다.

결론을 말하겠다. 나는 당신의 서한으로 돌아갈 약속을 했었다. 실제로는 줄곧 거기에 대해 언급하고 있었지만 말이다. 역시 내가 당신의 가장 중심된 주제를 논하지 않았다고 당신의 항의를 받을 것이 확실하다. 아마, 이번에는 당신의 말을 들어보라고 당신은 주장할 것이다. 나는 당신 잘못에 답할 힘조차 없었다. 그것이 어떻게 될지 나는 알고 있다. 그러나 당신과 이 노름을 처음부터 다시 시작해보았자 소용없다는 것도 잘 알고 있다. 노름의 시작부터 어느새 나는 놀이를 모르는 자로 낙인이 찍히고, 소외되고, 무자격자라는 것을 당신이 가르쳐주었기 때문이다. 당신 질문에 답하기 전에 당신의 모욕을 이해하고, 또 당신으로 하여금 내 비평의 진의를 인정시키려면 어떤 희생을 치러야 하는가를 알 필요가 있었다. 그러려면 나의 비평을 전부 철회해야 한다.

하는 데까지 해보겠다. 처음에는 내가 당신을 우익적 인간으로 만들고 싶었다고 당신은 생각한다. 그렇지 않다. 내가 그런 것을 바랄 리 없다. 그렇지 않을 거라는 확신이 있기 때문이다! 카뮈여, 당신은 우익이 아니다. 허공에 떠 있는 것이다. 그리고 당신의 거만한 고독감으로 미루어 보아 당신은 틀림없이, 오늘날 부르주아계급의 투쟁을 이끌고 있는 "명예롭지 못한 선량"들의 전열에 참가하는 것을 달갑게 여기지 않을 것이다. 다만 부르주아계급은 대체로 당신의 책을 열광적으로 환영했는데, 아마 거기에는 그럴 만한 이유가 있었으리라 나는 시인했었다. 그러나 하여간 내가 비평의 반향을 간략하게 기술한 것은 잘못된 일이었다. 어떤 우익 단체는 오히려 당신에게 불만을 표시했다는 것을 여기서 인정하겠다. 그런데 어떤 좌익 단체는 처음에는 찬동했으면서, 당신이 당신의 지적 방법에 대해 보충 설명을 한 다음부터는, 그전과는 달리 어이가 없었던 모양이다. 그러나 요는 내가 당신을 우익이라고 생각한 일은 한 번도 없다. 그리고 당신이 마르크스주의자가 아니라고 당신을 나무란 일도 없다는 것이다. 우익이 되려면 독단적인 마르크스주의를 비판하면 된다는 식이라면(당신이 그런 신념을 나에게 주었는데) 나는 여러 번 그런 경험이 있으니 나도 우익인 셈이 된다. 그것은 아무래도 좋다. 당신은 내가 "권위 있는 방법"을 쓴 것처럼 보였던 모양이다. 그러나 안됐지만 그것을 항상 쓰고 있는 것은 "바로 당신이다." 당신은 남이 당신의 모든 것을 신용하지 않으면 만족하지 않기 때문이다. 따라서 헤겔이나 마르크스에 대한 당신의 해석만 하더라도, 당신의 말을 맹신해야 했을까. 아니다, 사실 그 정도로는 늦었었다(우리는 그것들을 전에 읽은 일이 있다). 혹은 지나치게 이른 편이 된다. (이제부터 읽을 셈이라면) 당신의 "방법"을 정당화하기 위해 당신이 알렉산드로프 씨의 도움을 받고 있다는 점에 대해서는, 그 부주의성이 그 완전한 무효성과 맞먹는 데 불과하다. 알렉산드로프 씨가 그런 식으로 해석당한 것에 대해 당신에게 감사할 것 같지는 않기 때문이다. 게다가 필요하다면 나는 그의 권위를 거역하는 일도 완전히 가능하다고 느낀다.〔스탈린의 권위에 대해서도 물론 마찬가지다. 그러나 당신에게는 더 명백히 해두고 싶다〕 그러나 당신은 모든 것을 간단하게 끝내기를 끝내 요구한다! 그렇다면 나의 사상은 분명히 자유인의 사상이 아니다. 그러나 당신이 나의 스탈린식 정통성을 나무랄 때, 상냥한 웃음을 띨 참된 친구다움을 느낄 수 있다. 하여간 나의 비평이 어떤 이데올로기에서 연유한다고 상상한다면, 당신은 나의 비평을 전혀 모르고 있는 것이다. 나는 바로 당신에게 여러 혁명을 철학의 도식이나 혁명정당의 공식적 강령으로 환원시킨 것을 나무랐다. 그리고 나의 반항을 왜곡하는 속임수를 당신이 들추어냈다고 생각했을 때, 한편으로는 당신 "반항"의 인위적이고 독단적 태도에 대해서 내가 말할 수 있는 모든 것을 당신 스스로가 여지없이 확증한 셈이 된다. 당신이 볼 때, 나는 분명히 "반항 편을 들고 있다."("……그들의 철학이 그에게 가르치는 조건 아래에서는, 왜 그렇지 않겠는가?") 게다가 나는 "가장 전제적인 역사적 형태의" 반항의 사주를 받고 있다. (그 철학은 반항이 무엇으로 성립되는가를 설명하지 못하고, 나를 "야만적 독립"에 뛰어들게 하기 때문이다.) 따라서 반항할 계획을 세운 나는 "그 어떤 것의 이름 아래"에서만 반항할 수 있다는 사실을 발견한다. "그 어떤 것"이란 "인간성"이든 "완전히 의미 있는 역사"든 간에 필요불가결한 것이다. 그리고 그 첫째 조건(역시 그 철학의 이야기인데……)이 나에게는 완전히 무의미해졌기 때문에, 신성화한 역사의 승리 앞에 나의 반항을 무릎 꿇게 할 수밖에는 없다는 것이다.

교묘한 논법이다! 그에게 특유의 무상성을 느끼지 않는 자가 있을까! 그래서 사람은 우선 반항하기를 택한다. 원칙적으로 그렇게 하는데 그 연후에 비로소 반항의 의미를 부여하려 한다. 그리고 그 의미는 요컨대 형이상학적일 뿐이다. 그러나 나의 논문은 시종일관해서 우리는 제로 상태로 되돌아갈 수 없다는 단순한 사실을 상기하기 위해 쓰여졌다. 즉 우리는 극히 인간적인 원인의 압박에 대해, 연대책임으로 반항한 몇백만 인간이 반항을 유효한 것으로 만들기 위해 그들의 반항을 조직화하려고 노력해온 세계에 태어났다는 사실이다. 그들이 그 목적을 위해 치르는 희생을 비판하는 것이 정말 우리의 할 일일까? 당신은 그들이 파멸을 향해 달린다고 생각하고 있다. 그러나 그것이 어떤 파멸이며 누구에게 파멸인가? 그들에게인가, 혹은 당신에게인가? 당신이 예언하고 있는 불가피한 패배나, 이미 그들이 빠져 있다고 당신이 판단하고 있는 무서운 경련 따위 때문에, 당신이 그들 대신 고민한다는 것은 좀 월권행위 아니겠는가? 그들의 참된 목적, 즉 공통된 투쟁에 매일 그들의 희생이 실제로 근거를 두고 있는 목적이란, 당신이 그들에게 안겨주고 있는 과장된, 소름 끼치게 하는 목적이라고 당신은 확신하는 걸까? 역시 나는 그렇게 의심하지 않을 수 없다. 게다가 그 사람들이 아무리 일을 해도 불행은 늘어날 뿐이라고 설득당했더라도, 사람이 철학을 나무라듯이, 그것을 구실삼아 그들의 투쟁을 나무랄 수는 없을 것이다. 그런데 당신은 그들이 갖고 있지도 않은 계획을 상상하고, 그들의 가장 실제적인 동기를 말함이 없이 "고금의 거장들과 멀리 떨어져서, 그들 곁에" 당신 자리가 있다고 상상한다. 당신 자신이 그들을 멀리한 것일까? 아니면 그들이 당신을 따돌렸다고라도 생각하는 걸까? 내가 보기에는 차라리 첫째로 당신의 "중용"이라는 이름 아래 그들의 "반항"을 나무라는 것을 단념함으로써 비로소 당신은 "근로대중" 곁에 있다고 진심으로 생각하는 일이겠다. 그들은 당신과 같은 노름을 하지 않고 있으니 말이다. 그들은 관념적 "반항"을 선택〔그들에게 "사랑"과 "혁명"은 그런 유의 플라톤식 사상과 상당히 다른 것 같다. 당신은 플라톤식 사상에서 출발해서 태연하게 "……혁명과 사랑은 양립할 수 없다"고 말한다〕 대상으로 삼으려 하지 않는다. 그들은 "인간성"이라는 "이름 아래" 싸우거나 하지 않는다. 그리고 그들이 "역사 감각"의 이름 아래 싸우는 것처럼 보이더라도, 아마도 그것은 우연으로 간주되고 있는 역사에 관해 그들이 진저리가 났기 때문일 것이다. 그 역사가 완전히 억지였다고 해도 희생자를 항상 일관된 정신으로 선택하거나 하지는 않는 것이다. 불행하게도 당신은 "역사 감각"이라는 표현을 관념론자로서 해석한다. 당신에게는 역사가 의미가 "있든"가(따라서 역사는 결정적인 목표를 향해서 나간다) 의미가 전혀 없든가 둘 중 하나다. 그러나 제3의 가정도 있다. 역사에는 여러 가지 의미가 작용한다. 역사는 인간이 그 수단에 따라서 역사의 방향을 설정하는 정도에 따라, 의미가 "있는" 것이다. 그리고 요는 이제까지 역사의 대상에 불과했던 인간이 역사의 비인간적 경향에 반대해서 대다수 존재에게 점차 역사를 멋대로 꼼짝 못하게 만들어버릴지도 모른다는 것이다.

내가 하부구조 이야기를 하고, 당신이 그것을 믿지 않는다고 비난한 데 대해 당신은 불만을 품고 있다. 그러나 더 자세히 읽어주기 바란다. 나는 당신과 어떤 "정통성"과도 대립시킴이 없이, 당신과 "오직 예를 들어 굶주리고 있을지도 모르는 인간의 존재"를 대립시켰음을 인정해주었으면 좋겠다. 그런 것이 마르크스주의라고 한다면 조금 지나치게 초보적인 데 지나지 않을까? 나는 당신이 "혁명의 발생에 있어서의 역사와 경제의 역할을 모두" 거절했다고 씀으로써 당신으로 하여금 그 두 가지 현상을 "통속적인 원인"이라고 부르도록 했지만, 당신이 역사에서 참 내용을 모조리 빼버리고 역사를 덮어놓고 경멸하고 있는 것을 재삼 지적했을 뿐이다. 내가 당신이 묘사하려고 한 "우리 역사의 모습"을 보려 하지 않았다고 당신은 말한다. 확실히 나는 당신의 역사 공포증을 통해 우리의 역사에 던져진 무서운 가면 밖에는 보지 못했다. 당신이 당신 멋대로의 환상에 따라 현실 세계를 묘사하고 그 그림을 예술 작품이라고 내놓음으로써 만족한다면 그래도 좋다. 그러나 당신은 그것을 가지고 우리를 시험해보려는 것이다. 그래서 당신은 혁명가들에게 반대하고, 그들 일의 효과적인 활동력이라든가, "그들 보기에" 실제적인 의미를 고의로 묵살하고, 그것이 유죄가 되는 일이라고 선언한다.〔당신이 그렇게 써도 아무런 소용이 없다고 생각한다. "명예와 멀어지는 혁명은, '명예의 영역에 있는' 혁명의 기원을 배신하는 것이다."(《반항인》 p. 361)〕 그러기 위해 당신은 엄청난 풍자까지도 썼다. "'마르크스주의를 연구하고 혁명에 빠져들어간' 공산주의자는 열 손가락으로 헤아릴 정도일 것이다. 사람은 우선 개종하고, 그런 뒤에 성서나 〈사도행전〉을 읽는 법이다."〔《반항인》 p. 122의 주〕 그러나 요는 당신이 그들의 무엇을 나무라는 것인가? 당신은 그들이 "마르크스주의의 예언"에 현혹되어, 골수까지 "역사를 신성화하는 것을 가르치는 사상"에 중독이 되었다고 상상하고, 또 그들이 투쟁 중인 동지들과 어울리려고 도서관 출입을 하지 않는다고 경멸하기도 한다. 르노관리위원회가 그들에게 마르크스 레닌주의 야간학교를 개설해주거나 혹은 자본주의국가가 그들에게 철학 공부를 시키고, 사물의 근원을 밝히는 방법을 가르쳐줄 때까지 입당을 보류하라고 당신은 권하는 것인가? 그 점에서 그들은 별로 꿈을 갖고 있지 않으므로, 그들이 조금 성급했더라도 용서해주기 바란다. 게다가 그들로서는 당신의 용서를 받을 필요 따위는 별로 없다. 그들이 하고 있는 것을 자각하지 못하는 것처럼 보이는 것은 당신 쪽에서 볼 때에만 그러한 것이니 말이다.

그러나 내가 당신 속을 잘 모르는 것은 유감스럽다. 사실 당신에게 "공산주의자"가 소수의 악마적 인텔리에 불과하다고는 도저히 믿을 수 없다. 선거 때 공산당에 투표하는 몇백만 프랑스 시민은 고사하고라도, 당신은 입당한 회원에 대해 잘 알고 있을 것이다. 소련에서 당에 들어가지 않기란 반드시 쉬운 일은 아닐 것이다. 그러나 당신은 프랑스에서도, 당신이 소련에서는 그럴 것이라고 생각하듯이 똑같은 테러의 공포에서 입당한다고 상상하는 것이나 아닌지? 사실 당신은 공산당 내의 대중과 지도자의 관계를 일방적이라 생각하고, 갖가지 경찰적 폭력 하에 있다고 생각한다. 즉 대중은 모두 수동적이며 굴종적이고, 지도자가 대중을 대신해서 생각한다. 따라서 "혁명적" 현상의 분석에서는 대중의 존재에 대해 언급할 이유가 없어진다. 나는 그러한 견해는 유치하다고 생각한다. 하여간 그런 견해로는 대상으로 삼는 여러 현실과의 접촉이 매우 드물다. 즉 고찰이 불충분하다. 왜냐하면 조금만 생각해보면 어떤 공산당이라도 하부와 상부 사이에 끊임없는 상호적 행동이 없으면 성립되지 않는 것이 뻔하기 때문이다. 그러나 그것보다 중요한 것이 있다. 당신은 "동시"에 작용을 하면서 작용을 받는 대중의 존재를 원치 않는다는 사실이다. 그들은 "한덩어리가 되어" 자신의 의사를 발표하고, 또 투쟁 구호에 복종한다. 따라서 당신으로서는 대중은 완전히 자치적이든가, 완전히 굴종적이다. 게다가 어떤 때는 전자가 되고, 어떤 때는 후자가 된다. 사실 그 노동대중은 당신 배후에 있지 않으므로(당신은 그들 곁에 서 있고 싶다) 그들은 "주인들"에 대해 완전 독립을 되찾을 수 있다. 그러나 당신이 그들에게 허용하고 있는 자치는 권태 이상으로 진전하지 못한다. 그것은 오직 무기력에 입각한 자치이며 가장 나쁜 결과를 도덕문제로 만들어버리는 수동적 자치이기 때문이다. 왜냐하면 그러한 놀라운 독립은, 그 반면에 말하자면 근본적으로 악에 사로잡혀 있기 때문이다. 다시 말해 대중이 어떤 빙자된 것에서 해방되려면 반드시 다른 것에 사로잡혀야만 한다. 대중은 항상 "미쳐" 있다. 대중이 가장 위험한 사상 때문에 무한한 이용 가치가 있는 결정적 무게인 이상, 그것은 역사적인 악을 나타낸다. 대중은 역사의 잘못된 밑바닥 짐이며 반드시 배가 기우는 쪽으로 굴러간다. 인간을 충분히 경계하지 않으니까 그런 결과가 된다. 아무리 무서운 경멸이라도 인간에겐 진리로 접근하는 것에 불과하다. 그러나 당신은 도스토옙스키에게 빌려온 구절로 만족하는 모양이다. 즉 "인간에게 그런 권리를 주면, 모두 거기에 덤벼들 것이 뻔하다"는 "불명예의 권리"라는 문제가 있다.〔《반항인》 p. 103〕

분명한 것은 그러한 조건에서 당신은 싫어도 대중과 상종해야 한다는 사실이다. 그러나 당신은 그들에게 무엇을 제안할 작정인가? 그 무섭고 빙자된 사람들에게 어울리는 수단이란 무엇인가? 아마도 요술이겠지. 결국 진정한 굿이 필요하기 때문이다. 게다가 이치를 따지는 식의 해결책으로는 잘되지 않을 염려가 있다. 그리고 또 당신은 형식적인 해결책만을 제시하고 별로 열심히 설득을 하지 않는다. "따라서 인간에게는 제 분수에 맞는 중간 정도의 가능한 행동과 사상이 있다. 그것보다 야심적인 모든 시도에는 모순이 생긴다. 사회가 어떻게 해서 절대에 정의를 내릴 수 있는가? 각자는 그 공통된 탐구를 할 틈과 자유를 가지려고 모든 사람의 일을 조정하는 책임을 지고 있을 뿐이다."〔《반항인》 p. 373〕 그것은 분명 당신이 안전지대에 서서 나의 모순을 지적할 수 있는 지점이다! 그 점에 대해서 내친김에 다음과 같은 사실도 밝혀두겠다. ① "우리가 어떻게 해도 부르주아에서 벗어날 수 없는 눈"이라는 표현을 복수로 한 것은 무엇보다도 예의상 그런 것이다. 말할 것도 없이 나는 당신 이야기를 한 것이다. 당신은 "교양으로 인해"〔게다가 생활 형태로 말하더라도 그런 것 같다. 그러나 그 점에 대해 고백하자면 내 방법은 그다지 엄밀하지 않다. 당신 작품만으로 그런 가정을 끌어낼 수 있다는 것을 증명하려면 상당한 시간과 장소가 필요하다〕 부르주아가 되었으므로, 천생의 부르주아든 아니든 아랑곳없다. ② 그러나 나는 사실이지, 부르주아적 교양으로 형성된 의식(당신 것이든, 내것이든)은 세계와 관련해서 프롤레타리아의 의식에 의한 견해를 실제로 가질 수 없다고 생각한다. ③ 그 시인은 나에게는 열등감을 주지 않는다. 나의 출신을 "보상"하는 욕구 따위는 더욱 느끼지 않으며, 요컨대 부르주아인 것을 "후회"하는 일도 없다. 거기서 잘못되었다고 생각하는 것은 오직 부르주아의 전망에 만족해서 그것을 초월하기 위해서 아무것도 하지 않고 있는 일이다. (오직 가공의 그리고 위협받는 부르주아 의식의 고전적 계략 가운데 하나인 "상위"의 관점으로 초월한다면 곤란하다.) ④ 나에게는 당신 책에서 본질적이라고 생각되는 많은 오류를 발견하고자 마르크스주의의 논법을 빌릴 필요가 전혀 없다. 다른 어떤 사상도 거기에 필적할 만한 것을 제공해주지 않아서 나는 마르크스에게서 사상의 기초를 빌렸는데, 나는 당신에게 마르크스주의자라고 자칭하는 것은 삼가겠다. 당신이 마음대로 그것을 어떤 의미로 받아들일지 잘 모르기 때문이다. 당신이 사르트르에 대해서 그의 원리를 가지고는 "참된 마르크스주의자", "엄격한 의미에서의 마르크스주의자"가 될 수 없을 거라고 설명하는 방식도 내가 보기엔 어쩐지 불안해 보인다. 당신에게 마르크스주의가 무능한 학문이나 로맨틱한 불합리로 보인다면, 당신이 우리에게 인정해준 뉘앙스 따위에는 아무런 흥미도 없다. 우리는 바로 그 사상에서 과학적 실증주의와 역사적 숙명론의 초월을 인정하는 것이다. ⑤ 나의 방법이 얼마나 부적당한가를 제시하려고 당신이 만들어낸 "결정적 실례"는 사실 당신의 전망을 인식하지 못하는 것은 바로 당신이라는 것을 증명한다. 나는 당신으로 하여금 그 스탈린주의자와 실존주의를 "역사에 완전히 사로잡혀 있다"고 비난토록 만들었다. 그들은 "역사주의와 그 모순을 따르고 있다"고 쓰고 있는 당신의 글에 나를 되돌아가게 했다. 불행하게도 당신 사상의 문맥에서는 두 방식이 완전히 동등한 가치로 되어 있다. 당신은 그 역사를 전에 정의한 두 의미 중 두 번째 뜻으로 이해하고 일종의 광기, 즉 그 속에 출입이 마음대로인 성난 파도처럼 생각하기 때문이다. 예컨대, 당신은 마르크스 레닌주의의 "대반역자"는, "스스로의 손으로 거기에 처박히기 위해 필연성의 무자비한 지배"를 만들어내든가, "역사와 이성의 감옥을 건설하는"[《반항인》p. 105. 마찬 가지로 당신이 반항자는 "그 반항의 원칙 자체를 부정하지 않고는 세계나 역사에서 도 벗어날 수 없다"든가 참된 반항은 "지난 한 길을…… 신과 역사의 중간에 놓는 다" 식으로 쓰는 것은 아마도 인간은 당연히 그런 역사에 사로잡히지 않는다고 말하려 했기 때문일 것이다. 그래서 나는 당신에게 "공통된 마당"을 강요할 생각은 전혀 없고 마찬가지로 "당신의 책을 그 반대 것으로 변형할" 생각이 없다는 결론을 내려야 할 것이다. 그러나 실상 당신은 역사가 보수적이면 자진해서 역사에 사로잡혀 있다고 주장하고, 역사가 진행하기 시작하면 거기에 반대해서 일어선다. 우리의 세계에서는 유감스럽게도, 당신의 두 가지 방식의 서로 거리가 먼 어휘의 해석은 단순한 이론이지 인생의 실제 면에서는 아무 의미도 갖지 않는다. 그것은 물론 당신의 관심을 끌 가망이 없는 분야다〕 것을 제1의 관심사로 하고 있다는 것을 증명한다. "역사주의"란 바로 역사에 대한 복종에 지나지 않기 때문에, 당신이 "역사주의"에 대한 복종으로 어떤 유의 교리의 성격을 규정지을 때의 되풀이는 불필요한 일처럼 생각되었다. 나는 직접적 방식이 좋다. 당신 자신도 역시 그 방식을 사용하고 있기 때문이다. ⑥ 스탈린주의에 관해서 명확히 말할 수 없는 이유는 주관적 모순이 아니고, 그와 같이 틀에 박힌 것처럼 보이는 현실의 어려움에 있다. 전 세계에 미치는 스탈린 운동은, 정통적으로 혁명적이라고는 생각되지 않지만 혁명적이라고 부를 수 있는 유일한 것이다. 특히 우리 나라에서는 그 운동이 대부분의 무산계급을 단결시킨다. 우리는 그러한 방법을 비판하기에 "거기에 반대"하는 동시에, "거기에 편든다." 왜냐하면 정통 혁명이란 단순히 그림의 떡인지 어떤지, 혁명적 사업은 우선 그 길을 거쳐서 더 인간적인 사회를 만들어야 하는지 어떤지, 그리고 혁명적 사업의 폐단도 현 상태에서는 깨끗이 사라져버리는 것이 바람직한지 그렇지 않은지 잘 모르기 때문이다. ⑦ 내가 노동자와 피압박자의 이름 아래 이야기하는 권리를 당신한테서 부인당했다고 해서 투덜대지는 않겠다. 먼저 그 판결에 관해선 당신이 유머러스하게 말했다는 것도 잘 알고 있고, 다음으로 그런 분야에서는 "권리"라는 관점은 탐탁지 않은 일에 "위임"한다는 관념을 상기시키므로, 이제까지 나와는 아무 인연도 없는 관점이었기 때문이다. ⑧ 나는 우리의 어려움을 전부 해결할 수 있는 방식을 가지고 있지는 않지만, 오늘날 급한 것은 평화를 위해 싸우는 일이라고 생각된다. 이미 그런 면에서의 일로서, 각자의 위치에 서서 이 나라 노동자와 긴밀하게 제휴하지 않으면 우리가 할 수 있는 노력은 결코 성과를 내지 못할 것이다. 그러나 당신 자신의 해결책으로 돌아가자. 이론적으로나 실제적으로나 당신은 노동자를 진정으로 지키려는 생각을 하지 않는다는 것을 나는 알았다. 당신은 노동자 생각은 조금도 하지 않고 있기 때문에, 당신 사상의 움직임에서 보면 모두가 그 노동자들에게 아무 기대도 하려 하지 않는다. 그 점에서 생각하면, 당신이 "푸르다"고 말하고 있는데, 검다고 말하게 한다고 해서 나를 나무랄 수는 없을 것이다. 게다가 아마 서로가 그런 애매한 현상에는 책임이 없을 것이다. 내 앞에 만년필용 잉크병이 있다. 그 위에 "블루 블랙 잉크를 썼을 때는 푸르고, 마르면 검어진다"라고 쓰여 있다. 당신의 사상에도 그런 종류의 효능이 있을 것이다. 당신에겐 당신의 사상을 설명하면서 부단히 거기에 어떤 의미를 주지 않는 것을 염려하면서 그 의무를 나중에 제시하거나 하는 일이 없는가. 하여간 나는 조금도 악의가 없는데, 분명히 당신의 청(淸)이 흑(黑)으로 변했다고 하면, 당신은 몇 번이고 흑으로 쓸 기회가 있었다고 깨달아야 할 것이다. 그러므로 내가 모든 재료를 써서 당신의 장래를 날조했다고 비난을 받는 것은 용납할 수 없다. 정말이지, 왜 그렇게 당신은 고민하는가. 나는 당신에게 "청년 시대와 그 젊은 열광을 그대로 놓아두어야 한다"고 쓰기만 하면 되었다.

그리하여 당신은 다시 역사에 반항하고자 역사에서 발을 뺀다. 대중을 다시 희롱하고자 대중에게서 멀어진다. 당신의 모습을 더 잘 부각시키려고 그들에게서 충분한 거리를 두고 떨어져 있으면서도 요술을 가지고 접근하려 한다. 대본이 준비되고 무대장치가 되어 있다. 조명 스무 개가 빛나는 지중해식 물결을 흘려 보낸다. 관객석에서는 대중이 침을 삼키고 벌써 반은 홀려서 기다린다. 그런데 그들의 악마는 초조하고, 안절부절못하면서 투덜댄다. 가끔 경련적인 딸꾹질이 올라와서 처음부터 도취 상태에 빠진 그들은 순간적이나마 꿈에서 깬다. 그러나 오케스트라 석에서 태양의 심벌로 박자를 맞춘, 인간 없는 자연의 웅장한 음악적 침묵인 순수 음악이 들려온다. 많은 계음을 통해서 바다의 한숨과, 어쩌면 매미 우는 소리까지도 들려온다. 그때 당신은 무대 안쪽에서 주인공인 양 등장해서 어깨에 활을 메고, 손에는 화살을 들고, 두 줄기 빛이 타오르는 한가운데 나타난다. 얼굴에는 수줍은 겸손의 빛이 돈다. 매미 소리가 뚝 그치고, 바다는 숨을 죽이고, 아래쪽에 있는 대중은 멍청한 얼굴을 하고 있다. 가운데 있는 바위 밑에까지 와서, 당신은 단숨에 힘들이지 않고 자랑스러운 연민의 정상에 올라간다. 문득 모든 것이 암흑 속에 가라앉는다. 공포의 부르짖음, 임종의 허덕임, 살인적이고 엄청난 무서운 기계의 굉음이 들린다. 이제까지 태양이 지배하던 곳에 혼란이 야기되고, "신성화된 역사"라는 광기 어린 이상한 움직임이 시작된다. 관객석에서도 소음이 되살아나고, 악마는 다시금 자신의 영역을 발견하고, 대중은 벌써 불명예 쪽으로 쇄도한다. 조명. 당신은 바위에 서고, 깨끗하게 경련하고, 불행의 바닥에서 웃으면서 활을 당겨 신의 심장을 겨눈다. 당신 발밑에서는 사람들이 추수를 하고 있다. 신비한 기쁨이 하늘에서 바다로 내려온다. 매미는 다시 울기 시작했다. 세계의 대진리가 계속되고 있다는 것을 당신 주위의 모든 것이 증명한다. 화살은 이윽고 쏘아질 것이다. 그러나 증명은 끝이 났다. 당신의 훌륭한 무관심이 역사를 극복한 것이다. 찬연한 정오에서 생겨난 새로운 먼동이 불길한 악몽을 끈 것이다. 당신은 부정의를 거부하고 명예를 지켰다. 수많은 조형미가 과시되고, 사랑에 의한 승리에 골몰하여 진실의 인생에 둘러싸여 씩씩한 힘과 압도적인 고집에 정복당하고, 끝으로 참으로 현실적인 혁명의 길이 열리는 것을 역력히 보고, 대중은 이번에야말로 완전히 매혹되어 악에서 해방되고 소독되고 순화되고, 악령을 제거받고, 순결로 빛나 새로운 "약속"을 향한 길을 열고, 공평한 광기에 적당히 몸을 맡기고, 행복 추구의 쓴 매혹을 발견한다. 광적인 박수와 되풀이되는 앙코르. 지하철. 푸른 꿈. 고상한 기상(起牀). 명예와 위엄 속에 조반.《피가로》지를 훑어본다. 충족되지 못한 양심. 베트남전쟁은 우리가 원한 것이 아니다. 게다가 베트콩은 공산주의자다. 튀니지 문제와 우리는 관계가 없다. 대서양 유럽의 원조가 후

일에 무산될지도 모를 위험이 있다면 깨끗이 그 위험을 무릅쓰자. 우리의 손을 깨끗하게 지키면서 무슨 일을 당해도 자유세계를 허무적인 혁명의 불길한 열광에서 모면토록 희생을 받아들이는 일이야말로 바로 우리의 위대함이다. 모든 역사의 바깥에서 우리를 참된 인간성의 희생자로 만드는 것은, 바로 우리의 생활 속에 있는 비극적인 고귀함이다. 대중에 대해서 우연히 무슨 오류를 범했던가.

좋다. 위와 같은 공상극에 대해 나를 너무 원망하지 말기 바란다. 그것은 "역사의 방향으로만 몸을 가누는" 비평가의 이야기 이상은 아니니까 말이다. 다만 나는 당신의 간결함을 따르지 못했을 뿐이다. 결국 그 이야기가 당신의 가장 놀라운 경우를 나타내고 있지 않다면 그런 짓도 하지 않았을 것이다. 그 말은 전에도 한 일이 있다. 어떤 문학 형태로 서술했더라도 개인적 문제인 이상 나는 틀림없이 많이 흥미를 느꼈을 것이다. 그러나 당신이 반성하는 토론 형식으로 거기서 하나의 사명을 끌어내어, 역사에 대한 당신의 태도를 오늘날 가치 있는 유일한 것으로 제시하고 당신의 논제를 현실과 가장 관계가 없는 성급한 고찰을 근거로 이야기하려 할 때, 나는 당신 책이 지닌 야심을 이상한 것으로 생각하고, 당신이 제시하는 위대한 본보기를 유감스럽게 생각하는 바다. 카뮈여, 왜냐하면 당신은 고독해도 당신 배후에는 많은 사람이 있기 때문이다. 당신의 신판 《시지프의 신화》에 기고만장한 모양으로 고독자 무리가 존재하는 것이다. 사실 시지프가 역사에 대해서도 신에 대해서 하는 것과 똑같은 행동을 할 수 있다면, 역사의 거절을 역시 똑같은 거만한 광채로 치장할 수가 있다면, 또 행동주의가 당신의 펜을 통해서 극히 고귀하고 현혹적인 덕이 되고 유일한 덕이 된다면, 무슨 짓을 해서라도 원한과 유한과 패배에 입각한 태도를 당신이 보상하고 또 숭상한 것을 그들은 찬양하지 않을 것인가? 그들은 이제까지 그러한 태도를 조심조심 어딘지 좀 부끄러운 듯이 표명했을 뿐이다. 당신은 "반항"을 동의라고 불렀기 때문에 "반항"이 도처에서 통용되게 되었다. 동시에 당신은 무관심을 용기로, 무위를 명석함으로, 공모를 천진함으로 바꾸어버렸다. 그래서 당신이 역사적 광란을 극력 경계하려는 의미를 나는 잘 알 수 있다. 그런데 오늘날, 예를 들어 대부분의 프랑스 민중이 빠져 있는 무서운 가면 상태에 대해서 당신이 어떤 계획을 생각하고 있는가를 알게 됨에 따라 나는 매우 불쾌해졌다. 그것은 무력감, 정치 혐오, 냉담으로 변화해버리는 비관론, 에고이즘에 가까운 반성적 경향—그 위험은 다소를 불문하고 우리 모두에게 있는 것인데—이며, 내가 보기에 당신의 책은 바로 그런 것만을 장려한다. 최소한 당신의 "반항"이 공동체를 수립하는 것이라면……. 그런데 당신의 것은 군중에 불과하다. 독자에 대해서 당신은 사실 "숙명과 싸우고 있는 인간의 장기적인 공모"밖에는 가르치지 않는다. 그들이 고독을 비장화하고 미화할 뿐이라면 그것도 괜찮다. 그러나 그들이 공존하는 느낌을 가지려면 적어도 이 세계에서 어떤 공동 사업을 시작하는 것이 필요하다. 그런데 그러한 현상은 그들에게 "공통"된다고 하더라도 그들을 공동체에 집결시키게 되지는 않는다. 왜냐하면 당신은 반항하고 그들도 각자가 당신처럼 (최선의 경우를 가정해서지만) 반항한다. 그러나 동시에 하면서, 함께하는 것이 아니고, 공동적인 것이 아니다. 그 공통된 반항은 당신들을 결속시키는 것 없이 즐비한 고독을 나타낼 뿐이다. 그래서 당신들은 각각 모든 사람의 이름 아래 자기 자신에게 반항한다. "타인을 위한 개인주의"를 하거나, 제멋대로 현실을 물리치고, 현실에 투신함이 없이, 역사에 머물면서 역사에 반대하려고 노력하거나 한다. 사실 그것도 양심의 귀중한 영역만이라면 특히 가능하지만, 그렇게 함으로써 바로 목표에 도달한 셈이다. 그 새로운 유형의 반항과 인간 사이에 어떤 과격함을 퍼뜨릴 위험도 없다. 그들은 현명하게 "시대"를 그 광란에 "내맡겨", "참된 자유", 즉 "역사와 역사의 승리에 직면하는 가치에 심복하는 데"〔《반항인》 p. 231〕 전심할 것이다. 그리고 필연적으로 어느 날엔가 이런 광란이 그들을 덮치는 일이 있더라도 존재하지 않는 신을 적당히 경멸하고, 그러한 부정의를 위안 삼을 것이다. "과격"으로 말하면, 당신은 그것을 혼자 떠맡는다. 그러나 나쁜 전례를 남기지 않도록 당신은 타인에게 "중용"을 설교하는 데 편리한 자연의 고귀함을 인용해서 과격을 송두리째 손아귀에 넣는다. 그래서 당신은 그들 앞에서 어디까지나 "조정자" 역할을 한다. 자신은 반항의 사나운 위대함을 육체화하고 그들에게는 검소하고 겸손하게 살게 하며, 그들이 어디까지 "반항"해야 하는가를 당신만이 알고 있다. 그 점에 미치면, 극단적인 겸손한 행동을 하는 반면에 찬양을 하면서 "도덕에 대한 기호"란 "극단과 불가능을 집요하게 숭배"하는 일이라고 정의를 내리는 당신의 복잡한 태도를 알 수 있을 듯하다.

중간 정도의 인간성에 관한 당신의 위대한 교훈은, 상대방에 대한 관용에 의해 "절대"를 완전히 회복시킨다. 바로 그렇기 때문에 샹포르의 자살은 "'고전적'이기를 택한 샹포르의 방법"이라고 보고, 당신은 이렇게 덧붙인다. "그것이 이 관념에 우리의 위대한 세기가 그에게

준, '그리고 그를 위해 우리가 보존해야만 하는 「과격과 전율」'을 회복토록 한다'. 왜냐하면 당신은 참된 "모럴리스트"이기 때문이다. 즉 "그 동류에게 타인과 자신을 구별시켜주는 것의 이름 아래" 어떤 "'인간성'을 상기시키는 자다". 분명 그것은 고귀한 노력이다!

여기에 관해 이미 당신은 수많은 명언을 토로한다. 예를 들면 다음과 같다. "모럴리스트의 일은 무질서, 광란, 희생 없이 행해질 수 없다. 그렇지 않으면 그것은 더러운 허식에 불과해진다."〔샹포르,《격언과 삽화》서문〕

이상과 같이 나는 당신의 책에 대해서 이야기할 이유가 얼마든지 있었다. 그러나 그것이 간단하지는 않았다. 그리고 당신이 그 후, 그것을 더욱 복잡하게 만들었다. 왜냐하면 당신에게는 모든 것이 "관념"에 불과하며, 인간까지도 관념이기 때문이다. 그러나 유일한 예외가 있다. 즉 당신의 관념은 예외다. 그것은 바로 일반의 여러 관념 이상의 것이다. 사람이 조금이라도 거기에 손을 대면 그것은 기적적으로 육체화해버린다. 내가 당신의 전기를 개조했다고 당신이 나무랄 정도다. 그러나 나는 당신의 지적 편력을 발견하려 했을 뿐이다. 왜냐하면 나는 당신의 작품밖에는 모르기 때문이다. 당신의 작품에서만 나는 지식을 얻은 것이다. 이번에는 전보다도 광범위하게 당신의 작품을 참조했기 때문에, 그 점에서 이미 제공된 무한한 자원에 관해 당신은 더는 의심의 여지가 없을 것 같다. 게다가 앞으로는 그런 방법을 당신에게 최선의 방법이라 생각한다는 것을 알게 되어 나는 안심한다.〔"나에 관한 개개의 책은 신용하지 않는다. 어떤 작가에게는 작품 전체가 전체를 이루고, 어떤 작품도 다른 작품에 의해 반사되어 모든 것이 서로 관련되어

있는 것처럼 생각된다."(《가제트 드 레트지》지 1952년 2월 대담 중에서)〕

　　그러나 끝으로 나는 완전한 이해를 얻기(혹은 공격받기) 위해 다음과 같은 고백을 하겠다. 당신의 책을 비평하면서, 나는 많은 사람들 속에서만 아니고, "나의 속에서도" 묘한 억제 현상이 있는 것을 느꼈다. "당신에 대해서는" 비평의 권리가 다른 누군가를 향한 것과는 조금도 동일한 것이 아니었다는 느낌이다. 요컨대 모두가 당신에게 특수한 경의를 표하고 있었다. 당신의 저서에 대해서 어떤 일을 생각할 수 있었고, 실제로 생각되기도 했지만 그것을 입 밖에 내서는 안 된다. 당신은 확실히 아주 잘 알려진 인물이다. 그러나 당신에게는 "신성"한 여러 가지 특권이 있다.

　　"알베르 카뮈"는 본래가 "절대적 모럴의 대사제"다. 그 우렁찬 목소리는 영구히 그 패거리 위에서 난무하고, 그 영예는 특별하고, 어딘지 무상성인 환원하기 어려운 욕구가 유지되어 있다. 즉 당신이 "타부"처럼 보인 것이다. 그런데 나는 타부가 싫다. 때로는 나도 그것을 존경하고 싶은 유혹을 느끼게 되면 정이 떨어진다. 그래서 당신의 서한을 읽고 내가 얼마나 순진한 기쁨을 느꼈는가를 당신도 알 것이다. 그러한 동기가, 그것도 뻔뻔스럽고 경솔한 동기가 이 "회답" 내용 전체의 방향을 제시한다고 생각하는 것은 당신 자유다. 요는 내가 당신에게 빈정대려고 이것을 쓴 것은 아니라는 점이다. 만약 그것이 정말 당신에게 쓸모없는 것이라면, 역시 무가치하다고 생각되는 편이 정말 고마운 것이다.

옮긴이의 말

《실존주의는 휴머니즘이다》는 실존주의의 보급을 목적으로 1946년에 간행된 작은 책자로 사르트르가 1945년에 '멩트낭(Maintenant)' 클럽에서 행한 강연을 수록한 것이다.

오늘날 실존주의란 극한화된 개인주의라고 보는 것이 타당할지도 모른다.

현대사회에서 막다른 골목에 선 개인이 기존의 모든 가치를 믿을 수 없어 홀로 절대자나 신 앞에 서는 고독과 절망의 모습이 실존이다. 그 개조(開祖)인 19세기 키르케고르에게는 아직 신이 있었으나 금세기에 이르러서는 그 신이 '무(無)'로 전화했다.(하이데거의 경우)

실존주의적 자세는 벌써 파스칼에서 볼 수 있지만, 그래도 그는 수도원이란 집단에 숨을 수가 있었다. 니체는 모든 기존 가치를 부인했지만 그래도 형성 의욕은 갖고 있었다. 오늘날의 실존은 어떤 것에 의해서도 의미가 부여되지 않고 오직 존재할 뿐 아니라 어떤 것에 대해서도 의지할 수 없게 된 개인의 괴로운 현존 상태다. 그러나 사회에서 소외된 인간의 절망은 그것이 참다운 존재 방식이라 생각하지 않을 수 없게 되었다. 단, 과거에 종교가 철학 속으로 도피한 것처럼 이번에는 실존철학이 현실 세계에서 힘을 잃고 문학 속으로 빠져들어가 사르트르 같은 대변인을 발견하고 그것이 휴머니즘이나 기타 주의에 접근함으로써 '무(無)'에서 행위에 뻗어가는 것은 문학이 갖는 형성력이라고나 할까?

사르트르가 이 강연을 했을 때는 이미 많은 작품을 내놓은 후였다. 종전 전에 발표된 소설《구토》, 단편집《벽》, 철학적 역작《존재와 무》등이 그것이다.

실존주의의 도덕관으로서 손꼽을 만한 것이 이 작품 이후 많이 나왔지만, 사르트르 자신의 생각을 단적으로 간결하게 표현한 것은 이 강연집이 처음이라고 할 수 있다.

여기서 사르트르는 '행동'이란 무엇인가를 자신의 독특한 관점에서 논했고, 그것과 관련해서 '자유', '책임'의 문제를 다룬다. 뿐만 아니라 그 당시 논의의 대상이 되어온 실존주의의 본질을 평이하게, 그리고 명쾌하게 표명함으로써 실존주의 해설서 역할을 하고 있다는 데서 오늘날까지도 그 가치가 존속한다고 할 수 있다.

이 책의 번역은 1953년에 10만 9천 부가 매진된 'Nagel판'을 사용했다.

〈토론〉은 사르트르의 구적(舊敵)이며 트로키스트인 피에르 나빌 (Pierre Naville) 교수가 좌익지《오브세르바투아르》에 발표한 반박문과 거기에 대한 사르트르의 답문이다.

그리고 논쟁 〈반항과 혁명〉은 사르트르의 동조자인 프랑시스 장송이 《현대(Les Temps modernes)》지 1952년 5월호에 '알베르 카뮈의 반항에 대하여'라는 제목으로 그 전해에 나온 카뮈의 《반항인(Homme Révolté)》을 비롯한 카뮈의 사상을 비판한 데서 비롯된다. 여기에 대해 카뮈는 역시 《현대》지 8월호에 '《현대》지 편집장에게 보내는 편지'라는 제목으로 적어도 《현대》지가 자신을 공박하는 글을 게재했다는 데 대해 노여움과 배신감을 표명하는, 항의를 겸하는 변명을 썼던 것이다.

카뮈의 생각으로는 그때까지 적어도 동반자라고 믿었던 《현대》지 편집장(즉 사르트르)이 그럴 수 있느냐는 책망도 겸한 것이었지만, 그것이 카뮈에게는 불리한 결과가 되었다. 여기에 대해서 사르트르는 '알베르 카뮈에게 답한다'라는 글을 동시에 발표함으로써 장송의 비판을 뒷받침하고 나섰고, 다시 장송이 '모든 것을 말하겠다'라는 반박문을 발표했으며 이 네 편의 글을 여기에 수록한 것이다.

그때까지도 객관적으로는 카뮈와 사르트르는 같은 계열 작가이자 사상가라고 생각되었고, 두 사람이 다 같이 당시 젊은 세대에게 지대한 영향을 끼치고 있었는데, 이 논쟁을 계기로 두 사람은 완전히 결별함으로써 세상을 놀라게 했으며, 그들을 사랑하는 사람들의 가슴을 아프게 했다. 그러나 논쟁의 요지를 살펴보면, 두 사람 사이에는 결코 동반자가 될 수 없는 벽이 가로놓여 있다는 것을 알 수 있다. 비록 10년에 가까운 우정 관계가 있었지만, 견해 차이 앞에서는 인간적인 친분이란 무력했다.

그들의 근본적인 견해 차이는 사상적 · 정치적 관점에서 연유한다.

이 논쟁을 읽은 독자는 느끼겠지만 카뮈가 다분히 감상적인 데 비해 사르트르는 논리의 전개가 훨씬 교묘하고 명석하며, 장송 역시 치밀하고도 통렬하다.

이러한 논쟁의 기폭제가 된 카뮈의 《반항인》에 대한 이해 없이는 이 논쟁의 의미를 이해하기 어렵다. 《반항인》에서 카뮈는 근본적으로 반공적(反共的) 태도를 명백히 한다. 그렇다고 그가 우익주의자라는 뜻은 아니다. 진보적인 지식인의 위치에서 이념적으로 마르크스주의를 용인할 수 없었던 것이다. 카뮈는 모든 폭력을 반대한다. 따라서 인간의 존엄을 위협하는 모든 관념을 배제한다. 따라서 신(神), 즉 절대자, 압제자, 살인자, 그리고 관념적인 죽음까지도 폭력으로 간주한다.

따라서 카뮈는 폭력혁명을 주장하는 공산주의를 용납할 수가 없다. 즉 신이라는 절대자를 부정하는 카뮈로서는 유물사관을 신봉하는 그들이 혁명적 수단을 통해서 공포정치를 자행하고 있는 것을 용납할 수 없다. 카뮈는 전체주의자들에 의해 자행되는 폭력, 즉 과거 나치의 포로수용소, 오늘날 세계 곳곳에서 행해지고 있는 정치범에 대한 고문이나 강제 노동을 맹렬히 비난함으로써 인간의 생명과 존엄성을 제1의 목표로 내건다.

이러한 생각을 하기 위해서는 자연히 인간의 자유와 행복을 추구하는 노력이 필요하다. 그러려면 폭력을 배제하는 수단에는 아무리 반항인이라 하더라도 그 자유에는 제한이 있게 마련이며, 무엇이고 허용된다는 식, 즉 수단을 위해서 방법을 택하지 않는다는 식의 사고는 카뮈에게는 당치도 않다.

이러한 사상, 즉 '혁명'을 부정하고 그것을 '반항'으로 대치하며,

꾸준히 인간의 자유를 추구한다는 사상이 장송이나 사르트르에게는 미온적으로 보이고 답답했던 것이다. 이 논쟁에서는 사실 카뮈의 주장이 약하고, 일견 패배한 느낌을 주고 있지만, 그 또한 20세기 휴머니스트 가운데 한 사람이자 사상적 지도자 가운데 한 사람이며, 지식인들에게 하나의 삶의 방향을 제시하고 있는 것이 사실이다. 다만 사르트르의 세계관과는 정의의 구현 방법에서 길을 달리하고 있을 뿐이다.

이제 두 사람이 다 유명을 달리했지만, 그들이 남기고 간 이 세기적 대논쟁이 오늘날 인간을 탐구하고 인간의 자유와 존엄을 추구하는 지식인들에게 엄청난 교훈이 되고 있는 것 또한 사실이다.

옮긴이 방곤

옮긴이 **방곤**

서울대학교 문리과대학 불문과를 졸업하고
소르본느대학에서 불문학을 연구했으며
경희대학교 문리대 교수, 한불협회 사무국장을 역임했다.
번역서로 루소의《고독한 산보자의 명상》,
사르트르의《구토》, 알베레스의《20세기의 지적 모험》,
카뮈의《표리》,《정의의 사람들》,
빅토르 위고의《레미제라블》, 케셀의《해바라기 여인》,
모파상의《비곗덩이》,《사랑은 죽음보다》,
장 루크 살류모의《현대 프랑스 사상》등이 있다.

실존주의는 휴머니즘이다

1판 1쇄 발행 1981년 4월 30일
3판 1쇄 발행 2012년 2월 28일
3판 재쇄 발행 2023년 5월 16일

지은이 장 폴 사르트르 ┃ **옮긴이** 방곤
펴낸곳 (주)문예출판사 ┃ **펴낸이** 전준배
출판등록 2004. 02. 12. 제 2013-000360호 (1966. 12. 2. 제 1-134호)
주소 04001 서울시 마포구 월드컵북로 21
전화 393-5681 ┃ **팩스** 393-5685
홈페이지 www.moonye.com ┃ **블로그** blog.naver.com/imoonye
페이스북 www.facebook.com/moonyepublishing ┃ **이메일** info@moonye.com

ISBN 978-89-310-0020-7 93100

• 잘못 만든 책은 구입하신 서점에서 바꿔드립니다.

⚑**문예출판사®** 상표등록 제 40-0833187호, 제 41-0200044호